Das Mosaik-Kochbuch

ITALIEN

Das Mosaik-Kochbuch

ITALIEN

mit 280 Originalrezepten

Mosaik Verlag

SÜDTIROL-TRENTINO
DOLOMITEN
FRIAUL-JULISCH-VENETIEN
AOSTATAL
AOSTA
A L P E N
LUGANER SEE
COMER SEE
LOMBARDEI
TRIENT
GARDA SEE
VENETIEN
TREVISO
TRIEST
GORGONZOLA
MAILAND
VERONA
PADUA
GOLF VON VENEDIG
VENEDIG
TURIN
PAVIA
PIEMONT
ASTI
PARMA
MODENA
COMACCHIO
EMILIA-ROMAGNA
BOLOGNA
LIGURIEN
GENUA
A P P E N I N
GOLF VON GENUA
A D R I A T I S C H E S   M E E R
LUCCA
FLORENZ
ARNO
ANCONA
L I G U R I S C H E S   M E E R
TOSCANA
SIENA
CHIANA TAL
MARKEN
TRASIMENISCHER SEE
PERUGIA
ASSISI
UMBRIEN
ELBA
GROSSETO
NORCIA
TREVI
L'AQUILA
SABINER BERGE
ABRUZZEN
LATIUM
TIBER
ROM
FRASCATI
MOLISE
BARI
APULIEN
NEAPEL
VESUV
ISCHIA
BUCHT VON NEAPEL
SALERNO
CAPRI
GOLF VON SALERNO
BASILIKATA
TARENT
SARDINIEN
T Y R R H E N I S C H E S   M E E R
GOLF VON TARENT
CAGLIARI
KALABRIEN
PALERMO
MESSINA
REGGIO CALABRIA
M I T T E L M E E R
MARSALA
ÄTNA
SIZILIEN
SYRACUS

Inhalt

Einführung

Rezepte

Geschichte

Italien gilt nicht nur dem *»Larousse Gastronomique«* als das Mutterland aller romanischen Küchen. Die italienische Küche, die ihre Wurzeln in der griechischen, römischen und arabischen Kultur hat, beeinflußte nachhaltig die Kochkunst ganz West- und Mitteleuropas.

Als im Jahre 1533 Katharina von Medici zu ihrer Hochzeit mit dem Dauphin, dem späteren Heinrich II., nach Frankreich reiste, waren mehrere italienische Köche in ihrem Gefolge; denn die florentische Küche hatte in Europa damals unangefochten einen Spitzenplatz inne. Katharinas Küchenchefs lebten fortan in Frankreich und gaben ihr Wissen und Können an die Franzosen weiter. Das war der Ursprung der französischen Küche.

Um aber noch einmal auf die Anfänge zurückzukommen: Die Ernährung der alten Römer ist ursprünglich denkbar einfach gewesen. Hauptnahrungsmittel der Bauern und Hirten war Getreide oder *pulmentum,* wie es damals genannt wurde. Man aß es nicht in Form von Brot, sondern als eine Art Brei, den man auch zu einer festen Masse trocknen lassen konnte; sie mag so ähnlich gewesen sein wie heute *polenta.* Fleisch gab es nur selten, denn man hielt Schafe und Ziegen hauptsächlich wegen der Milch. Eiweiß nahm man in Form von Milch und Käse zu sich. Schon in vorrömischer Zeit kannte man beispielsweise eine Art *pecorino,* und er wurde wahrscheinlich aus einer Mischung von Schafs- und Ziegenmilch gemacht.

Der Salzhandel brachte dem Römischen Reich beträchtlichen Wohlstand; je größer und mächtiger das Imperium wurde, desto mehr wuchsen die kulinarischen Ansprüche der Bürger.

Immer weitere Gebiete und Länder wurden unterworfen, riesige Ländereien kultiviert. Neue Obst- und Gemüsesorten kamen auf die römischen Märkte und in die Küchen. Von den römischen Eß- und Trinkgewohnheiten, zumal der Kaiserzeit, ist uns einiges überliefert. Ob allerdings die damals gepflogene Art der Schlemmerei und Völlerei Einfluß auf die spätere italienische Küche gehabt hat, darf bezweifelt werden. Es waren nämlich nur wenige Römer, die sich Feinschmeckerei bis zum Exzeß leisten konnten, die große Masse mußte sich mit einfacher Kost, mit Getreide, Obst, Gemüse und Nüssen bescheiden; bei den Küstenbewohnern kam allenfalls noch Fisch dazu. Der Zentralmarkt in Rom wurde zum Mittelpunkt des Lebensmittelimports und -handels. Hier versorgten sich die Reichen mit seltenem Wildgeflügel, mit Fischen und Delikatessen für ihre Gelage, und sie zahlten unglaubliche Preise dafür. Bei üppigen Banketts wurden alle nur denkbaren Schlemmereien serviert; das Arrangement war perfekt. Die Speisen wurden nicht nur in riesigen Mengen aufgetragen, sondern sie waren auch schwer und würzig.

Mit dem Verfall des Weltreiches kam es auch zum Niedergang der römischen Küche; in den folgenden Jahrhunderten gab es keinerlei kulinarische Entwicklung. Der Lebensstandard war rapide gesunken, die Armut regierte in der Küche. Die Traditionen der römischen Küche wurden nur noch in den mittelalterlichen Klöstern ein wenig gepflegt. Fleisch konnten sich die Mönche allerdings kaum leisten, aber sie verfeinerten die Gemüseküche, ohne dabei allzu viele Gewürze zu verwenden.

Mit dem Vordringen des Islam in Südeuropa während des 9. Jahrhunderts kamen orientalische Einflüsse in die italienische Küche. Nach Sizilien und Süditalien brachten die Araber die Kunst der Eis- und Sorbetherstellung mit, die sie ihrerseits von den Chinesen abgeschaut hatten. Auch arabische Desserts und Süßspeisen wurden eingeführt. In Süditalien hat sich diese Tradition bis heute erhalten; immer noch gibt es hier köstliche Torten, Kuchen und Konfekt.

Am Ausgang des Mittelalters wurde der Lebensstil überall in Europa städtischer, verfeinerter; die bäuerliche Küche war auf dem Rückzug. Die Speisen wurden üppiger, man verwendete neuartige Zutaten. Aus dem Heiligen Land hatten die Kreuzritter erstmals Zucker mitgebracht; vorher war zum Süßen ausschließlich Honig verwendet worden. Es dauerte allerdings noch eine Weile, bis sich der »neue Zucker« allgemein durchsetzen konnte.

Mit den Reisen Marco Polos von seiner Vaterstadt Venedig aus in den Fernen Osten kam der Gewürzhandel in Gang, und zahlreiche Gewürze fanden nun Eingang in die italienische Küche. Die venezianischen und genuesischen Gewürzhändler jener Zeit brachten es zu ungeheurem Reichtum. Der Seeweg war ihnen zwar mit dem Fall von Konstantinopel im Jahre 1493 versperrt, aber der ertragreiche Handel ging auf dem Landweg weiter. Erst als Vasco da Gama den Seeweg nach Indien fand, hatte dieses Geschäft ein Ende; Zentrum des Gewürzhandels war von nun an Lissabon.

Bis zu dieser Zeit waren, mit Ausnahme einiger

Rechts: Ölgemälde des frühen 18. Jahrhunderts von Allessandro Magnasco, das die Piazza del Verziore in Genua mit dem Gemüsemarkt zeigt.
Unten links: Römisches Fresko aus den Ruinen von Pompeji

Aufzeichnungen von mittelalterlichen Mönchen, keine »Rezepte« überliefert worden. Im 15. Jahrhundert aber kam es auch zu einer Renaissance des Geschmacks; das Interesse an kulinarischen Dingen wuchs. Das erste gedruckte Rezeptbuch wurde herausgebracht, geschrieben von Bartolomeo Sicci in den Jahren 1747–75. Sicci war Bibliothekar im Vatikan, und sein Buch, das gemeinhin als Platinas Werk bezeichnet wird (wegen des Titels »*Platine de honesta voluptate et valitudine*«), erwies sich als so zugkräftig, daß innerhalb von 30 Jahren sechs Auflagen erschienen.

In den folgenden Jahrhunderten kamen Gastmähler immer mehr in Mode; besonders die reichen Familien versuchten sich gegenseitig mit verschwenderischen Festen und Banketten zu übertreffen. Doch wie sehr sich auch die Dogen von Venedig, die Borgias und Viscontis bemühten, sie alle wurden von den Medicis in Florenz ausgestochen. Die Florentiner beherrschten die kulinarische Szene und galten vielen als Vorbild, nicht nur den regierenden und adligen Familien, sondern auch den wohlhabenden Kaufleuten und der aufstrebenden Mittelklasse.

Bis heute findet man in Italien noch Spuren dieser Renaissance der Feinschmeckerei. Wie damals wird auch heute noch ungewöhnlich viel Gemüse in der Küche verwendet. Auf heimischem Boden gedeihen Spinat, Broccoli, Trüffeln, Artischocken und grüne Erbsen; Tomaten, Paprika und grüne Bohnen wurden aus der Neuen Welt eingeführt. Schon in der Zeit der Renaissance gab es Nudelfabriken in Neapel, während die Florentiner darauf bestanden, ihre Teigwaren selber herzustellen, wie sie es bis heute tun. Noch immer gibt es eine große Begeisterung für alles Süße und feine Desserts, vor allem in Süditalien.

Diese beiden Beispiele weisen bereits auf den wichtigsten Aspekt der italienischen Küche hin, ihre Regionalität. Der Grund dafür ist wohl in der Tatsache zu suchen, daß Italien erst 1861 ein Einheitsstaat wurde. Selbst wenn es Gemeinsamkeiten gibt, so muß man doch jede Region für sich betrachten, um die italienische Landesküche als Ganzes zu begreifen und kennenzulernen. Diese regionalen Unterschiede haben vor allem zum Entstehen einer Nationalküche beigetragen, die unendlich vielfältig, charakteristisch und farbig ist.

Regionalküche

Jedes Gebiet in Italien hat seine eigene charakteristische Küche, bedingt durch die geographischen und historischen Unterschiede. Außerdem läßt sich eine auffallende Verschiedenheit zwischen nördlichen und südlichen Regionen feststellen. Der Norden des Landes ist stärker industrialisiert, der Lebensstandard höher als im Süden; außerdem ist der norditalienische Boden fruchtbarer.

Kronzeugen für die unterschiedlichen Koch- und Eßgewohnheiten im Norden und Süden sind die Nudeln. Im Norden liebt man flache, frisch gemachte Eier-Teigwaren; als Kochfett wird vorwiegend Butter verwendet. Im Süden dagegen bevorzugt man die röhrenförmigen Teigwaren und zieht zum Kochen Olivenöl vor. Auch sind die Gerichte im Süden würziger, weil mehr Kräuter und Aromaten verwendet werden, vor allem bei Saucen und Pizza-Belägen.

Piemont & Aostatal

Wörtlich übersetzt heißt Piemont »am Fuß der Berge«. Und tatsächlich haben die West- und Zentralalpen, die die Nordwestgrenze Italiens bilden, die Küche in dieser Region beeinflußt und geprägt. Doch nicht die gesamte Region ist gebirgig, die piemontische Landschaft umfaßt auch Hügelland oder sogar

Piemontesisches Vieh auf den Weiden im Val Ferret, das an das Aostatal grenzt. Hier gibt es vor allem Milchwirtschaft; aus der guten Alpenmilch wird der beliebte Fontina-Käse gemacht.

Ebene. Und diese Landschaften haben ebenso Einfluß auf die Küche gehabt. Die kulinarische Palette reicht also von der einfachen bäuerlichen Kost der Leute in den Bergen bis zu den verfeinerten Eßgewohnheiten in der Regionalhauptstadt Turin.

Im Hochgebirge, an der schweizerischen und französischen Grenze, ist das Essen herzhaft und nahrhaft, gerade das Richtige für die langen strengen Winter. Die Eintöpfe und Fleischspeisen sind stark gewürzt, und Knoblauch ist eine der Lieblingszutaten; auch der Käse spielt eine wichtige Rolle als selbstverständlicher Bestandteil der Gebirgsküche. Der bekannteste Käse ist der fette, cremige *fontina*, der aus der Milch von zwei verschiedenen, dort heimischen Rinderrassen hergestellt wird. Er findet häufig beim Kochen Verwendung. Am besten ist er als Zutat zu dem piemontesischen Gericht *Fonduta* (Rezept Seite 46) bekannt. Auch Trüffeln gibt es in den Bergen Piemonts, und sie spielen eine wichtige Rolle in der heimischen Küche. Man findet in dieser Gegend die seltenen weißen Trüffeln, die als ausgesuchte Delikatesse gelten. Die begehrtesten Trüffeln wachsen in den Wäldern um Alba.

Wild hat ebenso seinen Platz auf der Alltagsspeisekarte dieser Region, und natürlich wird es auch in den feinen Restaurants von Turin angeboten. Am teuersten sind die Gemsen, aber auch Wildziege, Schneehase und Wildschwein reichern den Küchenzettel an. Natürlicherweise stammen die Rezepte für Wildgerichte vorwiegend aus den Gebirgsgegenden; in der ganzen Region beliebt sind Fasan- und Rebhuhngerichte.

Wo die Gebirgslandschaft in Hügelland und schließlich in die Ebene übergeht, wird die Küche weniger deftig; statt dunklem ißt man weißes Brot. Eine der recht bekannten Spezialitäten dieser Gegend ist *Bagna caôda* (Rezept Seite 46) – eine pikante Sauce aus Öl, Knoblauch und Anchovis, die man zu rohen Salaten ißt. Es gibt unzählige Variationen dieser Sauce; ursprünglich wurde sie nur als Dip zur eßbaren weißen Distel *cardo* verwendet, eine Piemonteser Delikatesse, die hier angebaut wird und der Artischocke ähnelt.

Typisch für die hügelige Landschaft sind auch die vielen Weinberge. Das Klima ist hier milder und der Boden fruchtbarer als in den Bergen; Piemont ist eines der bedeutendsten italienischen Weinanbaugebiete und berühmt für seine kräftigen vollen Rotweine, wie Barolo, Barbera, Barbaresco, um nur die bekanntesten zu nennen. Schaumweine und Wermut werden in der Umgebung von Turin erzeugt. Seit dem 18. Jahrhundert blüht hier die Wermutproduktion. Aber schon im Mittelalter hat man dieses Getränk wegen seiner vermeintlichen Heilkräfte als Medizin verabreicht. Rund um Turin sieht man die berühmten Wermutfabriken von Martini und Cinzano. Auch der Schaumwein Asti spumante ist hier zu Hause.

In den Ebenen von Piemont wird Reis angebaut, der in zahlreichen Reisgerichten der regionalen Küche Verwendung findet; zur Bewässerung der Reisfelder nutzt man das Wasser der Flüsse, die aus den Bergen kommen. Die Po-Ebene ist das größte Reisanbaugebiet Italiens. Der Boden ist hier so fruchtbar, daß auch viele Gemüsesorten wie Spargel, Sellerie, Artischokken, Paprika und Zwiebeln gut gedeihen. Aus den Flüssen, mit denen man die Reisfelder bewässert, werden Schleien, Karpfen und Frösche gefangen.

Turin selbst, die Hauptstadt von Piemont und vorwiegend Industriestadt, ist, wie gesagt, bekannt für seinen Wermut, aber auch für seine ausgezeichneten Konditoreien, sein köstliches Konfekt und für *grissini* – dünne knusprige Stangen aus Weizenmehl, die man in allen italienischen Restaurants der Welt angeboten bekommt. Die Stadt hat auf die italienische Küche insgesamt einen beträchtlichen Einfluß gehabt. Bevor es zur Einigung Italiens kam, also vor 1861, war der Hof von Turin für seine ausgezeichnete Küche, die Turiner Aristokratie für ihren erlesenen Geschmack berühmt. Das hat Wirkungen auch in andere Landesteile gehabt. Sogar in der französischen Küche lassen sich piemontesische Einflüsse nachweisen. Einige französische Gerichte haben sogar den Zusatz *»a la piémontaise«!*

Ligurien

Ligurien, auch italienische Riviera genannt, ist ein schmaler Landstreifen zwischen dem Ligurischen Meer, den Französischen Alpen und dem Apennin. Die Natur liefert den Bewohnern hier allerlei Köstlichkeiten in die Küche und auf den Tisch, von denen die Genuesen Gebrauch zu machen verstehen. Fische und andere Meeresfrüchte und die köstlichen Gemüse und Kräuter dieser Landschaft ermöglichen eine Art der Zubereitung, von der Kenner behaupten, sie sei die beste in ganz Italien. Ligurien hat eine lange und ruhmreiche Seefahrertradition; Zentrum ist der Hafen von Genua.

Fisch ist natürlich eines der Hauptnahrungsmittel, und das Meer sorgt für viel Abwechslung. Viele der hier so köstlich zubereiteten Arten gibt es allerdings nur im Mittelmeer. Das macht es oft schwer, ligurische Fischgerichte auch anderswo, zum Beispiel in Mitteleuropa, nachzukochen. Die beliebtesten Fische sind Anchovis, Sardinen, Strömlinge, Tintenfische und *datteri di mare*, dattelförmige Muscheln. Aus ihnen werden Fischsuppen nach Art der französischen Bouillabaisse oder Gerichte wie *burrida* und *zimino* bereitet, oder man serviert sie gebraten als delikate Vorspeise.

Der Gebrauch von viel frischem Gemüse und Kräutern ist typisch für die ligurische Küche; vielleicht geht diese Vorliebe darauf zurück, daß sich die Seeleute auf ihren Reisen immer nach Kräutern und Gemüse gesehnt haben. Obwohl die genuesischen Kaufleute ganze Schiffsladungen mit Gewürzen in ihren Hafen brachten, verzichtet die genuesische Küche fast ganz auf exotische Gewürze, sondern greift mehr auf die heimischen Kräuter zurück.

Ligurische Gerichte verlangen viele Kräuter, wie Rosmarin, Majoran, Thymian, Salbei, Oregano, Dill, Petersilie; am wichtigsten aber ist der zarte Hauch von frisch gepflücktem Basilikum. Nirgendwo sonst wird dieses Kraut so häufig verwendet wie in der ligurischen Küche; berühmt ist die klassische genuesische Basilikumsauce *pesto*. Es gibt sie in verschiedenen Variationen auf der Grundlage von Basilikum, Olivenöl, Knoblauch, Parmesan und *pecorino*. Die Zutaten werden im Mörser zerstoßen, bis man eine dicke Paste erhält; daher der Name *pesto.*

Pesto wird zu *Trenette* (Rezept Seite 64), zu *trofie* genannten Kartoffelgnocchi oder auf der Minestrone serviert. Die Minestrone ist übrigens eine weitere Spezialität dieser Region, und – ungeachtet der Tatsache, daß jede Region ihre eigene Minestrone hat – behaupten die Genueser von sich, daß sie diese Gemüsesuppe erfunden haben. *Minestrone alla genovese* ist eine Suppe, die viel mehr Gemüse enthält als die Minestrone in anderen Landesteilen; außerdem gibt man hier statt Reis Nudeln hinein.

Kalbfleisch ist sehr beliebt in Ligurien, und eine Kalbfleischspezialität dieser Gegend – *Cima alla genovese* (Rezept Seite 127) gehört zu den berühmtesten italienischen Gerichten. Dazu wird Kalbsbrust mit Gemüse, Fleisch und Nüssen gefüllt, gedünstet und später kalt aufgeschnitten.

Eine andere sehr bekannte Spezialität ist die *Sardenaira* (Rezept Seite 95), eine Art Pizza mit Zwiebeln, Tomaten, Anchovis und Oliven. Sehr stolz sind die Ligurer auf ihren Überfluß an grünen Oliven, aus denen das dicke grüne Olivenöl oft gleich an Ort und Stelle gepreßt wird. Es gibt den Gerichten ihren charakteristischen Duft und Geschmack.

Ligurien ist auch die Heimat der Ravioli. Eine Legende berichtet, man habe früher in diese Teigtaschen allerlei Überbleibsel aus der Küche gefüllt und sie den Seeleuten mit auf die Reise gegeben, die ihren Inhalt sowieso nicht identifizieren konnten. Heute verwendet man keine Reste mehr als Füllung. *Ravioli genovese* (Rezept Seite 65) werden mit allerlei Köstlichkeiten gefüllt; mageres Kalbfleisch, Kalbsbries, Käse, Pilze oder frischgehackte Kräuter kommen in Frage.

Lombardei

Die Lombardei erstreckt sich von den Alpen im Norden bis zur Po-Ebene im Süden. Hier ist die Küche so vielfältig wie kaum irgendwo sonst in Italien; es gibt erlesene Spezialitäten und Besonderheiten, vor allem in der Gegend um Mailand.

Ein Merkmal der lombardischen Küche ist, daß die meisten Gerichte langsam gegart werden. Man hält hier nicht viel von den schnellen Kochmethoden. Fleisch, das man hier serviert bekommt, ist mürb und zart, nachdem es stundenlang in köstlich würzigen Saucen gekocht hat. Moderne Herde haben zwar zu einer Verkürzung der Kochzeiten geführt, doch das Prinzip des langsamen Garens wird beibehalten.

Das Gebiet ist sehr fruchtbar, auf den saftigen Weiden grast ausgezeichnetes Vieh. Als Bratfett wird kaum Öl verwendet, sondern wegen des Milchreichtums meistens Butter. Bevorzugte Fleischsorten sind Kalbfleisch und Rindfleisch. Es gibt wunderbare Fleischgerichte mit vielen Kräutern, Tomaten und oft mit Wein gekocht. Eine typische Spezialität der Lombardei ist *Ossibuchi alla milanese* (Rezept Seite 128), zu dem man traditionell das klassische *Risotto alla milanese* (Rezept Seite 88) serviert. Viele Diskussionen hat es schon um ein anderes Gericht gegeben – *Costelette alla milanese* (Rezept Seite 128) – ein paniertes Kalbskotelett, das goldbraun gebacken wird. Es hat große Ähnlichkeit mit dem Wiener Schnitzel. Ob sich die Wiener ihr Lieblingsgericht bei den Mailändern abgeguckt haben oder umgekehrt, ist bis heute nicht geklärt.

Im Po-Tal in der südlichen Lombardei wird sehr viel Reis angebaut, der in der ganzen Region mit Ausnahme der Gebirgsgegenden, wo vorwiegend Polenta gegessen wird, das wichtigste Getreide ist. In den Grenzgebieten zu Piemont ist die Heimat des Risotto; fast jede lombardische Hausfrau hat hier ihr eigenes Risotto-Spezialrezept. *Risotto alla milanese* ist zu Recht auf der ganzen Welt wegen seines feinen Geschmacks und der cremigen Konsistenz berühmt.

Auch viel Gemüse wird in der Lombardei angebaut und macht einen wesentlichen Teil der lombardischen Küche aus. Gemüsegerichte wie *peperonata,* eine Mischung aus Paprika, Tomaten und Zwiebeln, sind eine Spezialität dieser Region. Es schmeckt ausgezeichnet zu gebratenem oder gegrilltem Fleisch, kann aber auch kalt als Vorspeise serviert werden.

Die Seen – der Luganer See, der Comer See, der Iseo-See und der Gardasee – liefern viele verschiedene Arten von Süßwasserfisch, von denen die meisten an Ort und Stelle gegessen werden. Die erwähnenswertesten sind Aal und *alborello.* Die Lombardei ist auch bekannt für ihre guten Räucherwaren – Fleisch, Wurst, Salami. Exportiert werden vor allem Salami aus Brianza, Gänsewurst aus Lemellina, Lebermortadella aus Valtellina und das herrlich gewürzte, geräucherte Fleisch aus Cremona, das auch berühmt ist wegen seiner *mostardi di frutta* (Senffrüchte).

Die bekanntesten Käse der Region sind zweifellos *gorgonzola* und *bel paese,* aber es gibt auch noch viele andere lokale Sorten, unter ihnen *stracchino* und *grana.*

Zwei der berühmtesten italienischen Exportartikel aus der Lombardei sind Campari und *panettone.* Der beliebte Apéritif wurde erstmals von Caspare Campari im späten 19. Jahrhundert hergestellt, und die Familie Campari hat die Produktion seither ständig ausgeweitet. *Panettone* aus Mailand ist ein köstlicher luftiger Kuchen mit kandierten Früchten. Eigentlich wurde er nur zu Weihnachten gebacken, doch inzwischen ißt man ihn das ganze Jahr über zum Kaffee. Zu Ostern wird er in Form einer Taube gebacken und heißt dann *colomba.*

Rechte Seite: Ernte in der Lombardei. In vielen ländlichen Gebieten Italiens werden noch immer Ochsen als Zugtiere eingesetzt.

Südtirol – Trentino

Südtirol – Trentino – eingeschlossen von Österreich und der Schweiz im Norden, der Lombardei im Westen, von Venetien und Friaul-Julisch-Venetien im Süden und Osten – ist eine Region mit vielen Gegensätzen. Südtirol, mit Bozen als Zentrum, schließt unmittelbar an das österreichische Tirol an, und das macht sich in seiner Küche bemerkbar. Die gesamte Region gehörte früher einmal zum österreichischen Kaiserreich, zur sogenannten Donaumonarchie, und die Ähnlichkeit der Kochgewohnheiten ist bis heute unübersehbar.

Unter den Spezialitäten dieses Landstrichs spielt Schweinefleisch eine Hauptrolle. Die Kunst, das Fleisch haltbar zu machen, hat hier eine lange Tradition. Die Räucher- und Pökelrezepte sind oft streng gehütete Familiengeheimnisse, die von Generation zu Generation weitergegeben werden.

Eine andere Besonderheit sind die Knödel, auch *canederli,* wie sie auf Seite 89 beschrieben sind. Knödel werden meistens aus Semmeln hergestellt, aber man kann auch andere Zutaten, die gerade zur Hand sind, dazu verarbeiten – Speck, Leber, Spinat usw. Man ißt Knödel für sich, als Suppeneinlage oder als Beilage zum Gulasch, das hier ebenfalls ein beliebtes Gericht ist.

Auch Sauerkraut und ähnliche Kohlgerichte wie *Cavolo rosso alla bolzanese* (Rezept Seite 160) sind in Südtirol beliebt; als Würze verwendet man häufig Meerrettich, der dort Kren heißt.

Die Kombination von sauer und süß ist auch eine Spezialität der nördlichen Landesteile, und man reicht gern süße Saucen zu gebratenen Fleischgerichten.

Der südliche Teil der Region mit Trient als Zentrum ist in seinen Eßgewohnheiten viel italienischer als der Norden; hier ist der Einfluß Venetiens deutlich. Ein wichtiges Gericht ist Polenta; aber während italienische Polenta aus Mais gemacht wird, bereitet man sie im Gebiet um Trient aus Buchweizen. Sie ist deshalb nicht gelb, sondern schwarz oder grau. Oft wird sie auch mit Kartoffelmehl gemischt, was eine ganz andere Konsistenz und Farbe ergibt.

Die Seen in dieser Region liefern ausgezeichnete Süßwasserfische, die in der heimischen Küche Verwendung finden. Es gibt Schleien, Forellen, Lachsforellen, Aale, Hechte und viele andere Sorten. Sie werden meist gebraten oder gegrillt oder auch in Zitronensaft oder Weinessig mariniert.

Einsamer Fischer am Gardasee. Im Hintergrund die malerische Kulisse von Bardolino.

Friaul-Julisch-Venetien

Die Region grenzt im Norden an Österreich, im Osten an Jugoslawien und reicht bis an die dalmatinische Küste um Triest. Aus dieser Lage ergibt sich eine große Vielfalt der Küche. Sie ist durch die Küchentraditionen Österreich-Ungarns ebenso geprägt wie durch jugoslawische Einflüsse. Am stärksten aber hat sich die Nachbarschaft Venetiens ausgewirkt, denn insgesamt ist die Küche dieser Region italienisch.

Triest war früher einmal die bedeutendste Hafenstadt der österreichisch-ungarischen Monarchie. Hier hat sich eine feine Eßkultur entwickelt, während es im Umland bäuerlich einfach und bodenständig zugeht und vorwiegend mit heimischen Produkten gekocht wird. Die Bewohner Triests haben gelernt, die eigenen Nahrungsmittel und heimischen Gerichte durch exotische Zutaten, vor allem Gewürze, anzureichern. Sie haben viel von der Kochkunst der Ungarn, der Griechen und der Juden, die in der Stadt leben, übernommen.

Gulasch ist eine beliebte Spezialität, die man natürlich den Ungarn abgeguckt hat. Es wird hier *golas* genannt und mit Zwiebeln, Kümmel und Paprika süßlich-scharf zubereitet. Von den Griechen haben die Triester die Suppe mit Reis, Eiern und Zitronensaft übernommen und daraus ein Gericht gemacht, das dem griechischen *avgolemono* ähnlich ist. Zu den berühmtesten Gerichten dieser Gegend gehört *Jota* (Rezept Seite 52). Wie in einer Hafenstadt nicht anders zu erwarten, spielt Fisch auf den Speisekarten in Triest eine wichtige Rolle. Seespinnen, *datteri di mare* und Tintenfisch werden hier gefangen.

Nach den exotischen Genüssen, wie sie die Triester lieben, wirkt die Kost des Umlandes beinahe wie ein Kontrastprogramm. Es gibt einfache Suppen mit Bohnen und anderen Gemüsen, die hier angebaut werden. Auf den saftigen Weiden der Alpenhänge wird Viehzucht und Milchwirtschaft betrieben. Man versteht sich auf das Räuchern von Wurst und Schinken, wie die ausgezeichnete dünne Wurst *luganega* und der berühmte San Daniele-Schinken beweisen.

Venetien

Die Region erstreckt sich von den Dolomiten aus nach Süden und nimmt einen großen Teil der Adriaküste ein. Venedig, die berühmte Hafenstadt, etwa in der Mitte des venezischen Küstenstreifens gelegen, bestimmt die Küche des ganzen Gebiets. Der Handel, den Venedig jahrhundertelang mit dem Orient und dem Fernen Osten betrieb, brachte großen Reichtum, auch für das Umland der Stadt, und zugleich erlesene Zutaten und Kochgewohnheiten anderer Länder. Daraus hat sich eine Küche entwickelt, die Auswirkungen auf ganz Europa gehabt hat.

Die Küche Venetiens ist erstaunlich einheitlich. Es gibt einen alten italienischen Spruch, wonach die venezische Kochkunst auf vier Grundnahrungsmittel reduziert werden kann – Reis, Bohnen, Baccalà und Polenta. Was dieser Küche an Vielfalt der Gerichte fehlen mag, das macht sie durch Farbenpracht wieder gut. Die Skala reicht vom leuchtenden Gelb, Rot und

Als Blickfang und um den Vorübergehenden Appetit zu machen, sind die frischen Produkte des Tages vor einem Restaurant in Venedig zur Schau gestellt.

Grün der Paprikaschoten bis zum Lilaschwarz der glänzenden Auberginen. Farbe ist ein wichtiges Element der Küche dieser Region. In den Städten quellen die Märkte über von üppigen Früchten und Gemüsen in allen denkbaren Schattierungen. Denken wir doch an den berühmten Markusplatz in Venedig oder an die farbenfrohen, dichtgedrängten Märkte in Treviso, Verona und Padua.

Überall ist das Warenangebot geradezu überwältigend. Venedig ist für seinen großartigen Fischmarkt berühmt, wo auch die seltensten Mittelmeerfische angeboten werden. Treviso ist auf Gemüse spezialisiert – im Winter gibt es den köstlichen Radicchio, ein leicht bitter schmeckendes Salatgemüse (Rezept Seite 163, *Radicchio alla trevisana*). Auf dem Markt von Verona findet man einfach alles, unter anderem die fritierten Gnocchi, die als *Bombolini* (Rezept Seite 180) bekannt sind. In Padua bekommt man Sträuße von Zucchini-Blüten, die in heißem Fett fritiert werden.

Das wichtigste Getreide dieser Region ist Reis, der besonders häufig zu Risotto verarbeitet wird, etwa zu *Risotto alla sbiraglia* (Rezept Seite 90). Risotto ist in Venetien einzigartig wegen seines köstlich cremigen

Geschmacks und seiner fast flüssigen Konsistenz und bekannt als *»all'onda«*.

Um dem Reis Geschmack und Farbe zu geben, werden verschiedene Zutaten gebraucht. Für schwarzen Reis verwendet man Tintenfisch-Farbstoff, Wurst, Tomaten oder Bohnen geben dem Reis eine ziegelrote oder Ockerfarbe. Milch und Rosinen lassen ihn weißgesprenkelt erscheinen. Zu den hübschesten Reisgerichten gehört *Risi e bisi* (Rezept Seite 54). Richtig zubereitet aus feinstem italienischem Reis und frischen grünen Erbsen muß das Gericht einen zarten Hauch von blaßgrün haben. Nicht nur der Gaumen soll genießen, sondern auch die Augen – das ist eine wichtige Maxime der venezischen Küche.

Polenta wird überall in Venetien gegessen, wenn auch nicht so häufig wie Reis. Den Venezianern hat die Polenta ihre schöne gelbe Farbe zu verdanken, denn sie haben als erste Mais nach Italien gebracht. Das neue Getreide setzte sich bald in ganz Norditalien durch und verdrängte das Mehl, aus dem man früher Polenta bereitet hatte.

Auch die Bohnen sind von den Venezianern eingeführt und in ihre Küche übernommen worden. Die sogenannte *cannellini*-Bohne wurde erst nach der Entdeckung Amerikas in Italien bekannt. Sie fand sofort gute Aufnahme und wird heute überall in Venetien angebaut.

In den Küstengebieten ist Fisch das wichtigste Nahrungsmittel. Das Mittelmeer liefert ein reichhaltiges Sortiment von Meeresfrüchten, die Einheimische und Touristen schätzen. Die meisten Fischgerichte sind in der Hafengegend von Venedig entstanden. Kein Wunder, denn hier sind rote und graue Seebarben, Octopus, Tintenfische, Aale und Sardinen zu haben; ebenso Scampi, Muscheln, Austern, Krebse und andere weniger bekannte Arten von Fischen und Krustentieren.

Ein beliebtes Gericht ist auch Scampi mit *Risi e bisi,* aber die bekannteste aller venezianischen Spezialitäten dürfte doch *Baccalà mantecato* (Rezept Seite 109) sein. Baccalà oder Klippfisch ist ganz besonders beliebt in Venetien, und in jedem Ort wird er auf andere Weise zubereitet. Beim *Baccalà mantecato* wird der Fisch gekocht, dann zerdrückt und cremig gerührt, eine Methode übrigens, die von den Einwohnern Vicenzas geradezu verachtet wird. Sie kochen den Klippfisch in Milch, gewürzt mit Zwiebeln, Knoblauch, Anchovis, Zimt und anderen Gewürzen.

Wir können Venetien nicht verlassen, ohne eine andere regionale Spezialität erwähnt zu haben – *Fegato di vitello alla veneziana* (Rezept Seite 146). Kaum jemand würde für sich in Anspruch nehmen, etwas so Simples wie gebratene Leber mit Zwiebeln erfunden zu haben, aber in Venetien tut man es trotzdem. Die köstliche Kombination von Zwiebeln und Petersilie, die mit hauchdünnen Scheiben feinster Kalbsleber geschmort werden, hat aber auch mit dem Gericht aus den gleichen Zutaten, wie man es außerhalb Italiens serviert bekommt, wenig gemein.

Schließlich haben wir den Venetianern für den Kaffee zu danken, denn ihre Seeleute haben die ersten Kaffeebohnen aus dem Osten nach Italien gebracht; und die Italiener waren es, die den übrigen Europäern die Kunst der *espresso-* und *cappucino*-Zubereitung gelehrt haben.

Emilia-Romagna

Diese Region, aufgeteilt in die nördliche Emilia und die südliche Romagna, liegt am oberen Ende des italienischen Stiefels, die Hauptstadt Bologna ungefähr in der Mitte. Die gesamte Region ist reich an gutem fruchtbarem Boden, saftigen Weiden und hat in den Lagunen und an ihren Küsten reiche Fischgründe. Kein Wunder also, daß die regionale Küche an kulinarischen Spezialitäten eine Menge zu bieten hat.

Bologna ist zu einem der berühmtesten gastronomischen Zentren Italiens geworden und wird oft *»Bologna la grassa«*, das üppige Bologna genannt. In der Region finden oft Wettkämpfe statt, bei denen derjenige Sieger wird, der am meisten essen kann; den Rekord hält derzeit ein gewisser Enrico Busi, der 3¼ kg *tortellini al burro* in 1½ Stunden essen konnte!

Das wohl berühmteste Produkt dieser Region aber ist der Parmesan. Er wird nordwestlich von Bologna hergestellt und ist nach der Stadt Parma benannt. Reifer Parmesan wird vorwiegend zum Kochen verwendet, aber kaum jemand außerhalb Italiens weiß, daß man ihn auch als jungen Käse essen kann und er dann viel weniger streng schmeckt.

Parma ist ebenso berühmt für seinen rohen geräucherten Schinken, *prosciutto di Parma*, der in Restaurants überall auf der Welt mit Melonen oder Feigen als Vorspeise serviert wird. Er hat einen leicht süßlichen Geschmack und ist unvergleichlich zart – das Ergebnis eines besonderen Verfahrens des Räucherns und Lufttrocknens, das in dem hügeligen Land um Parma zu Hause ist. Von dieser Landschaft glaubt man, daß sie genau das richtige Klima und die richtige Luft hat zum Schinkenräuchern, und so bringt man aus ganz Italien die Schinken hierher, um sie unter diesen Bedingungn zu räuchern.

Schweinefleisch und -wurst spielen die Hauptrolle unter den hiesigen Spezialitäten; in den Delikatessengeschäften von Bologna kann man unzählige Wurstsorten kaufen. Die bekannteste von allen ist *mortadella*, eine große geräucherte Wurst, die oft mit Koriander gewürzt wird und auch einfach »Bolognawurst« heißt. *Mortadella* wird meist kalt gegessen und sehr dünn geschnitten, gelegentlich verwendet man sie aber auch zu gekochten Speisen, zum Beispiel zu *Fave stufate* (Rezept Seite 163). Eine andere bekannte Wurstsorte ist *zampone*, eine Spezialität aus Modena. Aus einem Schweinefuß wird der Knochen entfernt, dann füllt man ihn mit gehacktem, gut gewürztem Schweinefleisch. Ursprünglich wurde diese Wurst gekocht, bevor man sie aß, heute verkaufen die meisten Geschäfte sie als *zampone lampo*, d.h. sie ist kurz gebrüht oder schon gekocht. Dasselbe wie *zampone* ist *cotechino*, allerdings wird dabei die Fleischmasse nicht in einen Schweinsfuß gefüllt, sondern in einen normalen Darm.

Auch die Eierteigwaren *(tortello)* der Emilia-Romagna haben einen guten Ruf. Es gibt viele verschiedene Sorten; aus demselben vorzüglichen Teig werden *tagliatelle, stricchetti, cappelletti, garganelli, anolini, lasagne* und *tortellini* hergestellt. Die Teigwaren werden hier fast immer mit einem Ragout, also einer Sauce mit Fleisch, serviert. Formen wie *cappelletti* und *tortellini* haben eine Füllung aus gehacktem Fleisch, Gemüsen, Käse, Eiern, Kräutern, Gewürzen usw.

Weinberge und Olivenhaine an den fruchtbaren Hängen und in der Ebene der Toskana

Das berühmte *ragù bolognese*, zubereitet mit den *tagliatelle* der Region, ist eines der bekanntsten Pasta-Gerichte Italiens.

Obwohl Fleisch und Pasta in der Emilia-Romagna ganz obenan stehen, spielen auch die Fischgerichte eine wichtige Rolle. *Brodetto* oder Fischsuppe sowie gedünsteter Fisch sind sehr beliebt. Sie werden aus vielen verschiedenen Fischen zubereitet – Seebarbe, Aal, Glattbutt, Tintenfisch und Krabben. Öl, Knoblauch, Tomaten und Petersilie sind unerläßliche Zutaten. Eine weitere Spezialität sind die Aale von Comacchio im Distrikt Ferrara. Meist kocht man sie mit Tomaten oder Tomatenpüree in Weinessig, wie es im Rezept *Anguille alla comacchiese* (Seite 109) beschrieben ist. Sie werden aber auch in Essig mariniert.

Der Essig dieser Gegend, *aceto balsamico*, ist für sich schon eine Spezialität. Er stellte früher einen so großen Wert dar, daß er in der Mitgift adliger Damen eine Rolle spielte. Aber auch heute wird der köstlich gewürzte Essig noch immer hoch geschätzt.

Toskana

Im Herzen Italiens liegt die Toskana, im Norden und Osten durch den Apennin begrenzt. Es ist eine Landschaft der Hügel, Flüsse, Täler und fruchtbaren Ebenen, und die Erzeugnisse der heimischen Landwirtschaft herrschen in der Küche vor. Rindfleisch, Gemüse, Olivenöl, Kräuter und Wein spielen eine Hauptrolle auf den Speisezetteln.

Die toskanischen Gerichte sind traditionell, einfach und gesund. Das Essen wird so unverfälscht wie möglich auf den Tisch gebracht. Fleisch wird beispielsweise meist ohne Sauce serviert. Die toskanische Küche ist nie nennenswert von anderswo beeinflußt worden, und deshalb dominiert bis heute eine landschaftsverbundene, bäuerliche Art zu kochen.

Man sagt von der Toskana, daß sie drei kulinarische Tugenden habe – Bohnen, Rindfleisch und Chianti. Rindfleisch aus dem Chiana-Tal südöstlich von Florenz gehört zum besten und teuersten Fleisch der Welt. Chianina-Rinder – eine alte Rasse – wächst bemerkenswert schnell und erreicht, bevor die Tiere zwei Jahre alt sind, eine außergewöhnliche Größe. Das Fleisch ist unglaublich zart und saftig. Steaks von

diesen Tieren sind auf der ganzen Welt berühmt. Traditionell bereiten die Florentiner sie ganz einfach über Holzkohle zu, nur mit Olivenöl bestrichen und mit Salz und Pfeffer gewürzt.

Die Bezeichnung *»alla fiorentina«* wird oft mißverstanden und irrtümlich verwendet für Gerichte, die Spinat enthalten. Eigentlich sollte sie nur für Gerichte benutzt werden, die ihren Ursprung in Florenz haben. Da aber nur wenige florentinische Gerichte Spinat enthalten, ist es unerklärlich, wie es zu diesem Mißverständnis kam.

Rindfleisch ist natürlich nicht das einzige Fleisch, das in der Region verwendet wird, obwohl es zweifellos das beliebteste ist. Da in der Toskana auch Schweinezucht betrieben wird, gibt es ebenso Spezialitäten mit Schweinefleisch, wie *Braciole di maiale ubriache* (Rezept Seite 139) und *Arista di maiale alla fiorentina* (Rezept Seite 139). Hier werden auch Würste, Salami und Räucherschinken erzeugt, die bekanntesten sind *arezzo*-Schinken und *finocchiona*-Salami, gewürzt mit Fenchel.

Die kleinen weißen Bohnen oder *fagioli* aus der Toskana werden in großen Mengen gegessen und erscheinen in irgendeiner Form bei fast jeder Mahlzeit. Die Leute aus der Toskana werden deshalb von ihren Landsleuten ein bißchen verächtlich *»mangiafagioli«* (Bohnenfresser) genannt. Die Bohnen werden in Suppen, Vorspeisen, Hauptgerichten oder als selbständige Gemüsegerichte serviert. Ein einmaliges Gericht der toskanischen Küche ist *fagioli nel fiasco*, Bohnen in der Weinflasche. Dazu werden die Bohnen in einer Chianti-Weinflasche gekocht. Der schmale Flaschenhals sorgt dafür, daß nur ein Minimum an Dampf entweichen kann, so daß das Gemüse ein wunderbares Aroma erhält. Sobald die Bohnen weich sind, läßt man sie in der Flasche abkühlen und serviert sie mit Olivenöl, Zitronensaft und Gewürzen.

Ein anderes köstliches Produkt ist das Olivenöl aus Lucca, im Norden der Toskana. Wenn es zusammen mit frischen Kräutern zum Kochen verwendet wird, gibt es den Speisen einen typischen, unverwechselbaren Geschmack.

Chianti ist sicher der im Ausland bekannteste italienische Wein und die eingeflochtene Chiantiflasche wohl die berühmteste Flasche der Welt.

Alltägliche Szene in einem Fischerdorf – Marino di Campo – auf Elba (die Insel gehört zur Toskana). Ein Fischer sitzt am Quai und flechtet einen Korb zum Hummerfang.

Umbrien

Nördlich von Rom, zwischen Latium, Marken und der Toskana, liegt die kleine Region Umbrien. Sie ist übrigens die einzige auf der ganzen Halbinsel, die keine Küste hat; dafür liegt aber einer der größten italienischen Seen, der Trasimenische See, innerhalb ihrer Grenzen. Der größte Teil der Landschaft ist hügelig oder sogar gebirgig, für das Auge also sehr abwechslungsreich, für die Landwirtschaft allerdings wenig ergiebig. Wirtschaftliche Grundlage der Region ist die Viehzucht, speziell die Schweinezucht.

Schweine und Schweinefleisch gibt es hier überall, vor allem aber um die Stadt Norcia, wo sich die schwarzen umbrischen Schweine von Eicheln, Kastanien, Pilzen und Trüffeln ernähren. Schweinefleisch aus Norcia ist so sehr zum Begriff geworden, daß das italienische Wort *norcino* heute Schweinemetzgerei bedeutet. Ebenso berühmt sind die *salumi* – Würste, Schinken und Räucherfleisch – aus dieser Region. Der tägliche Speisezettel fast jeder Familie enthält ein *salumi*-Gericht.

Die beliebteste Methode, das Fleisch zu garen, ist in Umbrien, es über offenem Feuer am Spieß zu braten; ganze junge Lämmer und Schweine werden auf diese Weise zubereitet. Eine berühmte Spezialität ist *porchetta*, ein mit Rosmarin, Knoblauch und Pfeffer gefülltes ganzes Schwein, das über glühenden Kohlen am Spieß gebraten wird. *Porchetta* gibt es aber eigentlich nur zu besonderen Anlässen und Feiertagen.

In den Wäldern wird mit Vorliebe Wildgeflügel gejagt, am liebsten Schnepfe, Wildtaube, Rebhuhn, Fasan und Wachtel. In den Wäldern um Spoleto, Norcia und Cascia sind auch die klassischen schwarzen Trüffeln zu finden. Diese Pilzart verwendet man zur Zubereitung des berühmten Omeletts *Frittata di tartufi* (Rezept Seite 104), oder man gibt sie als Geschmackszutat zu praktisch jedem Gericht.

In den grünen Tälern der Region, vor allem an den Ufern des Tiber, wird Gemüse angebaut. Als besondere Delikatesse gilt der wild wachsende Spargel, ebenso der weiße Sellerie aus Trevi. Auch Chicorée, Mangold, Pilze, Erbsen, Bohnen und Zwiebeln gedeihen hier. Die Oliven von Trevi ergeben das feine Trevi-Olivenöl.

Im Trasimenischen See gibt es verschiedene Süßwasserfische, darunter *lasca* oder Plötze, die schon von Dante lobend erwähnt wird. Auch Karpfen, Aale und Hechte werden hier gefangen. Als örtliche Spezialität wird der Karpfen mit Rosmarin, Fenchel, Speck und Knoblauch gefüllt und am Spieß über offenem Feuer gebraten. Auch Forellen gibt es in den Bächen und Flüssen der Region.

Die umbrische Küche ist stark in der Familientradition verhaftet und hat ausgezeichnete Spezialitäten zu bieten. Berühmt ist die Region auch durch die Schokolade aus der Hauptstadt Perugia und durch den trockenen Weißwein Orvieto, der aus der dort heimischen Trebbiano-Traube gekeltert wird und seinen Namen der schönen alten Stadt Orvieto verdankt.

Marken

Die Region liegt unmittelbar nördlich von Umbrien und hat eine wunderbare Küste an der Adria. Die ländliche Küche ähnelt der im benachbarten Umbrien; der Unterschied liegt allein darin begründet, daß Marken eine Küstenregion ist und Umbrien nicht. An dieser Küste werden nämlich ausgezeichnete Fische gefangen, und es gibt eine Vielzahl von Rezepten für *brodetto*, eine reichhaltige Fischsuppe. Zu den besten gehört *Brodetto all'anconetana* (Rezept Seite 111). Beliebt sind auch Stockfisch, der mit Zwiebeln, Knoblauch, Tomaten, Öl und Pfeffer gekocht wird, und *datteri*, die man in Olivenöl, Essig, Salbei und Knoblauch mariniert.

Das wichtigste landwirtschaftliche Produkt ist Weizen; außerdem werden auch Mais, Rote Bete, Blumenkohl und Erbsen angebaut. Aus Mais macht man mit Vorliebe Polenta, die hier fast so beliebt ist wie in Venetien.

Abgesehen von dem Festtagsgericht *porchetta*, am Spieß gebratenes Schwein, das hier seinen Ursprung haben soll, gibt es nur wenige bekannte Gerichte. *Vincisgrassi* (Rezept Seite 73) ist eine Ausnahme. Das ist eine Art Lasagne aus Weizengries, die nach dem österreichischen Fürsten Windischgrätz benannt sein soll, der im 18. Jahrhundert in dieser Gegend war und sich dieses Gericht zubereiten ließ. Damals enthielt es auch noch Trüffeln, die in den Wäldern gesammelt wurden. Heute macht man es ohne Trüffeln; trotzdem ist es eine besonderes Gericht für Sonn- und Feiertage geblieben.

Latium

Mit der Stadt Rom als Zentrum liegt Latium fast genau in der Mitte des Landes; und es scheint zusammen mit Umbrien und Marken eine natürliche Grenzlinie zwischen Norden und Süden zu bilden. Das gilt für die Geographie, aber auch für die Küche.

Auch im gastronomischen Sinne ist das Sprichwort »Alle Wegen führen nach Rom« hier angebracht. Die römische Küche hat Einflüsse aus den nördlichen und den südlichen Regionen aufgenommen und sich trotzdem ihre Eigenart bewahrt. Diese wird zum Beispiel in der Wahl des Bratfetts deutlich; während man im Norden vorwiegend Butter, im Süden Olivenöl verwendet, wird in Rom am liebsten mit Schweineschmalz oder Speck gekocht. Die alten Römer waren fest davon überzeugt, daß Butter nur zum Einfetten der zarten Haut von Neugeborenen tauge!

Als Hauptstadt und Sitz des Papstes hat Rom auch Einflüsse aus anderen Ländern aufgenommen, und seine Küche hat einen Hauch von Internationalität. In den berühmten *ristoranti* von Rom kann man Gerichte essen, wie man sie in guten Restaurants überall auf der Welt findet; aber um die römische Küche wirklich kennenzulernen, muß man in eine kleine, gemütliche *osteria* oder *trattoria* gehen. Es gibt Hunderte davon in Seitenstraßen und kleinen Gassen. Hier ist die Küche herzhaft, derb und kräftig gewürzt; zwischen ihr und den feinen Menüs der *ristoranti* liegen Welten.

Die Teigwaren sind in Latium von eigener Art; man verwendet weder ausschließlich die flachen Formen wie im Norden, noch die runden wie im Süden. *Fettuccine*, Bandnudeln, sind hier eine Spezialität; sie werden meist mit zerlassener Butter oder mit einer Mischung aus Butter und Sahne zubereitet; immer streut man reichlich frisch geriebenen Parmesan darüber. Für römische *cannelloni* werden Rechtecke aus dünn ausgerolltem Teig mit einer Füllung belegt und zusammengerollt, während man im Süden die Füllung in die röhrenförmigen Cannelloni stopft. *Spaghetti* werden in großen Mengen verzehrt, wie aus der großen Zahl der Spaghetti-Rezepte (Seiten 74/75) ersichtlich ist. Beliebt sind auch die römischen *gnocchi*, die mit Grieß gemacht werden (*Gnocchi di semolino*, Rezept Seite 92).

Zu den heimischen Käse-Arten gehört der klassische römische *pecorino*, ein Schafskäse mit scharfem Geschmack, der wie der bekanntere Parmesan über verschiedene Gerichte gerieben wird. Im Gebiet um die Sabiner Berge, wo Milchwirtschaft betrieben wird, werden Käse vom Typ des *mozzarella* gemacht. *Provatura* ist ein alter römischer Büffelkäse, der heutzutage kaum zu bekommen ist. Gerichte mit diesem Käse findet man zwar noch in einer *trattoria*, aber auch dort wird statt *provatura* meist *mozarella* verwendet.

Ricotta, der weiche Schafskäse, hat ebenfalls seinen Platz in der römischen Küche, und zwar für Pizza, Nudelgerichte, Torten, Kuchen und Kleingebäck.

Obwohl mehr Schweinefleisch gegessen wird, ist Lammfleisch besonders beliebt. Eine Delikatesse ist am Spieß gebratenes Lamm. Eine andere Spezialität dieser Region ist *Saltimbocca alla romana* (Rezept Seite 131), eine köstliche Kombination von Kalbfleischscheiben und Schinken, zubereitet mit Salbei und Wein.

Gemüsegerichte findet man in Latium im Überfluß. Eines der berühmtesten ist *Carciofi alla giudea* (Rezept Seite 165). Diese Spezialität der Jüdischen Gemeinde in Rom besteht aus gebratenen Artischocken, die flach gedrückt werden, so daß sie aussehen wie große Rosen. Wie schon erwähnt, ist das römische Essen stark gewürzt; exotische Gewürze aus dem Orient werden ebenso verwendet wie die heimischen Kräuter. Zwiebeln und Knoblauch sind ebenso häufige Zutaten wie Basilikum, Salbei, Rosmarin, Petersilie, Lorbeer und Minze. Für ein berühmtes römisches Gericht, *misticanza*, eine Art gemischter Salat, werden nicht weniger als elf Kräuter verwendet.

Abruzzen & Molise

Diese beiden zentralen Regionen, beide mit einem Küstenstreifen an der Adria, sind vorwiegend gebirgig; hier wird hauptsächlich Landwirtschaft betrieben. Die moderne Technik ist noch wenig verbreitet, und die Küche ist altmodisch geblieben. Sie greift fast nur auf die heimischen Produkte zurück.

Von den wenigen Erzeugnissen der Regionen ist das Getreide wohl das wichtigste. Man macht daraus Teigwaren, mit Vorliebe *maccharoni*, die zur täglichen Nahrung gehören. *Maccharoni alla chitarra*, die es nur hier gibt, werden auf einem gitarrenähnlichen Rahmen mit dünnen Stahlsaiten hergestellt. Der dicke Bandnudelteig wird durch das Gestell gedrückt, dann mit einem Nudelholz geplättet und getrocknet. Diese *maccharoni* werden mit Fleischsauce und geriebenem Käse zubereitet.

Die Schaf- und die Schweinezucht spielen eine wichtige Rolle, doch das Schweinefleisch dominiert in der regionalen Küche. An Geräuchertem gibt es Schinken, mit Knoblauch und Orangenschalen gewürzte Leberwurst, geräucherte Schweinelende, mit Knoblauch gewürzte *mortadella*, Salami und kleine Würste.

Auch Ziegen werden viel gehalten, und der *scamorza*-Käse wird aus einer Mischung von Kuh- und Ziegenmilch bereitet. *Scamorza* ist ein weicher cremiger Käse, der in jedem Ort anders schmeckt, je nach den verwendeten Kräutern, die in den Flußtälern im Überfluß wachsen.

Andere örtliche Käsespezialitäten sind *caciocavallo di pescocostanzo*, ein stark gewürzter Käse mit strengem Geschmack, und *ricotta*, der aus Kuh- und Schafsmilch hergestellt wird.

In den fruchtbaren Tälern gedeihen verschiedene Gemüsesorten; Auberginen, Tomaten und Paprika reifen schnell unter der heißen Sonne der Region. Auch Artischocken, Sellerie, Kohl, Mangold und Blumenkohl werden hier angebaut; am meisten Verwendung aber findet der Paprika, entweder in der süßen oder in der scharfen Form, die hier *diavolillo* genannt wird.

Entlang der Küste nimmt Fisch den ersten Platz ein, sowohl in der Alltagsküche wie bei festlichen Gerichten. Hier gibt es eine eigene Form von *brodetto*, ein Fischgericht mit Zwiebeln, Knoblauch, Tomaten, Kräutern und weißem Essig. Dieser Essig ist eine besondere Spezialität; er wird auch zu dem für die Abruzzen typischen Gericht *scapece* verwendet; dazu wird der Fisch in Essig mariniert, mit Safran gewürzt und gebraten. Octopus und Tintenfisch, hier ebenfalls sehr beliebt, werden meist in würziger Tomatensauce zubereitet.

Kampanien

Die Region Kampanien, von den Römern *Campania felix* (das fröhliche Kampanien) genannt, liegt rund um die Bucht von Neapel am Mittelmeer. Zu ihr gehören die idyllischen Ferieninseln Ischia und Capri. Gemüse, Obst und Wein gedeihen hier im Überfluß, und die heimische Küche ist sehr eigenständig und farbig.

Vielleicht ist die neapolitanische Küche die auf der ganzen Welt bekannteste aller italienischen Küchen, denn Emigranten aus Neapel nahmen ihre Pasta und ihre Pizza überallhin mit und eröffneten in ihrer neuen Heimat in Europa oder Übersee italienische Restaurants. So sind die meisten Gerichte, die wir als italienisch bezeichnen, neapolitanischen Ursprungs.

Der Hafen von Neapel ist das kulinarische Zentrum Süditaliens, denn er versorgt die »Mutter«-Küche, die die Art des Kochens auf dem ganzen »Fuß« des italienischen Stiefels beeinflußt hat. Hauptmerkmale der süditalienischen Küche sind die röhrenförmigen Teigwaren, Olivenöl als Kochfett und der reichliche Ge-

Typisch italienisches Kleingehöft am Fuß des Appennin in Mittelitalien

brauch von Tomaten und Knoblauch, vor allem in Saucen.

Dieser Teil Italiens gilt – zumindest im Vergleich mit dem Norden – als arm. Die Grundnahrungsmittel sind zwar bescheiden, doch verstehen es die Neapolitaner, daraus eine große Zahl köstlicher Gerichte zu machen.

Keine Mahlzeit wäre komplett ohne ein Makkaroni- oder Spaghettigericht. Diese beiden Teigwaren sind in der Region Kampanien erfunden worden. Obwohl man sie anderswo in Italien *maccheroni* nennt, schreibt man sie in Neapel und Umgebung *macaroni*. Hier im Süden ißt man Teigwaren immer mit Sauce, und diese Sauce enthält stets Tomaten, Zwiebeln und Knoblauch. Die Kombination wird deshalb als *»alla napoletana«* bezeichnet. Ähnliche Mischungen sind auch als *»alla pizzaiola«* oder *»al pomodoro«* bekannt. Natürlich können diese Saucen auch noch andere Zutaten enthalten, zum Beispiel Venusmuscheln, Miesmuscheln und verschiedene Meeresfrüchte.

Vielleicht bezeichnet man die Region auch nur deshalb als arm, weil die neapolitanische Küche relativ wenige Fleischgerichte hat. Erwähnenswert sind an Fleischspeisen eigentlich nur *Bistecchine alla napoletane* (Rezept Seite 123) und *Bistecca alla pizzaiola.*

Doch wird der Mangel an Fleisch reichlich durch eine große Auswahl an Meeresfrüchten ausgeglichen. Es gibt Venusmuscheln, Miesmuscheln, Austern, Rotbarben, Zackenbarsche, Tintenfische, Anchovis, Sardinen, Octopus. Fisch wird sehr häufig fritiert, wie bei den Spezialitäten *fritto misto* und *fritto di pesce*, oder gekocht, etwa in Fischsuppen oder geschmort mit Tomaten, Zwiebeln, Knoblauch und Petersilie.

Genauso berühmt ist Kampanien für seinen *mozzarella*. Dieser weiche Käse wurde ursprünglich aus Büffelmilch hergestellt, aber da diese heute kaum noch zu beschaffen ist, verwendet man Kuhmilch. Natürlich ist Neapel auch die Heimat der Pizza, obwohl Pizza in allen Formen und Größen überall in der Region gegessen werden. *Pizza napoletana* (Rezept Seite 98) mit dem bekannten Belag von Tomaten, *mozzarella*, Anchovis und Kräutern ist wohl die berühmteste von allen. Aber es gibt unzählige weitere Rezepte, zum Beispiel die bekannte *Pizza Campofranco* (Rezept Seite 98) mit einem Belag aus Schinken und Käse.

Die meisten Gerichte dieser Region enthalten die hier gezogenen frischen Tomaten, um sowohl die Farbe als auch den Geschmack zu verbessern. Es vergeht kaum ein Tag, ohne daß es Tomatensauce gibt, mal zu Teigwaren, mal zu Gemüsegerichten. Überall in Kampanien gedeihen Auberginen, Zucchini und Paprika. Sie werden mit Vorliebe gefüllt und überbacken. Andere Gemüse, die man häufig findet, sind Bohnen, Blumenkohl und Broccoli.

Süditalien ist mit Recht stolz auf seine ausgezeichneten Eisrezepte. Eis, wie wir es heute haben, verdanken wir nämlich dem Neapolitaner Tortoni. Torten, Kuchen und andere Süßigkeiten sind im ganzen Süden Italiens sehr beliebt, und in den Städten findet man an jeder Ecke eine Konditorei oder ein Café.

Der Gemüsestand in Neapel zeigt die ganze Fülle der heimischen Produkte.

Apulien & Basilikata

Zwischen diesen beiden Regionen an der Südspitze Italiens gibt es keine geographische Grenze, was aber die Gastronomie angeht, so sind sie sehr verschieden. Apulien ist ein Gebiet der Ebenen und des Ackerbaus, seine Küche basiert auf den Teigwaren, die aus heimischem Weizen hergestellt werden. Die Basilikata ist gebirgig und hat außer Wein kaum landwirtschaftliche Erzeugnisse, wenn man von geräuchertem Fleisch und verschiedenen Käsesorten absieht, wie sie in rauhen Gebirgslandschaften häufig erzeugt werden.

Beide Regionen haben Küstenstreifen, aber Apulien ist mit einer viel längeren Küste gesegnet und hat noch dazu den großartigen Golf von Tarent, der für seine Austernbänke bekannt ist. Außer den berühmten Austern gibt es bei Tarent auch noch Miesmuscheln und Venusmuscheln sowie andere Schalentiere. Überall am Golf sind Gerichte mit Schalentieren beliebt, und an der gesamten Küste beider Regionen werden aus verschiedenen Mittelmeerfischen Fischsuppen und andere Fischgerichte zubereitet.

Man kann die unzähligen Pasta-Variationen in Apulien gar nicht alle aufzählen; unter ihnen sind *troccoli* (vergleichbar den Teigwaren, die in den Ab-

ruzzen mit dem gitarrenähnlichen Rahmen gemacht werden), *orecchiette* und *recchietelle* (ohrenförmig) und *turcinielli* (spiralförmig) ebenso zu nennen wie die Normalform von *spaghetti* und *macaroni*. Die Apulier sollen so verrückt auf ihre Pasta sein, daß eine Legende aus dem 17. Jahrhundert berichtet, die Spanier hätten eine Mehlsteuer eingeführt, um die Apulier von ihrer Pasta abzubringen. Die Apulier waren darüber so aufgebracht, daß sie sich gegen die Spanier erhoben, die daraufhin die Steuer schnell wieder zurücknahmen. Alle möglichen Arten von Ragouts werden zu den Teigwaren serviert, aus Fleisch, Fisch oder Gemüse, sowie die obligatorische Tomatensauce.

Die Apulier essen auch gern gutes Brot und Pasteten aus Pizzateig. Zwei regionale Spezialitäten sind *Calzone alla pugliese* (Rezept Seite 100) eine Art rustikaler Kuchen, der mit Zwiebeln, Oliven, Anchovis, Käse und anderem gefüllt wird und *Panzerotti* (Rezept Seite 100), in Öl gebackene Teigtaschen, gefüllt mit *mozzarella* und Tomaten.

Fleisch wird in beiden Regionen mehr gegessen als im übrigen Süditalien. Lamm, Schweine- und Ziegenfleisch sowie kleineres Wild gibt es häufiger auf dem Speisezettel als Rindfleisch. Das gilt vor allem in den Bergen der Basilikata. Das Fleisch wird normalerweise gebraten, obwohl man Lamm auch öfters gedünstet und in scharfer Sauce auf den Tisch bringt (z.B. *Cutturiddi*, Rezept Seite 135). Viele Gerichte enthalten Ingwer, ein Gewürz, für das die Leute in der Basilikata eine besondere Vorliebe haben. Ingwer wird sogar zum Würzen der vielen verschiedenen Wurstsorten verwendet. Die bekannteste Wurst ist übrigens *soppressata*, eine kräftig gewürzte Salami, die manchmal auch in Öl eingelegt wird.

In der Basilikata ist man stolz auf seine vielen Käsesorten, darunter *provolone* und *caciocavallo*. *Provole*, die apulische Form des *provolone*, wird manchmal geräuchert. Viele weiche Käse in der Art des *ricotta* werden in beiden Regionen erzeugt; sie können süß, gesalzen, frisch oder getrocknet sein. Es gibt außerdem butterartige Frischkäse. Käse werden manchmal auch für süße Gerichte verwendet, wie etwa im Rezept *Ricotta fritta* (Seite 185). Süße Torten oder Pasteten werden zu jeder Gelegenheit gereicht, vor allem natürlich an Feiertagen.

Kalabrien

Kalabrien bildet die Spitze des italienischen Stiefels und ist auf drei Seiten vom Meer umgeben; im Norden grenzt es an die Basilikata. Die Landschaft ist vorwiegend gebirgig und hat keine große landwirtschaftliche Produktion. Die lange Küste ist zweifellos Kalabriens größtes Gut; Fisch aus den Küstengewässern spielt in der Küche dieser Region eine wichtige Rolle. Natürlich gibt es *fritto misto* und verschiedene Fischsuppen, die aus einer großen Auswahl von Mittelmeerfischen zubereitet werden, darunter auch Thunfisch, Sardinen und Schwertfisch.

Nach echt südlicher Tradition sind hier natürlich die verschiedenen Teigwaren die Hauptzutaten der Küche. Besonders beliebt sind nahrhafte Gerichte, bei denen die Teigwaren mit anderen Zutaten in eine Form geschichtet und überbacken werden, wie bei *Sagne chine* (Rezept Seite 81), eine Art Lasagne mit einem kräftigen Ragout. Unter den Teigwaren sind *macaroni* die beliebteste und *rigatoni* eine lokale Spezialität, zum Beispiel gefüllt und überbacken in *Rigatoni alla pastora* (Rezept Seite 80) und *Rigatoni al forno* (Rezept Seite 82). Teigwaren werden auch als Einlagen in nahrhaften Gemüsesuppen verwendet, die oft zum kalabrischen Familienessen gehören; Beispiele dafür sind die Gerichte *Millecosedde* und *Licurdia* (Rezepte Seite 58).

Ein anderes typisches Alltagsgericht ist *Pitta* (Rezept Seite 101), eine Pastete aus Hefeteig, gefüllt mit Eiern, Käse und Schinken. Bei diesem Rezept werden Teig und Füllung zusammen gebacken. Häufig bäckt man den Teig auch für sich, schneidet ihn auf, wenn er aus dem Ofen kommt und füllt ihn mit allem, was man gerade zur Hand hat, wie Fleisch, Gemüse usw. *Pitta* wird oft schon am frühen Morgen gegessen und heißt dann *morseddu*.

Auberginen und Paprika sind die wichtigsten Gemüsesorten dieser Region; unter der heißen Sonne gedeihen sie hier überall. Paprika gibt es vom hellsten Gelb bis Grasgrün und Leuchtendrot, und sie werden sogar schon zum Frühstück gegessen – als Füllung für *pitta*. Beide Gemüse werden auf vielfältige Art zubereitet, am liebsten aber gefüllt und überbacken.

Obwohl im Hügelland Schweine, Schafe und Ziegen gezüchtet werden, kommt in einem normalen kalabrischen Haushalt nicht viel Fleisch auf den Tisch. Die meisten Leute leben von Pasta, Suppen, Gemüse und Fisch. In der Region werden auch verschiedene Käse in der Art von *ricotta* erzeugt, ebenso *pecorino*, *provole*, *mozzarella* und *caciocavallo*. Auch sind süße Sachen wie Torten und Kuchen sehr beliebt.

Sizilien

Nur wenige Kilometer vom Festland entfernt liegt Sizilien, die größte aller Mittelmeerinseln. Das Land ist vorwiegend bergig, landschaftlich außerordentlich reizvoll und hat herrliche Sandstrände.

Eigentlich haben wir den Sizilianern all das zu danken, was wir heute als italienische Küche kennen, denn die Griechen kamen vor rund 2000 Jahren nach Sizilien und brachten ein ganz neues kulinarisches Verständnis mit. Im Laufe der Jahrhunderte folgten ihnen Römer, Byzantiner, Araber, Normannen und Spanier, und alle hinterließen ihre Spuren in der regionalen Küche, die bald von den Römern und später auch von anderen Europäern nachgeahmt wurde.

Eine Küche mit so glanzvoller Geschichte lebt natürlich mit ihrer Vergangenheit. Auch wenn das gebirgige und vulkanische Land landwirtschaftlich nicht viel zu bieten hat, wird man doch von der sizilianischen Kochkunst keineswegs enttäuscht. Grundsätzlich herrscht eine ländliche Küche vor, in der Brot und Teigwaren die wichtigsten Nahrungsmittel sind; aber darüber hinaus hat sie ihren ganz eigenen Charakter und Geschmack und kennt eine Menge bemerkenswerter Spezialitäten.

Viele sizilianische Hausfrauen backen noch ihr eigenes Brot – ein Brauch, der in anderen Teilen Italiens längst ausgestorben ist –, und so ist frisches Brot ein ebenso wichtiger Bestandteil der täglichen Mahlzeiten, wie ein Gericht mit hausgemachten Teigwaren. Bei den meisten Pastagerichten sind Spaghetti, Makkaroni oder andere röhrenförmige Teigwaren mit einer kräftig gewürzten Sauce kombiniert.

Die Landschaft ist eigentlich nur wenig zu Viehzucht geeignet, aber es werden doch Schafe, Ziegen und Schweine gehalten, so daß eine begrenzte Versorgung mit frischem und geräuchertem Fleisch, Schinken und Wurst möglich ist. Die Durchschnittsfamilie aber lebt von Gemüse, Früchten und Weizen, die das Land hervorbringt und von den Fischen, die das Meer liefert; was diese Produkte angeht, sind die Sizilianer verwöhnt. Der Frühling kommt sehr früh im Jahr, deshalb ist die Wachstumsperiode länger als im übrigen Italien. Das bringt den Sizilianern eine Vielzahl von Gemüsen auf den Tisch, darunter Auberginen, Paprika, Tomaten, Fenchel, Broccoli, Kürbis, Spargel und Pilze.

Gemüsegerichte bilden, wenn sie zusammen mit Brot, Pasta oder Fisch angeboten werden, durchaus eine Hauptmahlzeit; ein solches Gericht ist *Caponata* (Rezept Seite 172). Auf Sizilien liebt man es auch, Süßes mit Saurem zu kombinieren, eine Gewohnheit, die die Bewohner von den Spaniern übernommen haben sollen; auf diese Weise wird zum Beispiel Kürbis zubereitet (*Zucca all'agrodolce*, Rezept Seite 172). Auf der ganzen Insel findet man Zitronenhaine, Weinberge und Olivengärten; der Weinanbau spielt eine besonders wichtige Rolle.

Für das notwendige Protein in der täglichen Nahrung ist vor allem durch Fisch gesorgt, denn Sardinen, Schwertfische, Thunfische und Barben werden an den Küsten in großen Mengen gefangen. Schalentiere sind sehr beliebt, ebenso *baccalà* oder Klippfisch. Die Fischerhäfen Siziliens sind an der ganzen Küste verstreut. Für die Fischwirtschaft ist die Thunfischverarbeitung besonders wichtig. Lokale Spezialitäten sind *Sarde a beccafico* (marinierte Sardinen, Rezept Seite 114) und *Agghiotta di pesce spada* (Schwertfisch mit Tomaten und Oliven, Rezept Seite 115); letzteres ist eine Art Fisch-Eintopf.

Was die Desserts und süßen Sachen angeht, so übertreffen sich die Sizilianer selbst, denn Eis, Pasteten, Kuchen und Torten sind Glanzlichter ihrer Küche. Die berühmte Eistorte *Cassata siciliana* (Rezept Seite 37) und *Zabaione* (Rezept Seite 186) haben ihren Ursprung in Sizilien. Auch das Eis aus frischen Früchten oder Fruchtsäften, wie *Mantecato di melone* (Rezept Seite 186) ist kaum zu übertreffen. Besonders stolz ist man in Sizilien auf die köstlichen Torten, obwohl die Ehre eigentlich den Sarazenen gebührt, die diese delikaten Süßspeisen im 9. Jahrhundert auf die Insel mitgebracht haben.

Sardinien

Die zweitgrößte Mittelmeerinsel, Sardinien, liegt dem Golf von Neapel in einiger Entfernung gegenüber und nur wenige Kilometer südlich der französischen Insel Korsika. Sardinien ist ein hügeliges Land mit welligen Ebenen und einer felsenreichen Küstenlinie. Die Entfernung vom Festland hat zur Folge gehabt, daß die ursprünglichen Kochgewohnheiten mehr oder weniger bis heute beibehalten worden sind; aber jahrhundertelange Kolonisation durch wechselnde Eroberer hat natürlich ihre Spuren hinterlassen. Vor 2000 Jahren kamen die Phönizier auf die Insel. Ihnen folgten Araber, Afrikaner, Spanier, Römer und Piemontesen. Ihr Einfluß auf die sardische Küche ist evident.

Die Bevölkerung der Insel besteht zum größten Teil aus Bauern, die Ackerbau oder Schafzucht betreiben; die sardische Küche ist noch von Grund auf bäuerlich. Hier wird mehr Fleisch gegessen als in Sizilien, und am liebsten gart man es über offenem Feuer am Spieß. Man nennt diese Zubereitungsform *furia furia*, und ganze Lämmer, Ziegen und Spanferkel (genannt *porceddu*) werden auf diese Weise am Spieß gebraten. Eine andere Art der Zubereitung von ganzen Jungtieren ist *carraxiu*: Dabei wird das Fleisch zwischen zwei Schichten von Myrtenblättern auf glühende Asche gelegt und dann mit glühender Asche bedeckt. Bei großen Festen und Hochzeiten füllt man große Tiere oft mit kleineren und diese wiederum mit Wildgeflügel in verschiedenen Größen, so daß manchmal fünf verschiedene Fleischarten auf einmal gebraten werden. Gejagt werden auf der Insel Wildschweine, Ha-

Der alte Fischerhafen von Cefalu in Sizilien

sen und Wildgeflügel wie Rebhühner, Wachteln und leider auch Singvögel, z. B. Drosseln.

Fisch ist für die Leute von Sardinien genau so wichtig wie Fleisch, wenn nicht noch wichtiger, denn es gibt in großen Mengen Sardinen, Schwertfisch, Thunfisch, Aal und Schalentiere, unter denen der Hummer besonders gut ist. Im Küstenbereich gibt es viele Rezepte für *Cassola* (Rezept Seite 117), die sardische Art von gedünstetem Fisch; eine Delikatesse ist auch *buttariga*; das ist zusammengepreßter und getrockneter Rogen von Barben oder Thunfisch, den man als Vorspeise mit Olivenöl und Zitronensaft ißt.

Im Landesinneren ernähren sich die Bauern genügsamer, vor allem von Brot und Käse. Das Brot, *carta di musica* genannt, ist sehr dünn und knusprig und macht, wenn man es bricht, ein knisterndes Geräusch. Die örtlichen Käsesorten werden vorwiegend aus Schafsmilch gemacht; die häufigsten sind *pecorino* und verschiedene *ricotta*-Arten. Kleine Käsepuppen und -tiere, die sogenannten *gioghittus de casu*, wurden ursprünglich für die Kinder hergestellt, haben aber soviel Anklang bei den Besuchern der Insel gefunden, daß sie heute ein beliebtes Souvenier sind.

Die beliebtesten Teigwaren sind Ravioli, Makkaroni und Spaghetti. Die Sizilianer haben ihre eigene Art Ravioli, die sie *Culingiones* (Rezept Seite 85) nennen; sie können die verschiedensten Füllungen haben. Andere typische Gerichte sind die herzhaften Gemüsesuppen, etwa die *Minestra di farro* (Rezept Seite 58) *Minestra di fave* (Rezept Seite 58) und *Favata* (Rezept Seite 141), ein nahrhafter Eintopf aus Bohnen, Wurst und vielen Gewürzen.

Spezielle Zutaten

Man braucht keinen eigenen Vorratsschrank mit vielen zusätzlichen Zutaten, um italienisch zu kochen, aber ein gewisser Grundstock an speziellen Ingredienzien ist schon empfehlenswert. Heute bieten Delikatessengeschäfte und Supermärkte ein großes Sortiment an italienischen Produkten an, und man hat die Zutaten, wenn nötig, schnell zur Hand. Um dem Originalgeschmack so nahe wie möglich zu kommen, sollte man sich natürlich weitgehend an die vorgeschriebenen Zutaten halten.

Kräuter

Kräuter sind wichtige Würzstoffe der italienischen Küche; wenn möglich werden frische Kräuter verwendet, die man entweder selbst im Garten hat oder sich leicht beschaffen kann. Kräuter kann man aber auch ohne weiteres im Blumentopf auf der Fensterbank ziehen, sie im Sommer abschneiden und entweder einfrieren oder an einem luftigen Platz trocknen. Die getrockneten Kräuter werden dann am besten in Schraubdeckelgläsern aufgehoben.

BASILIKUM *(Basilico)*. Es gibt viele verschiedene Arten dieses würzigen und aromatischen Krauts. Es wird meistens in Tomatengerichten, Salaten, Suppen und auf Pizza verwendet. Wenn eben möglich, sollte man frisches Basilikum nehmen, denn das getrocknete ist nur ein schwacher Ersatz.

BORRETSCH *(Borragine)*. Borretsch hat einen Geschmack, der an Gurken erinnert. Er gedeiht in Italien überall und wird als Würze, aber auch als Gemüse verwendet. Genueser Ravioli sind mit Borretsch gefüllt. Man kann Borretschblätter wie Spinat kochen, sie aber auch in Eierkuchenteig tunken und fritieren.

FENCHEL *(Finocchio)*. Auf dreierlei Weise wird Fenchel in der italienischen Küche verwendet. Die Knolle, auch Florentiner Fenchel oder *finocchio* genannt, wird ganz, in Viertel oder in Scheiben geschnitten als Gemüse zubereitet. Man kann auch ein köstliches Gratin daraus machen. Roh und feingehackt ist sie eine beliebte Zutat zum Salat. Die Stiele und Blattwedel von Wildem Fenchel *(finocchiella)*, die einen leicht bitteren Anis-Beigeschmack haben, verwendet man zum Würzen von Saucen, die zu Fisch- und Schweinefleischgerichten gereicht werden. Kleingehackt dienen sie als Würzkraut in Mayonnaisen, Eier- und kalten Fischgerichten. Fenchelsamen braucht man als Würze in Würsten und zu gekochtem Fleisch. Das bekannteste Produkt mit Fenchelsamen ist *Finocchiona salame*.

LORBEERBLÄTTER *(Lauro)*. Lorbeerblätter verwendet man zum Würzen von Suppen, Eintöpfen und zu manchen Braten.

MAJORAN *(Maggiorana)*. Dieses Kraut wird gelegentlich in Suppen, Braten, Gemüse- und Fischgerichten verwendet und kann auch als Ersatz für das würzigere Oregano dienen.

MYRTE *(Mirto)*. Auf Sardinien benutzt man Myrte zum Würzen von Fleisch, vor allem, wenn Jungtiere am Spieß gebraten werden. Anderswo in Italien wird es ebenfalls, aber doch sparsamer verwendet.

OREGANO *(Origano)*. Das Kraut wird auch Wilder Majoran genannt und ist für viele italienische Gerichte unerläßlich; man würzt damit Pizzabeläge, Saucen und Schmorbraten. Sein Geschmack ist in jeder Landschaft etwas unterschiedlich.

PETERSILIE *(Prezzemolo)*. Italienische Petersilie ist immer glatt; gekräuselte findet man praktisch überhaupt nicht. Wenn man beim Kochen nur gekräuselte zur Hand hat, sollte man daran denken, daß sie weniger würzig ist als glatte Petersilie. Petersilie dient in Italien nicht, wie oft bei uns, als Dekoration, sondern als kräftiges Würzmittel.

ROSMARIN *(Rosmarino)*. Die Italiener würzen Lammbraten oder Spanferkel am liebsten mit Rosmarin. Es wird auch reichlich in Suppen und Eintöpfen verwendet. Doch es ist ratsam, mit Rosmarin etwas vorsichtig umzugehen, weil der intensive Geschmack jedes andere Aroma überdeckt.

SALBEI *(Salvia)*. Salbei wird mit Vorliebe zu gebratener Leber und zu Kalbfleischgerichten verwendet.

WACHOLDER *(Ginepro)*. Mit Wacholderbeeren würzt man Fleisch- und Wildgerichte sowie Marinaden. Wenn man sie zum Würzen von Füllungen verwendet, müssen sie vorher zerdrückt werden. Mit Wacholderbeeren sollte man sparsam umgehen, denn in größeren Mengen verwendet machen sie ein Gericht leicht bitter.

Gewürze

Gewürze werden in Italien seit den Zeiten der Römer verwendet, früher oft in solchen Mengen, daß sie den Geschmack der übrigen Zutaten eines Gerichtes völlig überlagerten. Heutzutage geht man etwas sparsamer mit Gewürzen um, doch immer noch liebt man kräftige, würzige Speisen. Im Anschluß sind die am häufigsten in der italienischen Küche gebrauchten Gewürze aufgezählt.

Eine Auswahl typisch italienischer Zutaten: getrocknete Tomaten, Paprikaschoten, Majoran, Quitten, Salsiccia, Mozzarella-Käse, Trauben, Knoblauch, Peperoni, Feigen, Orangen, Zitronen, Wein, Oliven.

Ingwer (*Zenzero*). Außer in Apulien und der Basilikata wird dieses Gewürz in Italien kaum verwendet.

Koriander (*Coriandolo*). Zerstoßene Korianderkörner gibt man an verschiedene Fleischgerichte, vor allem an Lamm- und Schweinefleisch.

Muskat (*Noce moscato*). Die Italiener verwenden dieses Gewürz sowohl in süßen als auch in pikanten Speisen. Gemahlener Muskat, den man fertig abgepackt kaufen kann, hat bei weitem nicht das kräftige Aroma frisch geriebener Muskatnuß. Deshalb sollte man nur ganze Muskatnüsse verwenden und erst beim Kochen etwas in das jeweilige Gericht reiben. Man würzt Ravioli, aber auch Spinat und Käsegerichte.

Pfeffer (*Pepe*). Auf gemahlenen Pfeffer im Vorratsschrank sollte man getrost verzichten und statt dessen immer frisch gemahlenen schwarzen Pfeffer verwenden.

Safran (*Zafferano*). Zu Risotto, in Fischsuppen und anderen Fischgerichten verwendet man gern Safran. Er ist sehr teuer und wird deshalb nur sparsam zugegeben. Die einfachste und billigste Methode, mit Safran zu würzen, ist, wenn man Safranfäden in etwas warmem Wasser einweicht, bis Farbe und Aroma ausgezogen sind; man siebt die Flüssigkeit ab und gibt sie an das jeweilige Gericht.

Salz (*Sale*). Überall in der italienischen Küche wird Salz verwendet. Allerdings gebraucht man mit Vorliebe Meersalz statt des bei uns üblichen Tafelsalzes.

Vanille (*Vaniglia*). Vanille ist der beliebteste Aromastoff für süße Speisen. Man kauft auch Vanillezucker, der in kleinen Tüten abgepackt ist, und mischt ihn unter den normalen Zucker. Kuchen und Torten werden fast immer mit Zusatz von Vanille gebacken. Außer Vanillezucker werden auch Vanilleschoten verwendet.

Olivenernte in Kalabrien. Unter den Bäumen werden Netze ausgelegt; die Früchte fallen hinein, wenn die Bäume geschüttelt werden.

Zimt *(Canella).* Gemahlener Zimt wird vorwiegend zu süßen Gerichten verwendet, ist allerdings auch gelegentlich in Fleischgerichten anzutreffen.

Hülsenfrüchte

Hülsenfrüchte *(legumi secchi)* spielen in der italienischen Küche keine unwichtige Rolle. Am häufigsten werden getrocknete Bohnen verwendet, meist *borlotti-* oder *cannellini-*Bohnen. Alle Hülsenfrüchte, mit Ausnahme von Linsen, sollten über Nacht in kaltem Wasser eingeweicht und vor dem Kochen gründlich ausgespült werden. Zur größeren Bequemlichkeit kann man natürlich auch italienische Konserven verwenden. Sie sind zwar etwas teurer, aber man erspart sich natürlich die Einweich- und Kochzeit. Außerdem sind sie garantiert weich, was sich bei getrockneten Hülsenfrüchten nicht immer vorhersagen läßt. Wenn zum Beispiel Bohnen schon recht alt sind, kann man sie zwar noch verwenden, muß aber darauf gefaßt sein, daß sie nicht weich werden. Deshalb kauft man getrocknete Bohnen am besten in einem Geschäft, das größere Umsätze in Hülsenfrüchten macht.

Borlotti-Bohnen. Diese getrockneten Bohnen sind mit der roten Kidneybohne verwandt. Sie können farblich sehr unterschiedlich sein, von blaßrosa bis dunkelrot, aber sie sind immer gesprenkelt. Man kann sie bei uns auf größeren Märkten oder in italienischen Geschäften getrocknet oder in Dosen bekommen. Die Dosenware ist in Salzwasser konserviert und muß gut abgespült werden, wenn man sie nur erhitzen will. Wenn man keine Borlotti-Bohnen auftreiben kann, sind rote Kidneybohnen ein vollwertiger Ersatz.

Cannellini-Bohnen. Diese Bohnensorte wird häufiger als jede andere in italienischen Gerichten verwendet, und wenn in einem Rezept nichts anders angegeben wird, ist immer die längliche kleine weiße *cannellini-*Bohne gemeint. Sie ist wie eine kleine Ausgabe unserer großen Weißen Bohne. Wenn man keine *cannellini-*Bohnen bekommt, kann man ohne weiteres große Weiße Bohnen verwenden. *Cannellini* gibt es übrigens auch in Dosen.

Fave *(Secche).* Diese italienische Bohnenart entspricht den getrockneten Limabohnen und wird vor allem für Suppen verwendet. Sie sind nicht überall zu bekommen, werden aber gelegentlich in griechischen oder türkischen Läden geführt.

Grosse Weisse Bohne *(Fagiolo Secco).* Große Weiße Bohnen kann man praktisch überall kaufen; sie lassen sich in allen Gerichten verwenden, wo das Rezept getrocknete Bohnen vorschreibt, original italienische Bohnen aber nicht zu haben sind.

Kichererbse *(Ceci).* Die Italiener verwenden Kichererbsen zusammen mit anderen Hülsenfrüchten und Teigwaren oder Reis in dicken Suppen. Sie werden auch zusammen mit *baccalà* als traditionelles Karfreitagsessen serviert. Man bekommt Kichererbsen bei uns in italienischen oder türkischen Läden.

Linsen *(Lenticchia).* Wenn in einem italienischen Gericht Linsen angegeben sind, so handelt es sich um grüne Linsen und nicht um die roten Linsen, die zu Brei verkochen. Grüne Linsen haben einen etwas erdigen Geschmack und behalten beim Kochen ihre Form. Man braucht sie vor dem Kochen nicht einzuweichen. Sie werden oft mit Zwiebeln, Knoblauch und Gewürzen gekocht und als Beilage zu Fleisch serviert. Traditionell gehören sie zu Gerichten wie *bollito misto*, das aus verschiedenen gekochten Fleischsorten und Wurst, etwa *cotechino* und *zampone*, besteht. Ein italienisches Neujahrsessen ist *cotechino con lenticchie.* Man bekommt grüne Linsen praktisch in jedem Lebensmittelgeschäft und natürlich auch in italienischen Spezialgeschäften.

Andere Würzzutaten

Die folgenden Zutaten werden in der italienischen Küche häufig verwendet; deshalb sollte man einen kleinen Vorrat davon zu Hause haben.

Essig *(Aceto).* Zu Salaten verwendet man in Italien weißen oder roten Weinessig, Einige Fleischsorten, vor allem Wild, werden vor dem Kochen mit Essig abgerieben.

Knoblauch *(Aglio).* Knoblauch wird in allen italienischen Küchen gebraucht, aber nicht in dem Maße, wie es sich manche Leute hier bei uns vorstellen. Einige Gerichte verlangen geradezu nach Knoblauch, wie zum Beispiel *Pesto* (Rezept Seite 64) aus Genua, *Bagna caôda* (Rezept Seite 46) aus Piemont oder die Tomatensaucen in Süditalien. Darüber hinaus wird Knoblauch in der italienischen Küche nicht häufiger verwendet als in anderen Mittelmeerländern. Wenn in einem Rezept Knoblauch angegeben ist, passen Sie die Menge Ihrem persönlichen Geschmack an. Auch ist die Größe der Zehen sehr unterschiedlich. Die Stärke und Würzkraft hängt außerdem von der Sorte und vom Alter der Knolle ab. Knoblauch sollte so oft wie möglich frisch gekauft werden, denn wenn er allzu lange lagert, verliert er an Würze.

Öl *(Olio).* Olivenöl ist eine wichtige Zutat der italienischen Küche, man kann es allerdings gelegentlich auch durch Pflanzenöl ersetzen. In Norditalien wird mehr mit Butter gekocht, weil es dort Viehzucht und Milchwirtschaft gibt. In den Regionen um Rom kocht man teilweise mit Öl, teilweise mit *strutto* (siehe unten).

In Süditalien, in der Toskana und an der ligurischen Küste ist Olivenöl Grundnahrungsmittel. Das beste Öl kommt nach Meinung von Kennern aus Lucca in der Toskana, andere halten das Olivenöl aus Trevi in Umbrien für noch besser. Auch *sassari* aus Sardinien hat einen sehr guten Ruf. In Italien werden viele Öle in Bauernhäusern und Dörfern für den Hausgebrauch aus frisch gepflückten Oliven gepreßt. Italienische Hausfrauen können sich das Kochen ohne erstklassiges Olivenöl gar nicht vorstellen, während man bei uns meist auf die Produkte von mehr oder weniger renommierten Firmen zurückgreifen muß. Am Olivenöl sollte man auf keinen Fall sparen; man kauft besser das teuerste und geht damit sparsam um, als daß man billigere Sorten ersteht und damit auf das köstliche Aroma verzichtet. Jungfernöl (erste Pressung) ist besser als »reines Olivenöl«. Gutes, kalt gepreßtes Olivenöl sollte hellgelb und fast geruchlos sein.

Pilze, getrocknete *(Funghi).* Die Italiener verwenden getrocknete Pilze gern zu Saucen, Suppen, Füllungen und Omeletts, denn sie haben einen kräftigen Geschmack, und man braucht nur kleine Mengen. Vor allem, wenn man keine frischen Pilze zur Hand hat, ist ein Vorrat von Trockenpilzen praktisch. Im Winter ist man sehr häufig auf sie angewiesen. Sie werden 20 Minuten in warmem Wasser eingeweicht. Dann schüttet man sie auf ein Sieb, drückt sie aus und schneidet sie klein. Sie werden erst kurz vor Ende der Kochzeit zugegeben, weil sie sonst ihr Aroma verlieren. Getrocknete Pilze bekommt man in italienischen Läden, in Delikatessengeschäften, auf dem Markt oder in speziellen Pilzläden; sie heißen in Italien *porcini.* Wenn in einem Rezept getrocknete Pilze vorgeschrieben sind, sollte man nicht auf frische Pilze ausweichen, weil sie nicht die gleiche Würzkraft haben.

Pinienkerne *(Pinoli).* Die Samen der im Mittelmeerraum heimischen Pinie sind klein und länglich geformt. Ihr Geschmack ist mit dem anderer Nüsse nicht vergleichbar, deshalb kann man sie schwer durch etwas anderes ersetzen. Sie werden in Italien gern in Fleisch-, vor allem Wildgerichten, oder in süßen und pikanten Saucen verwendet. Kleingehackt mischt man sie in Süßspeisen oder verziert mit den ganzen Kernen Kuchen und Torten. Sie werden meist geschält angeboten, und man bekommt sie in guten Gemüsegeschäften oder im Reformhaus.

Strutto. Das ist der Name für das in Italien beliebte Schweineschmalz, das in Bechern angeboten wird. Kein Italiener würde auf die Idee kommen, irgendein anderes Schmalz zu verwenden als *strutto*, und so steht es auch in den Zutatenlisten vieler Rezepte. Es handelt sich um ein besonders feines Schmalz, das fast geschmacklos ist und sich ausgezeichnet für Braten und Kartoffelgerichte, aber auch für Kuchen eignet.

Tomaten und Tomatenpüree *(Pomodori).* Italienische Hausfrauen, vor allem im Süden des Landes, verwenden für ihre Tomatensauce am liebsten frische reife Tomaten aus dem eigenen Garten – und es gibt bestimmt nichts Besseres. Wer aber keine eigenen Tomaten und keine frischen italienischen Früchte zur Hand hat, der kann auch auf Dosentomaten und Tomatenpüree zurückgreifen. Das ist auf jeden Fall günstiger, als mit bei uns gezogenen Treibhaustomaten zu kochen. Auch in Italien verwendet man in den Wintermonaten Konserven.

Wein *(Vino).* Man braucht in der Küche sowohl weißen als auch roten Wein. Es ist ein Irrtum zu glauben, zum Kochen könne man auch einen weniger guten Wein verwenden als zum Trinken; billiger Wein kann ein Gericht geradezu ungenießbar machen, während guter Wein oft Wunder wirkt, vor allem bei Saucen. Barbera ist ein guter Rotwein zum Kochen. An Weißweinen eignen sich Soave, Frascati und Orvieto. Trockener Marsala wird zu Kalbfleischgerichten und zur *zabaione* verwendet.

Schinken & Wurstsorten

In vielen italienischen Regionalküchen sind Würste, gekochtes Fleisch, Salami und Schinken wichtige Zutaten. Sie werden zu verschiedenen Mahlzeiten gegessen, sind aber in den meisten Fällen Bestandteil der Vorspeise. Es gibt unzählige Sorten von Salami und anderen Wurstwaren, und manche werden nur an bestimmten Orten hergestellt und auch verwendet. Fleischwaren, die Italien ins Ausland exportiert und die deshalb auch bei uns zum größten Teil zu bekommen sind, werden im folgenden kurz vorgestellt. Man bekommt sie in Delikatessengeschäften oder Spezialabteilungen der Kaufhäuser bzw. in italienischen Läden.

Bologna. Bologna, die Hauptstadt der Emilia-Romagna und Zentrum der Wurstfabrikation, hat einer berühmten Wurst ihren Namen gegeben. Sie besteht aus einer Mischung von geräuchertem Rind- und Schweinefleisch.

Bresàola. Rohes Rindfleisch wird auf ähnliche Weise gepökelt wie *prosciutto di Parma*. Es muß lange geräuchert werden und ist sehr teuer. Bresàola wird sehr dünn geschnitten serviert und ist deshalb auch besonders ausgiebig. Mit ein paar Tropfen Olivenöl, Zitronensaft und Pfeffer werden die hauchdünnen Scheiben als Vorspeise serviert.

Coppa/Capocollo. Ein dem *prosciutto di Parma* vergleichbarer roher Schinken, der aber nicht aus dem Hinterschinken, sondern aus dem Schulterstück stammt. Manche Kenner halten ihn sogar für besser als Parmaschinken, weil sein Geschmack etwas süßlicher ist. Coppa hat allerdings keine so gleichmäßige Form wie Parmaschinken. Der beste *coppa* kommt aus dem kleinen Dorf Zibello in der Nähe von Parma und heißt *coppa di Zibello*.

Cotechino. Eine Spezialität aus der Emilia-Romagna ist diese frische Schweinefleischwurst, die man nicht aufheben kann, sondern bald verkochen sollte. *Cotechino* ist sehr gut gewürzt und wird gern zusammen mit Linsen oder Kartoffelpüree serviert; man schneidet sie dann in Scheiben. *Cotechino con lenticchie* ist das traditionelle Neujahrsgericht der Römer. Die Wurst wird vor dem Kochen rundherum eingestochen, in ein Tuch gewickelt und je nach Größe bis zu 3 Stunden gekocht. Neuerdings gibt es auch schon gekochte, die sogenannte *cotechino lampo*, die in Folie vakuumverpackt ist. Sie braucht nur 20 Minuten erhitzt zu werden, bevor man sie serviert.

Finocchiona. Eine aus der Toskana stammende würzige Salami, die mit Fenchelsamen abgeschmeckt ist.

Lardo. Schweinefett oder Schmalz wird in Italien kiloweise eingekauft. Man verwendet es als Kochfett zu den schmackhaften, deftigen Gerichten; es gibt vielen Speisen damit ihren typischen Geschmack, denn es ist kräftiger als andere Speisefette. Vor allem in Mittel- und Süditalien wird es häufig gebraucht. Man kann sich das Schmalz selbst auslassen, indem man frischen Rückenspeck in kleine Würfel schneidet und in der Pfanne ausbrät.

Luganega siehe Salsiccia a metro.

Mortadella. Eine der berühmtesten italienischen Wurstsorten ist *mortadella di bologna*. Die beste wird aus reinem Schweinefleisch gemacht, aber es gibt auch Varianten mit einem Gemisch aus Schweine- und Rindfleisch oder mit verschiedenen anderen Fleischsorten. Auch die Art zu würzen ist unterschiedlich; schwarzer Pfeffer ist aber immer enthalten. Mortadella ist die größte italienische Wurst und auch bei uns fast überall zu bekommen. Am besten kauft man sie aber in einem Spezialgeschäft, denn die Qualität kann durchaus unterschiedlich sein. Man ißt sie im allgemeinen kalt und in dünne Scheiben geschnitten; gelegentlich wird sie auch in Würfel geschnitten und mitgekocht.

Pancetta. Dieser rohe, gesalzene Schweinebauch wird zu vielen italienischen Gerichten verwendet. Man kauft ihn kiloweise und in Scheiben geschnitten, würfelt ihn und brät ihn mit Zwiebeln und Knoblauch. In dieser Form wird er Fleischgerichten und Suppen zugesetzt und gibt ihnen ein kräftiges Aroma. Auch für Füllungen ist *pancetta* geeignet. Italienische Hausfrauen brauchen diesen würzigen Speck für viele Gerichte.

Prosciutto. Man bekommt außerhalb Italiens *prosciutto* auf dreierlei Art – Parmaschinken ohne Knochen und in dünne Scheiben geschnitten, Parmaschinken mit Knochen, der jeweils frisch abgeschnitten wird, und *prosciutto di San Daniele*, ebenfalls mit Knochen. Alle drei sind ähnlich in Geschmack, Aussehen und Preis, und die Vorliebe für den einen oder anderen ist Sache des persönlichen Geschmacks. Knochenschinken ist seltener zu bekommen, er wird vorwiegend in Delikatessengeschäften und Spezialabteilungen angeboten. *Prosciutto di San Daniele* ist magerer und im Geschmack etwas weniger süß. Alle Parmaschinken kommen aus der Umgebung von Parma in der Region Emilia-Romagna; San Daniele-Schinken aus Frinli.

Der hohe Preis für Parmaschinken erklärt sich daraus, daß nur erstklassiges Fleisch verwendet wird und der Schinken eine sehr lange Reifeprozedur durchmacht. Hüten sollte man sich vor Sonderangeboten, denn die Qualität solcher Schinken ist oft keineswegs erstklassig, und der Schinken in den meisten Fällen nicht abgehangen.

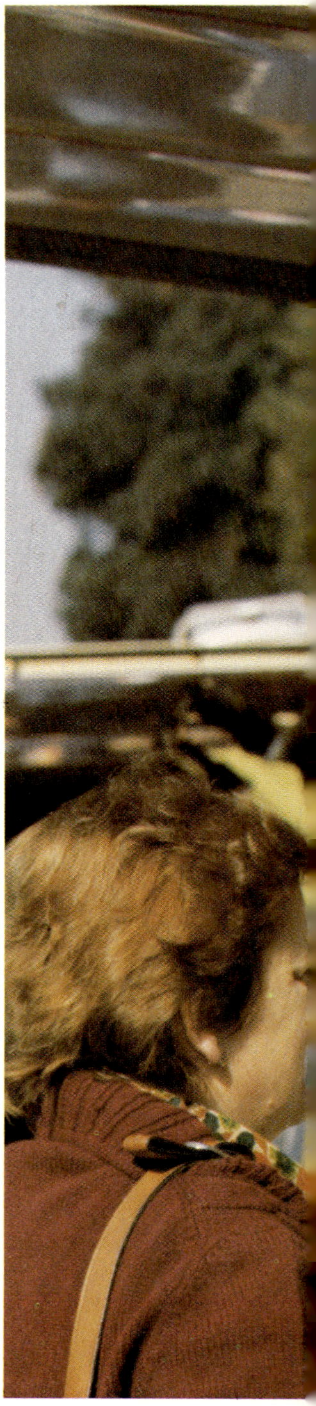

Eine Schweinemetzgerei, in Umbrien norcino *genannt. Gebratenes Fleisch wird hier ebenso angeboten wie Salami, würzige Würste und frisches Fleisch.*

SALAME. Es gibt in Italien so viele Arten von *salame*, daß man sie kaum alle aufzählen kann, da jede Region ihre eigene Spezialität hat, die man außerhalb eines kleinen Umkreises kaum bekommt. Die regionalen Salamisorten werden *casalingo* genannt, was etwa Hausmacher-Art bedeutet. Sie sind meist grob und kräftig gewürzt. Es gibt einige wenige *casalingo*-Salamis, die man auch bei uns gelegentlich in italienischen Läden findet, und es lohnt sich danach zu fragen. Zwei dieser Sorten sind *salame Napoli* und *salame Genova* – aber es gibt auch andere, die unter verschiedenen Markennamen verkauft werden.

Die häufigsten Salami-Arten, die bei uns in Delikatessengeschäften angeboten werden, sind *salame Milano* und *salame Varzi. Salame Milano* ist ziemlich groß und wird aus feingehacktem Schweinefleisch oder aus einer Mischung von Schweine- und Rindfleisch unter Zusatz von Gewürzen hergestellt. *Salame Varzi* ist grober und schärfer gewürzt; sie kommt aus einem Dorf namens Varzi in der Gegend von Parma/Piacenza. *Cacciatore* ist eine kleine Salami, die etwa 150–200 g wiegt und im Ganzen zu haben ist. Ihr Name hat mit dem italienischen Wort für »Jäger« zu tun, weil die Jäger sie früher als Proviant im Rucksack hatten.

SALAMELLE siehe SALSICCIA A METRO.

SALSICCIA A METRO. Die auch *luganega* genannte lange, dünne, gut gewürzte Wurst kauft man kiloweise in italienischen Geschäften. In Italien wird sie in lange Därme abgefüllt und sozusagen als »Meterware« verkauft, daher der Name.

Man ißt sie gegrillt oder gebraten zum Mittag- oder

Abendessen, oft mit Kartoffelpüree oder Linsengemüse. *Salsiccia a metro* wird auch als Füllung oder in Rezepten verwendet, für die man Wurstmasse braucht; die Haut wird aufgeschnitten und die Masse herausgedrückt. *Salamelle* enthält häufig die gleiche Mischung wie *salsiccia a metro,* aber sie wird in kürzere Därme gefüllt. Es gibt sie in vielen Variationen, manchmal ist sie stark gepfeffert. Man ißt sie gegrillt oder gebraten, doch kann sie auch gekocht serviert werden.

Soppressa. Diese Wurst besteht aus vielen Fleischsorten und Sülze, die man in Form eines Brotlaibs preßt und in dünne Scheiben schneidet. Sie wird kalt zu Mittag oder als Zwischenmahlzeit gegessen.

Soppressata. Diese Spezialität aus Apulien und der Basilikata ist ziemlich klein und wird normalerweise in einem Stück verkauft. Das Fleisch ist nicht gehackt, wie bei der Salami, sondern in größere Stücke geschnitten und zusammengepreßt. *Soppressata* ist sehr stark gewürzt und hat einen ziemlich hohen Fettanteil.

Zampone. Diese frische Wurst wird aus derselben Masse gemacht wie *cotechino,* nur wird sie statt in einen Darm in Schweinsfüße gefüllt. Sie ist ziemlich fett, und man legt sie am besten über Nacht in Wasser, bevor man sie am Fußende einschneidet und kocht. Man kann auch vorgekochte *zampone lampo* in Spezialgeschäften kaufen.

Zu den Abbildungen unten und rechts

1 Prosciutto di San Daniele
2 Salame cacciatore
3 Coppa di Parma
4 Luganega
5 Prosciutto di Parma
6 Salsiccia a metro
7 Zampone
8 Salame Napoli
9 Salame Cremona
10 Pancetta di Zibello
11 Cotechino
12 Soppressata
13 Bresàola
14 Mortadella
15 Salame Genova
16 Salame Bindone

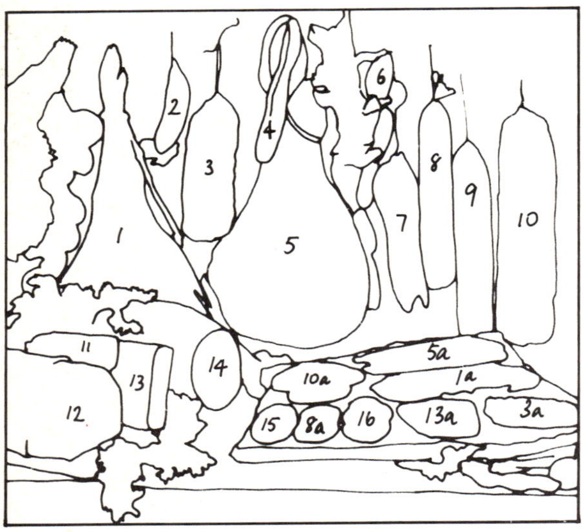

Napoli
SALAMI
Negroni
CREMONA

Käse

Überall im Land wird köstlicher Käse hergestellt. In den nördlichen Landesteilen und in der Po-Ebene, wo die Weiden grün und saftig und zur Rinderhaltung geeignet sind, wird der Käse vor allem aus Kuhmilch gemacht, in Mittel- und Süditalien vorwiegend aus Schaf- oder Ziegenmilch.

Viele der besten italienischen Käse werden auf dem Land, also von Bauern, und meist nur für den eigenen Bedarf, erzeugt.

Aber die Italiener exportieren auch eine Vielzahl von Käsesorten, die man heute überall bei uns in Delikateßgeschäften, aber auch in Supermärkten bekommt. Die größte Auswahl hat man natürlich in italienischen Spezialgeschäften. Die anschließend aufgeführten sind die wichtigsten italienischen Käsesorten.

Asiago. Dieser Hartkäse mit kleinen Löchern aus der Region Venetien wurde ursprünglich am Fuße der Dolomiten hergestellt. Es gibt ihn in zwei Formen: *Asiago d'Allievo* wird aus einer Mischung von entrahmter Abendmilch und frischer Morgenmilch erzeugt, die dann reifen muß. Er hat einen pikanten Geschmack und eignet sich als Reibekäse. *Asiago grasso di monte* ist jünger und deshalb weicher und wird als normaler Käse gegessen.

Bel Paese. Der Name bedeutet »schöne Landschaft«, denn dieser Käse kommt aus der schönen Lombardei. Er ist mild im Geschmack und in der Konsistenz weich und cremig. Bel Paese wird als Bestandteil einer Käseplatte serviert und steht in reizvollem Gegensatz zu schärferen Käsesorten. Da er leicht schmilzt, kann man ihn auch zum Kochen verwenden, gelegentlich als Ersatz für *mozzarella.*

Bitto. Ein lombardischer Käse, gemacht aus einer Mischung von Kuh- und Ziegenmilch.

Caciocavallo. Hier handelt es sich um eine Art *formaggio di pasta filata,* zu der auch der besser bekannte *provolone* gehört. Er wird in Kalabrien erzeugt; dabei wird die Molke so weit erwärmt, daß man die Käsemasse ziehen und in verschiedene Formen kneten kann. *Caciocavallo* ist ein milder, fester Käse von würzigem Geschmack. Er wird manchmal auch geräuchert. *Caciocavallo* bedeutet »auf dem Pferderücken«, was darauf hinweist, daß Käse dieser Art immer zu Paaren zusammengebunden und zum Transport über den Pferderücken gehängt wurden.

Dolcelatte siehe Gorgonzola

Fior di latte siehe Mozzarella

Fontina. Der halbfeste Käse aus dem Aosta-Tal hat seinen Namen vom Berg Fontin unweit der Stadt Aosta. Er zählt zu den berühmtesten italienischen Käsesorten, und für viele Kenner gilt er wegen seines süßen Nußgeschmacks und seiner köstlich cremigen Konsistenz als einer der besten Käse der Welt. Obwohl er eigentlich auf die Käseplatte gehört, dient er auch oft als Zutat zur berühmten Piemonteser Spezialität *Fonduta* (Rezept Seite 46) oder zu anderen warmen Käsegerichten.

Gorgonzola. Der blau geäderte, aber doch milde Gorgonzola zählt zu den bekanntesten Käsesorten der Welt. Benannt ist er nach der gleichnamigen Stadt in der Lombardei, wo er ursprünglich in feuchten Höhlen erzeugt wurde. Denn dort waren die besten Voraussetzungen dafür gegeben, daß sich der Schimmel entwickeln und auf natürliche Weise reifen konnte – ein Prozeß, der bis zu einem Jahr dauern konnte.

Heute wird der Käse in Fabriken erzeugt, wo der Reifevorgang dank der Bakterien *penicillium gorgonzola* auf weniger als drei Monate verkürzt ist. Durch Einstechen und Drehen wird der Alterungsprozeß weiter beschleunigt. *Dolcelatte* ist ebenfalls eine Art Gorgonzola – wie sein Name vermuten läßt, schmeckt er wie »süße Milch«.

Grana siehe Parmesan

Groviera. Dieser Käse ähnelt in Geschmack und Konsistenz dem französischen Gruyère. Er wird entweder frisch gegessen oder man läßt ihn reifen und verwendet ihn zum Kochen.

Manteca siehe Mozzarella

Mascarpone. Der frische Käse, der ursprünglich aus der Lombardei stammt, ist heute auch in vielen anderen Regionen anzutreffen. Er wird aus frischer Sahne gemacht und unreif als Dessertkäse verkauft. Man ißt ihn mit Früchten und Zucker oder verfeinert ihn mit Liqueur.

Mascarpone wird auch mit Gorgonzola geschichtet und dann als recht gehaltvoller Dessertkäse verkauft; fälschlicherweise nennt man diese Mischung oft ebenfalls *mascarpone.*

Mozzarella. Traditionell wurde dieser Käse aus Büffelmilch gemacht, heute aber verwendet man meistens ein Gemisch aus Kuh- und Büffelmilch oder nur Kuhmilch. Mozzarella ist eigentlich in Kampanien zu Hause. Meist wird er frisch gegessen, wenn er noch naß ist und die Molke heruntertropft. Wenn er nicht mehr so frisch ist, eignet er sich nur noch zum Kochen, weil er trocken wird und dabei etwas an Geschmack einbüßt. Er wird häufig als Belag für die neapolitanische Pizza verwendet, kann aber auch gebraten oder gebacken werden. In Süditalien findet er auf vielfältige Weise in der Küche Verwendung. Auch

In einer Käsefabrik in Modena wird Parmesan auf seinen Reifegrad überprüft. Auf diese Weise wird er bis zu drei Jahren gelagert.

bei uns wird Mozzarella inzwischen in vielen Geschäften in ausgezeichneter Qualität angeboten.

Scamorza ist ein dem *mozzarella* ähnlicher Käse mit langer Tradition, der aber außerhalb Italiens nicht häufig zu bekommen ist. Er wird heute auch aus Kuhmilch gemacht und hat ein weniger intensives Aroma als *mozzarella.* Auch *fior di latte* und *manteca* sind dem *mozzarella* vergleichbar, erreichen ihn aber nicht in Qualität und Geschmack. Der beste Ersatz für *mozzarella* ist *Bel Paese.*

Parmesan. Parmesan oder italienisch *Parmigiano* ist wohl der berühmteste von allen *formaggi di grane;* er wird in Nord- und Mittelitalien erzeugt. *Grana* ist der Sammelbegriff für gut gereifte, harte und zugleich körnige Käsesorten. Man glaubt, daß diese Art Käse schon zur Römerzeit hergestellt wurde. Andere *grana*-Arten sind *grana Lodigiano* (aus der Region Lodi in der Lombardei) und *grana padano* (aus der lombardischen Ebene). Nur Parmesan, der aus der Umgebung der Stadt Parma stammt, darf die Bezeichnung *parmigiano reggiano* führen.

Parmesan braucht mindestens zwei Jahre, um zu reifen; je älter er wird, desto besser wird der Geschmack und desto höher der Preis. Während der langen Reifezeit, meist nach einem Jahr, wird der Käse in einen Mantel aus Erde und Öl eingehüllt. Der Käsemeister klopft diesen Mantel regelmäßig ab, um sich von der Qualität des darin verborgenen Käses zu überzeugen. Er hört am Klang seines Hammers, ob der Käse in Ordnung ist. In Italien werden junger Parmesan oder anderer *grana*-Käse auch oft vom Stück gegessen, aber die exportierten Sorten eignen sich meistens nur zum Kochen.

Parmesan sollte man nur am Stück kaufen und ihn frisch über Teigwaren, Saucen, Reis oder andere Gerichte reiben. In Beutel abgepackter geriebener Parmesan ist minderwertiger.

Pecorino. Dieser harte Käse aus Schafmilch wird oft statt Parmesan zum Kochen verwendet. Er hat eine wesentlich kürzere Reifezeit und ist etwa innerhalb von 8 Monaten gebrauchsfertig.

Es gibt verschiedene *pecorino*-Arten, die alle etwas unterschiedlich sind in Geschmack, Konsistenz und Aussehen. Als einer der besten gilt *pecorino romano;* auf Sardinien wird der *pecorino sardo* erzeugt und ernährt einen ganzen Erwerbszweig. Wenn man *pecorino* aussucht, sollte man darauf achten, daß er strohfarben und von fester Beschaffenheit ist und eine schwarze oder rötlich-braune Rinde hat. Der sardische *pecorino pepato* ist mit Pfefferkörnern gespickt. Alle diese Arten eignen sich vorzüglich zum Überbakken und zum Kochen, werden aber in anderer Form kaum gegessen.

Provatura. Eine alte traditionelle Käsesorte, die aber auch in Italien kaum noch zu bekommen ist und gewiß nicht exportiert wird. Wenn in einem Rezept *provatura* angegeben ist, kann man statt dessen *mozzarella* oder *Bel Paese* verwenden.

Provola siehe Provolone

Provolone bedeutet das »große Oval«. Er ist einer der berühmtesten Käsesorten Italiens, obwohl das möglicherweise mehr auf die außergewöhnliche Form als auf den Geschmack zurückgeht. Dieser Käse ist jedem Italien-Besucher geläufig, denn es gibt keinen Käseladen, wo er nicht in größerer Stückzahl an Schnüren von der Decke hängt. Wie *caciocavallo* gehört auch er zu den *pasta filata*-Käsen; meistens sieht man ihn in der einfachen Ovalform, in die die Schnüre tiefe Furchen graben, aber es gibt ihn auch in anderen phantasievollen Formen. Man unterscheidet zwei Arten von *provolone,* und beide werden als Tafelkäse gegessen: *provolone dolce,* der jung und mild ist, und *provolone picante,* ein reifer und kräftig schmeckender Käse. Wenn in Rezepten *provola* vorgeschrieben ist, verwendet man den milden *provolone.*

Robiola. Dieser norditalienische Käse stammt aus der Alpenregion, ist den *stracchino*-Sorten ähnlich und wird meist auf Strohmatten oder in mit Stroh eingefaßten Behältern verkauft. *Robiola* ist ein schnell reifender, weicher Käse, der keinen langen Transport aushält und deshalb nur an Ort und Stelle anzutreffen ist. Ursprünglich wurde er nur in der Lombardei am Fuße der Berge erzeugt, inzwischen wird er überall in Italien hergestellt. *Robiolina* ist die kleinformatige Ausgabe.

Ricotta. Der weiche weiße Käse mit etwas krümeliger Konsistenz wird aus Kuh- oder Schafsmilch gemacht. Er wird hauptsächlich zum Kochen verwendet, und zwar in süßen und pikanten Gerichten. Wie Quark oder Frischkäse läßt er sich gut mit anderen Zutaten mischen. Es gibt verschiedene *ricotta*-Arten, frischen, gesalzenen, trockenen oder reifen. Dieser Käse ist auch außerhalb Italiens relativ leicht zu bekommen; wenn nicht, kann man ersatzweise auch Quark oder Frischkäse verwenden.

Scamorza siehe Mozzarella

Stracchino. Dies ist die Bezeichnung für eine ganze Gruppe von Bergkäsesorten, die in Norditalien hergestellt werden, vor allem in der Lombardei und in Piemont. *Taleggio* ist vielleicht der bekannteste unter den *stracchino,* die alle weich sind und schnell reifen. *Gorgonzola* stammt übrigens aus derselben Familie, nur sind *stracchino* im allgemeinen nicht blau geädert. Die meisten sind außerhalb Italiens nur wenig bekannt, weil sich die schnell reifenden Käse nur schlecht transportieren lassen. Auch *crescenza* gehört zu dieser Käsegruppe; dieser Dessertkäse wird von Feinschmeckern hoch geschätzt.

TALEGGIO. Auch dieser ist eine *stracchino*-Sorte und nach einem Tal in der Nähe von Mailand benannt. Seine Herstellung hat ebenfalls eine lange Tradition, doch ist er außerhalb Italiens nicht allzu bekannt, da er schnell reift und nicht gut transportfähig ist. Dieser weiche cremige Käse sollte so frisch wie möglich gegessen werden, da er leicht sauer wird.

TOMA. Viele italienische Bergkäse sind unter dem Namen *toma* bekannt. Sie werden in Piemont hergestellt und sind praktisch nie außerhalb dieser Region anzutreffen. Aber es lohnt sich, sich nach ihnen umzusehen. Manche *toma*-Käse sind so scharf, daß man das Gefühl hat, sich an ihnen den Hals zu verbrennen.

Zu den Abbildungen unten und rechts

1 Mozzarella
2 Fontina
3 Dolcelatte
4 Parmesan
5 Provolone
6 Caciocavallo
7 Emmentaler
8 Robiola
9 Ricotta
10 Pecorino
11 Bel Paese
12 Gorgonzola

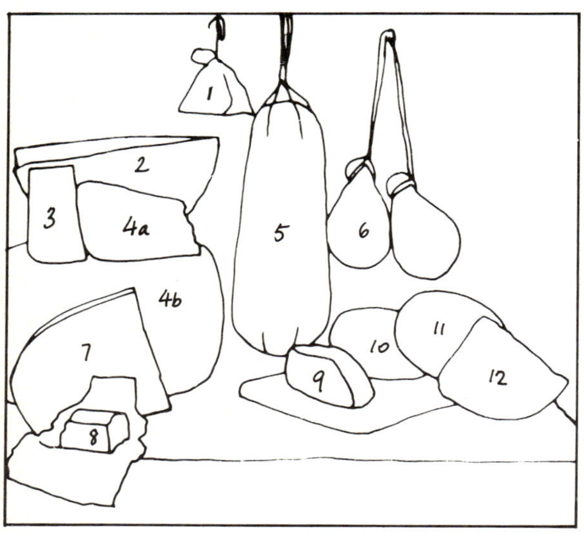

BEL PAESE
BEL PAESE

Festliche Küche

Zu vielen Familienfesten, wie Hochzeit, Taufe, Kommunion, gibt es spezielle Gerichte; solche Gelegenheiten sind natürlich private Feiern. Die großen religiösen und Volksfeste aber finden zum großen Teil auf den Straßen statt. Ostern ist eines der großen festlichen Ereignisse in Italien. Dann sind die Schaufenster und Läden voll mit speziellen Osterartikeln; für die Bäcker bringt das viel Arbeit mit sich.

Den Italienern ist jede festliche Gelegenheit samt den kulinarischen Genüssen, die sie mit sich bringt, willkommen. Abgesehen von den großen Festen Weihnachten und Ostern gibt es im katholischen Jahreslauf eine Menge besonderer Feiertage und Heiligengedenktage. Sie sind mit ganz bestimmten Bräuchen und Speisen verbunden und werden nicht nur in Italien – und speziell in Rom – sondern von Italienern in der ganzen Welt begangen. Zur Zeit der Weinlese im Herbst gibt es überall in den Weinregionen Weinfeste.

Im Folgenden sollen einige dieser festlichen Gelegenheiten des Jahres beschrieben und die dazu gehörenden Gerichte aus verschiedenen Landschaften vorgestellt werden.

FASTENBEGINN. Am letzten Tag vor der Fastenzeit, in Italien Karnevalsnacht genannt, ißt man süße Krapfen, genannt *Fritole di carnevale* (Rezept Seite 179).

ST.-JOSEPHS-TAG. Dieses Fest wird überall in Italien gefeiert. Traditionell gibt es an diesem Tag *Bignè de San Giuseppe,* ein in Fett gebackenes, krapfenähnliches Gebäck. *Bignè* werden wie eine Pyramide aufgeschichtet und mit Puderzucker überstreut.

OSTERN. An den Osterfeiertagen kommen viele Spezialitäten auf den Tisch. Karfreitag gibt es Fisch, vor allem *baccalà,* der auf viele verschiedene Arten zubereitet werden kann. Die berühmteste Osterspezialität ist wohl die Mailänder *Colomba Pasquale,* ein Hefekuchen von ähnlicher Zusammensetzung wie zu Weihnachten *panettone;* allerdings wird *colomba* in Form einer Taube gebacken und hat einen Überzug aus Zucker und ganzen Mandeln. Die meisten Italiener kaufen dieses Ostergebäck beim Bäcker und machen es nicht mehr selbst.

Der Brauch, den Osterkuchen in Form einer Taube zu backen, geht bis ins 12. Jahrhundert zurück. Während einer Schlacht zwischen den Mailändern und dem Heiligen Römischen Reich ließen sich zwei Tauben auf den Standarten der Mailänder nieder, und diese gewannen die Schlacht. Seither werden die Tauben als Glückssymbol verehrt.

Wie in vielen anderen europäischen Ländern ißt man zu Ostern traditionell Lammfleisch. In der Umgebung von Rom werden ganze junge Lämmer *(abbacchio)* am Spieß im Freien gebraten. Auch Zicklein *(capretto)* bereitet man auf diese Weise zu.

In Genua gibt es als Osterspezialität *Torta Pasqua-*

Eine Bäckerei mit Osterspezialitäten in Bergamo. Ostergebäck wird in Form von Körben, Blumen und der symbolischen Taube, colomba, *gebacken.*

lina (Rezept unten). Das ist eine Art Gemüsepastete aus einem einfachen Teig. Als Zutaten für die Füllung kann man vielerlei verwenden, doch meist besteht sie aus Spinat oder Artischocken und *ricotta*-Käse. Das Originalrezept soll eines der ältesten der ligurischen Küche sein. Der Teig wurde in 33 verschiedene Schichten ausgerollt, ein Hinweis auf das Lebensalter Jesu. Heute läßt man es meist bei 18 oder auch nur 14 Schichten bewenden und verzichtet auf Symbolik, weil es schneller geht.

Die Sizilianer nutzen jede Gelegenheit, um ein Fest zu feiern. Die berühmte *Cassata Siciliana* (Rezept unten) wurde früher als Osterspezialität serviert, aber heute gibt es *cassata* auch bei Hochzeiten und anderen Familienfesten sowie an hohen Feiertagen. *Cassata Siciliana* ist ein gekühlter Kuchen aus Schichten von Biskuit und *ricotta*-Käse und nicht zu verwechseln mit *cassata gelata*, der sizilianischen Eistorte mit Pistazien und kandierten Früchten.

Ligurien

TORTA PASQUALINA

Pastete mit Spinat- und Käsefüllung

Für 8 Personen
Für den Teig:
600 g Mehl
4 EL Pflanzenöl
¼ l warmes Wasser
Für die Füllung:
1 kg frischer Spinat
100 g geriebener Parmesan-Käse
1 Prise getrockneter Majoran
9 Eier
400 g Ricotta-Käse
Salz und frisch gemahlener Pfeffer
4 EL Olivenöl zum Bestreichen

Für den Teig das Mehl in eine Schüssel sieben, eine Prise Salz, Öl und soviel lauwarmes Wasser zugeben, daß ein weicher Teig entsteht. Solange kneten, bis der Teig geschmeidig ist, anschließend in 14 gleiche Stükke teilen. Die Stücke zu kleinen Laibchen formen, mit Mehl bestreuen und mit einem Küchentuch zudecken. Eine Stunde ruhen lassen.

Den Spinat waschen, nur kurz abtropfen lassen, in einen Topf geben und einige Minuten kochen; auf ein Sieb schütten und gut ausdrücken, anschließend feinhacken. Zusammen mit Parmesan-Käse, Majoran, 3 geschlagenen Eiern, Ricotta-Käse, Salz und Pfeffer in eine Schüssel geben. Die Zutaten gut verrühren und abschmecken. Zwei der Teigstücke zusammenkneten und dünn ausrollen. Mit der Teigplatte den mit Öl bepinselten Boden und den Rand einer Springform (26 cm ∅) auslegen. Den Teig leicht mit Öl bestreichen. 6 weitere Teigstücke zu runden Platten ausrollen und nacheinander in die Form geben, jede Teigplatte mit Öl bepinseln. Nun die Füllung auf den Teig streichen und mit einem Löffel 6 Vertiefungen in die Füllung drücken. In jede Vertiefung vorsichtig ein Ei gleiten lassen; mit Salz und Pfeffer würzen und den restlichen Parmesan-Käse darüberstreuen.

Die übrigen 6 Teigstücke ausrollen und nacheinander auf die Füllung legen, jede Teigplatte leicht einölen, auf der obersten Teigschicht mit einer Gabel Linien ziehen, den Rand herunterdrücken und die Pastete gut abschließen. Die Oberfläche noch einmal mit Öl einpinseln. Die Pastete im vorgeheizten Backofen (200°) etwa 1 Stunde backen. Erst nach dem Abkühlen aus der Form nehmen und kalt servieren.

Sizilien

CASSATA SICILIANA

Gekühlter Käsekuchen

Für 4 Personen
700 g Ricotta-Käse
250 g Zucker
⅛ l Maraschino
100 g feingehackte Schokolade (zartbitter)
200 g Zitronat und Orangeat
400 g Biskuitboden (in 1 cm dicken Streifen)

Den Ricotta-Käse durch ein Sieb drücken, in eine Schüssel geben, mit dem Zucker und mit 7 Eßlöffeln Maraschino, der Schokolade, dem gehackten Zitronat und Orangeat gut verrühren. Eine Form (mindestens 1 ½ l) mit Folie auskleiden, mit ein paar Tropfen Maraschino bestreichen. Die Biskuitstreifen mit Maraschino beträufeln und damit Boden und Rand der Form auslegen. Die Käse-Mischung auf den Teig geben, mit einem Löffel glattstreichen. Den restlichen Biskuit auf die Käse-Mischung legen und etwas andrücken. Mit Folie abdecken, die Folie dabei fest über den Rand der Form ziehen.

Die Cassata mindestens 2 Stunden in den Kühlschrank stellen, dann auf eine Platte stürzen und die Folie abziehen. Sehr kalt servieren.

Johannestag *(Mittsommernacht – 24. Juni).* In Rom ißt man an diesem Tag, dem Geburtstag des Heiligen Johannes des Täufers, nach alter Tradition Schnecken. Sie werden in einer Sauce aus Tomaten, Knoblauch, Olivenöl, Minze, Zwiebeln und Cayennepfeffer angerichtet.

Festa di Noantri – Juli. Diese Feiertage, wörtlich übersetzt »Unser Fest«, werden im berühmten römischen Viertel Trastevere begangen. Sie dauern eine Woche; die Festtradition wurde von den vergnügungssüchtigen Römern einfach aus Lust am Feiern begründet. An den Straßen sind überall Stände aufgestellt, an denen *porchetta,* Stücke von am Spieß gebratenen Schweinen, verkauft werden. Meist werden die Ferkel mit einer Mischung aus wildem Fenchel, Knoblauch, Rosmarin, Muskatnuß, heißem Wein, Salz und viel Pfeffer eingerieben, dann mit Olivenöl bestrichen und am Spieß gebraten. Während des Garens wird der Braten ständig mit trockenem Weißwein übergossen. Man gibt Kiefern- und Eichenzweige ins Feuer, damit das Fleisch sein köstliches Aroma bekommt. Es wird aufgeschnitten und meist zwischen zwei Scheiben Brot gegessen.

Weihnachten. Die traditionellen Weihnachtsfeiern beginnen am Heiligen Abend; am liebsten wird Fisch gegessen, entweder *baccalà* oder Aal. Als besondere Delikatessen gelten für diesen Anlaß Aale aus Grosseto in der Toskana oder aus Comacchio in der Emilia-Romagna.

Das Weihnachtsessen beginnt mit einer Vorspeise, der unumstößlich *Tortellini* (Rezept gegenüber), die traditionellen Teigwaren des Weihnachtsessens, folgen. Sie werden immer gefüllt, entweder mit gehacktem Fleisch oder Schinken oder mit Käse bzw. Wurst. Manche italienischen Hausfrauen bereiten gleich eine größere Menge Füllung zu, die sie für *tortellini* ebenso verwenden wie für den Weihnachtskapaun oder -truthahn. Es gibt verschiedene Möglichkeiten, *tortellini* anzurichten, zu Weihnachten aber werden sie immer in einer klaren Fleischbrühe serviert.

Gefüllter und gebratener Kapaun (Rezept gegenüber), bildet gewöhnlich den Hauptgang, obwohl inzwischen auch viele Hausfrauen dazu übergehen, Truthahn in das Weihnachtsmenü aufzunehmen. Die Füllungen sind ganz unterschiedlich, aber gehacktes Schweinefleisch, Gänseklein, Wurstbrät und Weißbrot gehören immer dazu, ebenso geriebener Parmesan-Käse. Zum Abendessen ißt man, vor allem in Norditalien, *bollito misto,* gekochtes Fleisch, zu dem meist *mostarda di frutta,* die berühmten eingelegten Früchte aus Cremona in der Lombardei, gegessen werden.

Die bekannteste Weihnachtsspezialität ist natürlich *panettone,* ein üppiger Hefekuchen mit getrockneten Früchten, Zitronat und manchmal Pinienkernen. Mailänder Bäcker backen zu Weihnachten *panettone* für Geschäfte und Restaurants im ganzen Land; sie werden sogar in großen Mengen ins Ausland verschickt. In Norditalien ist die Herstellung von *panettone* nicht mehr nur auf die Weihnachtszeit beschränkt. Viele essen ihn das ganze Jahr über zum Frühstück oder zum Kaffee. Am Weihnachtsmorgen wird *panettone* mit heißer Schokolade gegessen, in die man die Stücke eintaucht.

Ein verlockendes Arrangement von Köstlichkeiten bei einem Familienfest. Da gibt es Salami, Parmaschinken und Oliven als Vorspeise; außerdem gefüllte Pasta, einen mächtigen Braten, Gemüse und Früchte.

Eine andere süße Weihnachtsspezialität ist *torrone*. Sie besteht aus einer nougatähnlichen Masse, die mit gehackten Mandeln oder Nüssen sowie Butter, Zucker, Keksen und manchmal Schokolade zubereitet wird. Dieses Gebäck soll aus der Lombardei stammen, aber auch die Sizilianer nehmen die Erfindung des Rezepts für sich in Anspruch. Wahrscheinlich ist es, wie die meisten Nougatarten, sarazenischen Ursprungs.

Neujahr. Am Neujahrstag wird oft *cotechino con lenticchio* gegessen, ein Gericht aus würziger Schweinewurst, die gekocht und dann mit Linsen serviert wird. Es gibt auch *panettone* zum Neuen Jahr, aber häufiger bäckt man *pan pepato di cioccolato*, den traditionellen Neujahrskuchen. Er stammt aus der Emilia-Romagna und ist ein süßer Hefelaib mit Honig, Mandeln und Gewürzen, der oft mit Schokoladenguß verziert wird.

Emilia-Romagna

TORTELLINI ROMAGNOLI

Tortellini mit Truthahn-Füllung

In Italien werden zu Weihnachten Tortellini meist in brodo, also in heißer Rindfleisch- oder Hühnerbrühe, serviert. Man kann sie aber auch mit zerlassener Butter und geriebenem Parmesan oder zu gedünstetem Fleisch anrichten, aber das ist dann mehr ein Alltagsgericht als eine Weihnachtsspezialität.

Für 4 Personen
Für den Nudelteig:
400 g Mehl
Salz
4 verquirlte Eier
Für die Füllung:
25 g Butter
350 g in Würfel geschnittene Truthahnbrust
50 g Ricotta-Käse
50 g Bel Paese
25 g Parmesan-Käse
feingehackte Schale einer halben unbehandelten Zitrone
2 verquirlte Eier
geriebene Muskatnuß
Salz und frisch gemahlener schwarzer Pfeffer
¾ l Hühnerbrühe (oder 25 g zerlassene Butter und 75 g geriebener Parmesan)

Für den Nudelteig das Mehl auf das Backbrett sieben und das Salz zugeben. In die Mitte eine Vertiefung drücken und die Eier hineingeben. Die Zutaten zu einem geschmeidigen Teig kneten, eine Kugel daraus formen, diese in ein feuchtes Tuch einwickeln und den Teig 30 Minuten ruhen lassen.

Inzwischen für die Füllung die Butter in einer schweren Pfanne erhitzen, die Truthahnwürfel zugeben und bei schwacher Hitze 15–20 Minuten garen. Die Stücke durch den Fleischwolf drehen und mit den übrigen Zutaten für die Füllung vermischen.

Den Teig mit einer Teigrolle dünn ausrollen. Runde Teigstücke von 5 cm Durchmesser ausstechen. Etwas Füllung in die Mitte jedes Teigstücks geben und zu einem Halbkreis zusammenklappen. Jedes Stück wie einen Ring um einen Finger wickeln und die Enden zusammendrücken.

Die Tortellini in reichlich gesalzenem Wasser kochen, bis sie an die Oberfläche kommen (ca. 5 Minuten), mit einem Schaumlöffel herausheben und in eine vorgewärmte Schüssel geben. Mit der heißen Brühe übergießen. Statt mit Brühe kann man sie auch mit zerlassener Butter begießen und Parmesan-Käse darüberstreuen. Sofort servieren.

CAPPONE FARCITO AL FORNO

Gefüllter Kapaun

Für 8 Personen
1 küchenfertiger Kapaun von ca. 2,5 kg
2 EL Olivenöl
Für die Füllung:
250 g mageres Schweinefleisch
150 g Salsiccia (Schweinewurst)
100 Hühnerbrust
100 g Hühnerleber
2 dicke Scheiben Weißbrot ohne Kruste
75 g Räucherspeck, in Würfel geschnitten
1 Bund feingehackte Petersilie
50 g geriebener Parmesan-Käse
1 verquirltes Ei
1 Prise getrockneter Majoran
Salz und frisch gemahlener schwarzer Pfeffer
1 Glas trockener Marsala

Für die Füllung Schweinefleisch, Salsiccia, Hühnerfleisch, Hühnerleber, Brot und Speck zweimal durch die feine Scheibe des Fleischwolfes drehen. Anschließend Petersilie, Käse, das geschlagene Ei, Majoran, Salz und Pfeffer unterrühren und die Masse würzig abschmecken. Soviel Marsala zugießen, daß die Masse geschmeidig ist.

Den Kapaun mit der Masse füllen und zunähen, auf den eingeölten Rost über der Saftpfanne des Backofens legen, mit Olivenöl einpinseln und mit Salz und Pfeffer bestreuen. Mit Aluminiumfolie abdecken und im vorgeheizten Backofen (200°) etwa 2 bis 2 ¼ Stunden garen. Nach der halben Bratzeit den Kapaun umdrehen. Sehr heiß anrichten und den passierten Bratensaft darübergießen.

Die Weine Italiens

Weinberge an den Hängen südöstlich von Turin. Hier bringen die Reben einige der besten italienischen Weine hervor.

In Italien wird mehr Wein erzeugt als in irgendeinem anderen Land der Welt. Boden und Klima sind für den Weinbau hervorragend geeignet. Wein wird praktisch in jeder Region angebaut.

In manchen Gebieten läßt sich der Weinbau bis in die Bronze- und Eiszeit zurückverfolgen, als Hirten wilde Reben kultivierten und selber Wein herstellten. Zwischen 800 und 600 v. Chr. kamen die Griechen nach Italien und brachten ihre Weinbaukultur mit. *Magna Graecia* war das Gebiet von Neapel bis nach Sizilien. Ihre Anbaumethoden verbreiteten sich auch in den angrenzenden Gebieten. Mit der Besiedlung der Toskana durch die Etrusker setzte sich auch der Weinbau in Norditalien durch.

Mit dem Aufstieg des Römischen Reiches breitete sich die Kenntnis vom Weinbau bis zu uns und nach Gallien und Britannien aus. Es gab allerdings noch nicht sehr viel Wein, und er war ausschließlich den Männern vorbehalten. Aber seine Beliebtheit wuchs, und mit ihr vergrößerten sich die Anbauflächen. Das ging so weit, daß Italien auch *Enotria* oder Land der Reben genannt wurde. Und bis heute hat es diesen Beinamen verdient.

1963 wurden seit langem erwartete Bestimmungen in Kraft gesetzt, die eine Kontrolle der Weinproduktion in ganz Italien erlauben, und drei Klassifikationen eingeführt. *Denominazione semplice* bezeichnet das Erzeugungsgebiet, legt aber keine Maßstäbe für Produktion und Qualität fest. *Denominazione di Origine Controllata* (DOC) bedeutet, daß die Weine geprüft sind und ein DOC-Etikett tragen müssen. Der Herkunftsort und die Qualität haben die Zustimmung von Weinerzeugern und Behörden. Auch andere technische Bestimmungen müssen eingehalten werden. Die Weine werden regelmäßig getestet. Die Bezeichnung *Denominazione di Origine Controllata e Garantita* (DOCG) dürfen nur Spitzenweine tragen. Die Weine werden abgefüllt und bekommen ein amtliches Siegel; damit ist ihre Qualität garantiert.

Das nördliche Piemont ist eines der besten Weinanbaugebiete; es ist vor allem für seine Rotweine bekannt. Der berühmteste ist der *Barolo*, ein schwerer, körperreicher, aber doch harmonischer Wein mit schönem Bukett, der gut altert. Er paßt ausgezeichnet zu Wild und dunklem Fleisch. Wie der ebenso berühmte *Barbaresco* und viele andere Piemonteser Weine wird er aus der Nebbiolo-Traube gekeltert, die auch »Spanna« genannt wird. Barbaresco ist dem Barolo ähnlich, aber doch etwas weicher und feiner. Er wird meist jünger getrunken, paßt aber ebenfalls gut zu dunklen Fleischsorten.

Ein anderer berühmter Rotwein aus Piemont ist *Barbera*. Er ist nach der gleichnamigen Traube benannt und wird in verschiedenen Qualitäten erzeugt. Der beste ist *Barbera d'Asti; Barbera d'Alba* und *del Monteferrato* werden in größeren Mengen hergestellt. Auch wenn man dem Barbera nachsagt, daß er die Klasse der anderen Roten der Region vermissen läßt, so paßt er doch vorzüglich zu den typisch italienischen Gerichten wie Minestrone, Risotto und Lasagne.

Ein Wein aus Piemont, der gut altert, ist der *Nebbiolo*. Er ähnelt dem Barolo, da er aus derselben Traube gekeltert wird wie dieser, und wie Barolo ist er am besten zu trinken, wenn er zwischen 5 und 10 Jahre alt ist. Er schmeckt ausgezeichnet zu *Pollo alla diavola* (Rezept Seite 148). Auch *Gattinara* ist ein bekannter Wein dieser Region; er wird in der Gegend von Vercelli aus Nebbiolo-Trauben erzeugt und muß mindestens 4 Jahre reifen.

Zu den berühmtesten Weinen Piemonts zählt zweifellos auch *Asti Spumante*, ein süßer weißer Schaumwein, der in großen Mengen erzeugt und in die ganze Welt exportiert wird. Er gehört ans Ende einer Mahlzeit und paßt gut zu *panettone*.

Von den sanften Hängen Piemonts kommen wir zu den steilen Terrassen von Valtellina in der nördlichen Lombardei. Hier findet die *Nebbiolo-Traube* ebenfalls ideale Wachstumsbedingungen. Sie heißt hier *Chiavennasca*, und aus ihr werden einige der besten Rotweine der Lombardei hergestellt. Die Weine sind hier nach dem Tal benannt, in dem sie gedeihen, aber die besseren bekommen zusätzliche geographische Bezeichnungen: *Inferno, Sassella, Grumello*. Sie sind lange haltbar und entwickeln sich zu ausgezeichneten körperreichen Weinen mit köstlichem Bukett. Sie passen vor allem zu gegrillten Pilzen, zu Rindfleischgerichten wie *Costata di manzo alla valtellinese* (Rezept Seite 119) und der örtlichen Spezialität *bresàola*.

Weinbau gibt es aber nicht nur im Gebiet Valtellina, sondern auch westlich des Gardasees und im Oltrepo Pavese, dem südlichen Teil der Region. Die bekanntesten sind die Rotweine von Oltrepo Pavese. Hier wird auch ein guter Rosé-Wein erzeugt, *Riviera del Garda*, der bestens mit Fisch- oder Reisgerichten und *Ossibuchi alla milanese* (Rezept Seite 128) harmoniert.

An den weiten Ufern des Gardasees liegt die Provinz Verona in der Region Venetien, wo so berühmte Weine wie roter *Valpolicella* und *Bardolino* und der weiße *Soave* hergestellt werden. Sie alle sind ausgezeichnete Tischweine, fruchtig und leicht, und passen zu jedem Gericht. Viel aufregender ist der *Amarone*, dessen vollständige Bezeichnung *Recioto Amarone della Valpolicella* lautet. Dieser körperreiche Rotwein wird aus derselben Traubensorte gekeltert wie Valpolicella. Für den Amarone aber werden die Trauben gepflückt und anschließend auf einem hölzernen Rahmen mehrere Wochen getrocknet, damit ihr Zuckergehalt steigt. Die Weinbereitung beginnt erst im Winter, wenn fast schon Minusgrade herrschen. Das Ergebnis des langen Kelterungsprozesses ist ein vorzüglicher Wein mit 14–15 Volumenprozent Alkohol, der gut altert und zum Florentiner-Steak oder zu Wildgerichten paßt.

Auch im Norden von Verona, im Trentino-Alto Adige werden ausgezeichnete Weine gemacht. Die bekanntesten Roten sind hier *Kalterersee* und *Santa Maddalena*. Der *Terlaner*, ein würziger feiner Wein, ist nicht ganz so bekannt, aber ebenfalls sehr gut.

Weiter östlich, in der an Jugoslawien grenzenden Region Friaul-Julisch-Venetien gibt es ebenfalls ungewöhnlich gute Weine. Zu den Collio-Rot- und Weißweinen gehört auch *Pinot Grigio*, ein excellenter Wein, der immer mehr Freunde gewinnt. Ein anderer guter Wein ist *Picolit*, der meist unter der Bezeichnung *Colli Orientali del Friuli* im Handel ist, ein goldener, körperreicher Dessertwein, der von Kennern geschätzt und als Château d'Yquem Italiens eingestuft wird.

Weiter südlich im Tal des Po gedeiht *Lambrusco*; er wird süß bis trocken ausgebaut, ist immer etwas moussierend und hat eine leichte Säure. Er paßt ausgezeichnet zu den üppigen Speisen der Landschaft, vor allem zu *cotechino* und *zampone*. Die Poebene ist wahrscheinlich die einzige Gegend, in der die Lambrusco-Weine wirklich so geschätzt werden, wie sie sind.

Auf der anderen Seite des Apennin liegt die Region Toskana, wo sich vor fast 3000 Jahren die Etrusker niederließen und Wein anbauten. Noch immer werden hier hervorragende Weine erzeugt, vor allem natürlich – Chianti.

Chianti wird vorwiegend aus roten und weißen Sangiovese- und Trebbiano-Trauben gekeltert. Junger Chianti ist ein köstlicher Wein, gleichzeitig duftig und fruchtig. Wenn er einige Jahre im Faß gereift ist, wird er herb und kann außergewöhnliche Qualitäten erreichen. Das gilt vor allem für *Chianti Classico*, der nur aus der Gegend um Florenz und Siena kommt. Junger Chianti ist wunderbar zu leichten Geflügelgerichten und Gemüsesuppen, während älterer Chianti, der nach 2 Jahren die Bezeichnung *veccio* und nach 3 Jahren den Zusatz *riserva* bekommt, am besten zu *fiorentina*-Steaks paßt.

Ein anderer namhafter toskanischer Wein ist *Brunello di Montalcino*. Montalcino ist ein kleines Gebiet etwa 20 Kilometer südlich von Siena; hier wird aus Sangiovese-Trauben *Brunello di Montalcino* erzeugt. Der Wein, der nur aus dieser einen Rebsorte gekeltert wird, muß mindestens 4 Jahre alt sein, bevor er verkauft wird. Er ist von dunkelrubinroter Farbe, die sich mit dem Alter zu Granatrot verändert. Dieser trockene, körperreiche, tanninhaltige Wein ist wahrscheinlich der teuerste italienische Wein, obwohl seine Geschichte erst ein Jahrhundert zurückreicht. Man sollte ihn sich für ganz besondere Anlässe aufheben und zu Wild und dunklem Fleisch servieren.

Nobile de Montepulciano ist ein ausgezeichneter Roter aus dieser Region und wurde ein Jahrhundert lang von der Adelsfamilie Montepulciano erzeugt.

Er war der Lieblingswein von Papst Paul III. und wurde ursprünglich nur als Meßwein verwendet, als ihn die Jesuiten im 16. Jahrhundert erstmals anbauten. Dieser Wein wird mit dem Alter ziegelrot und hat ein köstliches Veilchenbukett, ist trocken und tanninhaltig; je älter er wird, desto besser schmeckt er.

In Umbrien, der Landschaft des Heiligen Franz von Assisi, wird der bekannte *Orvieto* erzeugt. Der Weißwein, benannt nach der Stadt Orvieto, wird sowohl

CLASSICO
1973
SUPERIORE
VERONA - ITALIA
D.Nº 1035941
Il Frascati di Monteporzio Catone
SECCO
Frascati
Superiore
Denominazione di origine controllata
imbottigliato dalla
Cantina Soc. di Monteporzio Catone
MONTEPORZIO CATONE
ITALIA
1975
Spanna
DEL PIEMONTE
IMBOTTIGLIATO DA
Gattinara - Italia
0,72 LITRI 12,5 % VOL.
VINO DA TAVOLA

Hier werden die Rebstöcke gegen Schädlinge gespritzt; Ochsen ziehen den Karren mit dem Spritzmittel.

trocken als auch halbtrocken ausgebaut. Der halbtrockene ist als *Abboccato* bekannt seit den Zeiten, da Orvieto Papstresidenz war. Der trockene Orvieto wird erst seit einigen Jahrzehnten erzeugt, um dem allgemeinen Wunsch nach mehr trockenen Tischweinen zu entsprechen.

Weiter westlich, an der Adriaküste, liegt die Region Marken. Hier wird ein charakteristischer Weißwein, *Verdicchio dei Castelli di Jesi* hergestellt, ein schöner, ausgewogener und trockener Wein, der am besten jung getrunken wird und ausgezeichnet zu Fischgerichten paßt. Er wird meist in amphorenförmigen Flaschen verkauft.

In Mittelitalien werden verschiedene Weißweine erzeugt, unter denen besonders die aus Latium der Erwähnung wert sind. Ein guter Tropfen ist der Wein mit dem merkwürdigen Namen *Est! Est!! Est!!! de Montefiascone,* der am Bolsena-See wächst. Es gibt ihn sowohl trocken als auch halbtrocken und er wird schon seit Jahrhunderten hergestellt.

Mit seinem Namen hat es eine besondere Bewandtnis. Ein österreichischer Bischof war im 11. Jahrhundert auf dem Weg nach Rom zur Krönung Heinrichs V. und schickte seinen Quartiermeister voraus, um Gasthöfe, Speisen und Getränke auszuprobieren. Der war so begeistert von dem köstlichen weißen Wein, daß er an die Wand des Gasthauses dreimal »est« (das ist es) schrieb, damit der Bischof Bescheid wüßte. Seither wird der weiße Wein dieser Gegend Est! Est!! Est!!! genannt. Er paßt vorzüglich zu *Anguille alla comacchiese* (Rezept Seite 109), ein Gericht mit Aal vom Comacchio-See.

Ein anderer Wein mit gutem Namen ist in dieser Region der *Frascati*, der nach einer Stadt östlich von Rom benannt wird. Er gehört zu den berühmten *Vini dei castelli romani,* den Weinen von den römischen Hügeln. Frascati ist ein strohfarbener Wein, der trokken, halbtrocken oder süß im Handel ist; der süße wird *Canellino* genannt. Er schmeckt sehr gut zu *fave* (Bohnen) und *gnocchi.* Köstlich aber ist der trockene Frascati auch zu den Spezialitäten der römischen Küche wie *Saltimbocca alla romana* (Rezept Seite 131) und *Spaghetti all'amatriciana* (Rezept Seite 74), wie überhaupt zu allen hellen Fleischsorten und zu Fischgerichten. Andere gute Weine aus Latium sind *Velletri, Marino* und *Colli Albani*. In Rom trinkt man seinen Wein mit Vorliebe in einer Trattoria, aber natürlich auch zu Hause.

Die Römer haben die Freude an geruhsamen Mußestunden von ihren Vorfahren geerbt, die sich vor allem nach Kampanien zurückzogen, wenn sie die Ruhe genießen wollten. Das ist die fruchtbare Region im Südosten von Rom. Ein Lieblingswein der Römer, *Falernum*, stammte aus dieser Landschaft und ist schon bei Horaz und Plinius erwähnt. Ein einfacher Tischwein wird unter diesem Namen noch heute dort produziert, aber seine Qualität ist nicht der Rede wert.

Etwas außerhalb der Bucht von Neapel liegt die Insel *Ischia*, wo zwei interessante Weine wachsen. Beide, ein weißer und ein roter, tragen den Namen der Insel. Besser schmeckt der weiße, der trocken, fruchtig und ausgewogen ist und ein schönes Bukett hat. Man sollte ihn jung trinken; er paßt besonders zu Teigwaren und Pizza, wie sie auf der Insel vorzüglich gemacht werden.

An der adriatischen Küste der italienischen Halbinsel liegt Apulien. Anders als in Latium und Kampanien mit ihren leichten, angenehmen Weinen gedeihen hier die schwersten Weine Italiens.

Die starke Sonneneinstrahlung und der schwere Boden lassen die Trauben zu voller Reife kommen. Sie erreichen einen hohen Zucker- und demzufolge auch Alkoholgehalt. Es gibt Weine mit 16 oder 17 Volumenprozent Alkohol. *Castel del Monte* ist die Bezeichnung für rote, weiße und Roséweine aus Minervino Murge und Umgebung in der Provinz Bari. Am bekanntesten ist der Rote, der ein schönes Bukett und einen ausgewogenen Geschmack mit leicht brandigem Beigeschmack hat.

Ein besonders interessanter Wein dieser Region ist der schwere *Primitivo di Manduria.* Er hat 14 Volumenprozent Alkohol und wird sowohl natursüß als auch gespritet angeboten. Die trockene Version mit 17 Prozent Alkohol wird *Liquoroso secco* genannt. Nirgendwo in Italien erzeugt man soviel Wein wie in Apulien, der größte Teil wird unabgefüllt exportiert. Eine große Menge geht nach Frankreich, wo der dunkle und alkoholreiche Wein zum Verschneiden gebraucht wird.

Die Weinkultur Kalabriens, des südlichsten Teils der Halbinsel, läßt noch griechische und arabische Einflüsse erkennen. Die ersten Weinbauern waren hier die Phönizier, denen später die Griechen folgten; sie brachten die kalabrischen Weine nach Griechenland. Unter ihnen war *Cremissa* der beliebteste, und mit ihm wurden die siegreichen Athleten bei den Olympischen Spielen belohnt. Ein direkter Abkömmling dieses Weins ist *Ciro*, der als einer der ältesten Weine der Welt gilt. Es gibt einen süßen roten, einen weißen und einen Rosé-Ciro. Am meisten geschätzt wird der weiße.

Jenseits der Straße von Messina liegt Sizilien, die größte der Mittelmeerinseln, die früher wegen ihrer dreieckigen Form *Trinacria* hieß. Viele Völker und Herren haben um diese schöne Insel gekämpft und auf die eine oder andere Weise ihre Spuren hinterlassen. Die günstigen klimatischen Bedingungen und der fruchtbare Boden begünstigen den sizilianischen Weinbau und erlauben eine große Produktion. Der berühmteste Wein der Insel ist *Marsala*, ein gespriteter Wein, der aus Grillo- und Catarratto-Trauben seit mehr als 2 Jahrhunderten erzeugt wird. Er ist benannt nach einer Stadt im äußersten Westen der Insel, wo er hergestellt wird. Der gespritete weiße Grundwein kann sowohl sehr trocken als auch süß ausgebaut werden und hat einen Alkoholgehalt von 18 Volumenprozent. Er ist vor allem ein Dessertwein, doch eignet er sich auch als Apéritif. Sein größter Vorzug ist, daß er nicht leidet, wenn er einmal geöffnet ist. Er wird bevorzugt zum Kochen verwendet – sowohl für süße wie für pikante Gerichte. Aus Marsala und Eidottern bereitet man das berühmte Dessert *Zabaione* (Rezept Seite 186).

Der größte Teil der beachtlichen sizilianischen Weinproduktion wird exportiert. Ein Teil geht auch in die Wermutherstellung. Die Tischweine von der Insel sind im Ausland noch wenig bekannt. *Alcamo* ist ein fruchtiger trockener Weißer mit einem ausgeprägtem Bukett nach Catarratto-Trauben. Interessant sind auch die *Ätna-Weine*; die *Moscatos* (di Noto, di Siracusa, di Pantelleria) eignen sich mit ihrem starken Muskatgeschmack als Dessertweine.

Ähnliche Weine werden auf Sardinien, der zweitgrößten Mittelmeerinsel, erzeugt. Auch hier findet man noch die Spuren früherer Beherrscher. Unter den Muskatweinen und den anderen Weinen der Insel, ist der bekannteste *Vernaccia*. Er wird aus der gleichnamigen Traubensorte gekeltert, die im 14. Jahrhundert auf die Insel gebracht worden war. Vernaccia ist ein Weißwein mit 15 Prozent Alkoholgehalt, schönem Bukett und leicht bitterem Geschmack nach Mandeln, der ausgezeichnet zu Meeresfrüchten paßt. Er wird häufig gespritet und dann als *Vino liquoroso* angeboten, nachdem er zwei Jahre im Holzfaß gelagert hat. Vernaccia ist auf Sardinien der Wein für alle festlichen Gelegenheiten. Aber auch Tischweine werden in Sardinien erzeugt, zum Beispiel *Carnonau*, ein angenehmer rubinroter Wein, der von trocken bis halbsüß angeboten wird; *Monica* ist ein Roter mit duftigem Geschmack, *Nuragus* ein trockener, ausgewogener Weißwein und *Vermentino di Gallura* ein ausgezeichneter trockener Weißer mit feinem Bukett. Schließlich gibt es die verschiedenen Muskatweine, von denen *Moscato di Sorso-Sennori* und *Moscato di Cagliari* gute Dessertweine sind.

Rote reifende Trauben in der Mittagshitze

Vorspeisen & Suppen

In Italien steht am Beginn einer Hauptmahlzeit häufig eine Vorspeise *(antipasti)*, die mehr Appetitanreger als ein nahrhafter Gang ist.

Mit Vorliebe werden Salami, kaltes Fleisch oder Schinken serviert, manchmal gibt es auch mehrere Fleischsorten. Zu *prosciutto di Parma* oder *di San Daniele* gibt es im allgemeinen Melone oder Feigen. *Bresàola*, hauchdünn geschnittenes rohes Rindfleisch, reicht man mit einem einfachen Dressing aus Olivenöl, Zitronensaft und Pfeffer.

Auch Fisch wird als Vorspeise serviert, natürlich in erster Linie in den Küstenregionen. Anchovis, Sardinen, Strömlinge, Octopus und Tintenfisch werden auf verschiedene Weise gereicht, entweder kalt mit einer Olivenölmarinade oder gebraten mit Zitrone.

Gemüse und Salate ergeben auch köstliche, leichte Vorspeisen. Pilze, Dicke Bohnen, Prinzeßbohnen, Zucchini, Artischocken, Tomaten, Paprika, Fenchel und Blumenkohl werden entweder roh als Salate zubereitet oder kurz gekocht und kalt serviert. Meist macht man sie in einem würzigen Dressing aus Olivenöl, Knoblauch, Zitronensaft oder Essig und mit vielen frischen gehackten Kräutern an. Cannellini- und Borlotti-Bohnen sowie weiße Bohnen mischt man gern mit Thunfisch und mariniert sie mit Knoblauchsauce.

Natürlich gibt es auch warme Gerichte als Vorspeisen, zum Beispiel überbackenes Brot mit Käse oder Geflügelleber oder in Süditalien gelegentlich eine Pizza oder *pizzette*.

Der erste Gang *(primo piatto)* ist meist eine Suppe *(minestra)* oder eine klare Brühe *(brodo)* oder ein Teigwaren- oder Reisgericht. *Minestre* sind recht gehaltvolle Suppen mit Nudeln oder Reis und können sich manchmal zu einem Hauptgericht auswachsen. *Minestrone* (Rezept Seite 52) ist ein typisches Beispiel einer solchen Suppe. Weitere Rezepte dazu sind überflüssig, denn man verwendet für Minestrone einfach alle Zutaten, die man gerade zur Hand hat, vor allem viele Gemüse und Fleischreste.

Zu den klaren Brühen ißt man Brotcroûtons, oder sie bekommen eine Nudel- oder Reiseinlage, oder man überbackt sie mit Käse. *Zuppa* ist eine andere italienische Bezeichnung für Suppe. *Zuppa alla pavese* (Rezept Seite 50) nennt man eine bekannte Suppe mit Brotscheiben und rohen Eiern. Fischsuppen oder Fischtöpfe in der Art der »Bouillabaisse« heißen *zuppa di pesce*; sie sind sehr gehaltvoll und oft ein vollwertiges Hauptgericht.

Zu den meisten italienischen Suppen wird selbstverständlich frisch geriebener Parmesan serviert, der ihnen das typische Aroma verleiht.

Die Bagna caôda hat ihre Geschichte: Zur Zeit, da noch eine hohe Salzsteuer erhoben wurde, verwendeten die Piemonteser einfach Anchovis für viele ihrer Gerichte und entgingen so der Besteuerung.

Piemont & Aostatal

BAGNA CAÔDA

Anchovis-Dip

Für 4–6 Personen
knapp 1/8 l Olivenöl
3 Knoblauchzehen
50 g Anchovis aus der Dose
75 g ungesalzene Butter
1 Schüssel rohes, gewaschenes und zerkleinertes Gemüse (Paprika, Karotten, weiße Rüben, Sellerie, Topinambur)

Das Öl in einer kleinen Pfanne erhitzen. Den geschälten und zerdrückten Knoblauch sowie die gut abgetropften und grob zerkleinerten Anchovis zugeben, bei schwacher Hitze 15 Minuten dünsten. Gelegentlich umrühren. Die Butter zufügen und schmelzen lassen. Die Pfanne auf eine Wärmeplatte oder einen Rechaud auf den Tisch stellen und heiß halten. Bei Tisch taucht sich jeder Gemüsestücke in den Dip.

Piemont & Aostatal

FONDUTA

Piemonteser Käse-Fondue

Für 4–6 Personen
gut 1/2 l warme Milch
350 g Fontina-Käse in dünnen Scheiben
Salz
4 Eigelb
50 g Butter
1 Trüffel oder einige kleine Champignonköpfe
einige getoastete Brotscheiben

Einige Eßlöffel Milch abnehmen, die übrige Milch in eine feuerfeste Schüssel gießen, im kochenden Wasserbad erhitzen. Die Käsescheiben und Salz zugeben und mit einem Holzlöffel so lange rühren, bis eine cremige Sauce entsteht. Die Eigelb und die beiseite gestellte Milch verrühren und in die Sauce gießen. Nach und nach die Butter zugeben und so lange rühren, bis die *fonduta* glatt und geschmeidig ist. Die Sauce in kleine Schüsselchen verteilen, hauchdünne Trüffel- oder Champignonscheiben darüber streuen und mit Toast servieren.

Toskana

CROSTINI DI MILZA E FEGATINI

Hühnerleber auf gerösteten Brotschnitten

Für 6 Personen
250 g Hühnerleber
Pflanzenöl zum Braten
1 Stange Staudensellerie
½ gehackte Zwiebel
4 EL trockener Weißwein
Salz und frisch gemahlener schwarzer Pfeffer
1 EL gehackte Kapern
1–2 EL Geflügelbrühe
6 Scheiben Brot ohne Kruste

Die Hühnerlebern feinhacken. Einen Eßlöffel Öl in einer schweren Pfanne erhitzen, den kleingehackten Sellerie und die Zwiebel darin bei schwacher Hitze leicht anbraten. Die Leber zugeben und 5 Minuten braten. Den Wein zugießen und solange kochen, bis alle Flüssigkeit verdunstet ist. Mit Salz und Pfeffer abschmecken und die Kapern zugeben, weitere 10 Minuten unter Rühren kochen, dabei etwas Geflügelbrühe zugießen. Abkühlen lassen und im Mixer pürieren oder durchpassieren. Pflanzenöl in einer Pfanne erhitzen und die Brotscheiben darin von beiden Seiten goldbraun rösten, anschließend gut abtropfen lassen. Die Leberpaste daraufstreichen und das Brot in Dreiecke oder schmale Streifen schneiden.

Fonduta; Bagna caôda

Rechte Seite: Acquacotta; La cipollata

Piemont & Aostatal

ZUPPA DI VALPELLINE

Wirsingsuppe mit Käse

Für 4–6 Personen
1 mittlerer Wirsing
12 Scheiben Weißbrot
100 g gebratene Speckscheiben
250 g Fontina-Käse in Scheiben
1 l Fleischbrühe
1 Prise Zimt
frisch gemahlener schwarzer Pfeffer
25 g Butter

Den Kohl waschen und 15 Minuten in reichlich Wasser kochen, gut abtropfen lassen und die Blätter ablösen. Den Boden eines feuerfesten Topfes mit 4 Scheiben geröstetem Brot auslegen. Die Hälfte der Wirsingblätter, des Specks und der Käsescheiben darüberschichten. Mit 4 weiteren Toastscheiben abdecken und die übrigen Zutaten schichtweise darüberlegen. Zum Schluß mit den restlichen Toastscheiben abdekken. Die Fleischbrühe erhitzen und mit Zimt und Pfeffer abschmecken; die Brühe über die gerösteten Brotscheiben gießen. Das Gericht im vorgeheizten Ofen (180°) 30 Minuten backen. Kurz aus dem Ofen nehmen und die Butter in Flöckchen darüberstreuen. Nochmals 20 Minuten überbacken. Sehr heiß servieren.

Friaul-Julisch-Venetien

PAPAROT

Vorspeise mit Spinat

Für 6 Personen
1 kg frischer Blattspinat
150 g Butter
3 Knoblauchzehen
60 g Mehl
Salz und frisch gemahlener Pfeffer
etwas Maismehl

Den Spinat verlesen und waschen, in einen großen Topf geben und ohne Wasser kurz aufkochen, bis er zusammenfällt. Gut abtropfen lassen und pürieren oder feinhacken.

Die Butter in einem schweren Topf zerlassen, die geschälten und gehackten Knoblauchzehen darin hellbraun braten, den Knoblauch herausnehmen. Das Mehl in dem heißen Fett anschwitzen und unter Rühren Farbe nehmen lassen. Den Spinat zugeben, mit Salz und Pfeffer abschmecken und 4 Minuten kochen lassen. Etwas heißes Wasser zugeben und wenig Maismehl hineinstreuen. Den Spinat bei schwacher Hitze 30 Minuten ziehen lassen, gelegentlich umrühren. Heiß servieren.

Toskana

ACQUACOTTA

Pilzvorspeise

Für 6 Personen
7 EL Olivenöl
2 Knoblauchzehen
500 g Pilze (z. B. Champignons oder Egerlinge)
250 g Tomaten
½ l Fleischbrühe
Salz und frisch gemahlener schwarzer Pfeffer
6 große Scheiben Weißbrot
70 g geriebener Parmesan-Käse
2 Eier

Das Öl in einer schweren Pfanne erhitzen, die geschälten und gehackten Knoblauchzehen darin hellbraun braten. Die Pilze putzen, waschen und in Scheiben schneiden. In das heiße Fett geben und 5 Minuten unter Rühren dünsten. Die geschälten und in Würfel geschnittenen Tomaten zugeben, die Fleischbrühe angießen und mit Salz und Pfeffer abschmecken. Die Suppe zum Kochen bringen und bei schwacher Hitze 15 Minuten ziehen lassen. Die Brotscheiben rösten und in Stücke schneiden, auf die Teller verteilen und die Hälfte des Parmesankäse darüberstreuen. Die Eier mit dem restlichen Käse aufschlagen und in die Suppe rühren, nicht mehr kochen lassen. Die Suppe auf die Teller verteilen und sofort servieren.

Vorspeisen haben einen wichtigen Platz in der italienischen Speisenfolge; sie bestehen oft aus frischen Gemüsen und sind meist recht gehaltvoll. Ihnen sollte deshalb ein leichteres Hauptgericht folgen.

Umbrien

LA CIPOLLATA

Vorspeise mit Zwiebeln

Für 4 Personen
750 g Zwiebeln
2 EL Olivenöl
100 g durchwachsener Speck
einige Basilikumblätter
Salz und frisch gemahlener schwarzer Pfeffer
350 g Tomaten
3 Eier
75 g Parmesan-Käse
4 Scheiben Toastbrot

Die Zwiebeln schälen und hacken, in eine Schüssel geben und mit kaltem Wasser bedeckt über Nacht stehen lassen.

Das Öl in einem Topf erhitzen, den in kleine Würfel geschnittenen Speck darin ausbraten. Die Zwiebeln auf ein Sieb geben und gut abtropfen lassen, dann zu den Speckwürfeln geben, ebenso die gehackten Basilikumblätter (einige beiseite lassen). Bei schwacher Hitze 20 Minuten dünsten, gelegentlich umrühren.

Die geschälten, in Würfel geschnittenen Tomaten unterrühren und das Ganze bei schwacher Hitze zugedeckt 10 Minuten kochen. Die Eier mit dem Parmesan verrühren und ebenfalls dazugeben. Nicht mehr kochen lassen. Je eine Scheibe geröstetes Brot in tiefe Teller legen, die *cipollata* darüber geben. Mit Basilikumblättchen garniert servieren.

Lombardei

MINESTRA DI RISO E RAPE

Reissuppe mit weißen Rüben

Für 4–6 Personen
400 g weiße Rüben
25 g Butter
1 kleine Zwiebel
75 g durchwachsener Speck
1 ½ l Fleischbrühe
Salz und frisch gemahlener schwarzer Pfeffer
200 g Reis
1 EL gehackte Petersilie
50 g Parmesan-Käse

Die Rüben schälen, in Scheiben schneiden und in wenig Salzwasser 15 Minuten kochen, gut abtropfen lassen.

Die Butter in einem Topf zerlassen, die Rüben zugeben und 6–7 Minuten unter Rühren dünsten. Inzwischen die Zwiebel schälen und hacken und in dem in Streifen geschnittenen ausgelassenen Speck glasig werden lassen. Die Brühe angießen, mit Salz und Pfeffer würzen und zum Kochen bringen. Den gewaschenen Reis zufügen und 15 Minuten garen lassen. Rüben und Petersilie zugeben, nochmals erhitzen. Mit Parmesan bestreut servieren.

Lombardei

BRODO DI MANZO

Fleischbrühe

Rinderbrühe dient als Grundlage für viele Suppen, aber auch für Gemüse-, Käse- und Nudelgerichte sowie für Risottos und Saucen.

Für 4–6 Personen
500 g Rindfleisch (Bruststpitze oder Querrippe)
1 Zwiebel
1 Stange Staudensellerie
1 ¾ l Wasser
Salz

Das gewaschene Rindfleisch in einen großen Topf legen, ebenso die geschälte Zwiebel und die Selleriestange. Das Wasser zufügen und mit wenig Salz würzen. Langsam zum Sieden bringen und öfters den aufsteigenden Schaum abschöpfen. Zugedeckt 5–6 Stunden mehr ziehen als kochen lassen.

Die Suppe durch ein Sieb gießen, in das ein Tuch gelegt ist. Abkühlen lassen und die sich bildende Fettschicht abheben. Die Brühe soll vollkommen klar sein. Sie wird heiß serviert oder als Grundlage für andere Gerichte verwendet.

Minestra di gianchetti; Zuppa alla pavese; Minestra di riso e verze

Lombardei

ZUPPA ALLA PAVESE

Fleischbrühe mit Eiern

Für 4 Personen
100 g Butter
8 kleine Scheiben Weißbrot ohne Rinde
4 Eier
75 g Parmesan-Käse
1 l Fleischbrühe (Rezept nebenstehend)

Die Butter in einer Pfanne zerlassen, das Brot darin auf beiden Seiten goldbraun rösten. Auf jeden Suppenteller 2 Scheiben Brot legen, je ein Ei darüber aufschlagen, so daß die Dotter nicht zerfließen. Den Parmesan darüberstreuen. Die kochendheiße Brühe darübergießen und sofort auftragen.

Die Italiener haben eine Vorliebe, ihre Suppen mit allerlei Zutaten und Einlagen anzureichern; klare Brühen gibt es kaum. Die Legende berichtet, daß eine lombardische Hausfrau König Franz I. nach der verlorenen Schlacht von Pavia (1525) einen Teller Suppe anbot. Da ihr die einfache Brühe für einen König zu bescheiden dünkte und auch nicht kräftigend genug für einen müden, hungrigen und geschlagenen Krieger erschien, schlug sie schnell zwei frische Eier hinein und kreierte damit *Zuppa alla pavese.*

Ligurien

MINESTRA DI GIANCHETTI

Fischsuppe mit Strömlingen

Für 4 Personen
1 l Fischbrühe
350 g ausgepalte Erbsen
150 g Nudeln (Vermicelli oder Capelli d'angelo)
250 g Strömlinge
1 Ei
Salz und frisch gemahlener schwarzer Pfeffer

Die Fischbrühe in einem großen Topf zum Kochen bringen. Die Erbsen darin 20 Minuten ziehen lassen. Die Nudeln und die Fische zugeben und fast weich kochen. Das verquirlte Ei, Salz und Pfeffer zugeben und noch 1 Minute kochen lassen. Sofort servieren.

Lombardei

MINESTRA DE RISO E VERZE

Kohlsuppe mit Reis

Für 4–6 Personen
25 g Butter
½ gehackte Zwiebel
50 g durchwachsener Speck
400 g Weißkohl
1 ¾ l Fleischbrühe (Rezept Seite 50)
Salz und frisch gemahlener Pfeffer
200 g Reis
1 EL gehackte Petersilie
50 g Parmesan-Käse

Die Butter in einem großen Topf zerlassen, die Zwiebel und den in Würfel geschnittenen Speck zugeben und solange braten, bis die Zwiebeln glasig sind. Den Weißkohl fein hobeln und zugeben. 5 Minuten unter Rühren dünsten, dann die Brühe zugießen. Sobald die Suppe kocht, mit Salz und Pfeffer würzen. Bei schwacher Hitze zugedeckt 30 Minuten kochen lassen. Den gewaschenen Reis zugeben und nochmals 15 Minuten kochen. Zum Schluß die Petersilie darüberstreuen und vom Herd nehmen. Mit geriebenem Parmesan sofort servieren.

Lombardei

MINESTRA MARICONDA

Fleischbrühe mit Parmesan

Für 4–6 Personen
250 g Weißbrot ohne Rinde
gut ¼ l Milch
100 g Butter
4 Eier
150 g Parmesan-Käse
etwas abgeriebene Muskatnuß
Salz und frisch gemahlener schwarzer Pfeffer
1 ½ l Fleischbrühe (Rezept Seite 50)

Das Brot in eine Schüssel krümeln, die Milch darübergießen und 30 Minuten stehen lassen. Die Butter in einem kleinen Topf zerlassen. Das eingeweichte Brot gut ausdrücken und in die heiße Butter führen. Solange unter Rühren erhitzen, bis die Masse trocken, aber noch weich ist. Nun die Brotkrumen in eine größere Schüssel füllen, die Eier, 100 g von dem Parmesan, Muskat, Salz und Pfeffer zufügen. Alles gut verrühren und 1 Stunde stehen lassen.

Die Fleischbrühe erhitzen und langsam die Brot-Käse-Masse hineinrühren, 5 Minuten ziehen lassen. Sehr heiß servieren und den restlichen Parmesan erst bei Tisch darüberstreuen.

Lombardei

MINESTRONE ALLA MILANESE

Für 6 Personen
100 g Borlotti- oder rote Kidney-Bohnen
2 EL Olivenöl
100 g durchwachsener Speck
1 Zwiebel
1 Knoblauchzehe
250 g Tomaten
6 Basilikumblätter
1 Bund gehackte Petersilie
2 l Wasser
1 Karotte
1 Stange Staudensellerie
250 g Kartoffeln
250 g Zucchini
250 g Weißkohl
100 g ausgepalte Erbsen
Salz und frisch gemahlener schwarzer Pfeffer
200 g Reis
50 g geriebener Parmesan-Käse

Die Bohnen über Nacht einweichen.

Das Öl in einem großen Topf erhitzen, den in Würfel geschnittenen Speck, die gehackte Zwiebel und den feingehackten Knoblauch zugeben und beides glasig werden lassen. Dann die geschälten und gewürfelten Tomaten, die Bohnen, die Basilikumblätter, Petersilie und das Wasser zugeben. Das Ganze zum Kochen bringen und bei kleiner Flamme unter gelegentlichem Umrühren 1½ Stunden zugedeckt ziehen lassen. Die in Scheiben geschnittene Karotte und den kleingeschnittenen Sellerie zugeben und weitere 30 Minuten kochen. Inzwischen die Kartoffeln schälen und würfeln, die gewaschenen Zucchini in Scheiben schneiden, den Weißkohl fein hobeln, alle Gemüse zugeben und nochmals 20 Minuten kochen lassen. Mit Salz und frisch gemahlenem Pfeffer abschmecken. Vom Herd nehmen und 5 Minuten stehen lassen. Mit Parmesan sofort servieren.

Friaul-Julisch-Venetien

JOTA

Kohl-Suppe mit Bohnen

Für 4–6 Personen
400 g getrocknete weiße Bohnen
100 g durchwachsener Speck
2 kleine Weißkohlköpfe
2 EL Kümmel
1 Lorbeerblatt
Salz
3 EL Olivenöl
2 Knoblauchzehen
2 EL Mehl
100 g Maismehl

Die Bohnen über Nacht einweichen.

Bohnen und gewürfelten Speck in einen Topf geben und mit Wasser bedecken. Zum Kochen bringen und etwa 1½ Stunden garen, wenn nötig etwas Wasser zugeben.

Die Kohlköpfe waschen, vierteln und die Strünke herausschneiden, zusammen mit Kümmel, Lorbeerblatt, etwas Salz und wenig Wasser 2–3 Minuten kochen, den Topf dabei schütteln. 2 Eßlöffel Öl erhitzen, den geschälten und gehackten Knoblauch darin bräunen und anschließend herausnehmen. Das Mehl in das heiße Fett rühren und unter Rühren 2–3 Minuten anschwitzen lassen. Kohl zugeben und 5 Minuten dünsten.

Jetzt den Kohl in den Topf mit den gekochten Bohnen schütten, das restliche Öl zugeben und nach und nach das Maismehl hineinstreuen. Dabei öfters umrühren. Das Ganze nun 30 Minuten kochen und, wenn nötig, noch Wasser angießen. Abschmecken und heiß servieren.

Die berühmte Suppe *Jota* aus Friaul-Julisch-Venetien galt früher als Armeleute-Essen. In Triest sagte man: »Jota, Jota Tag für Tag und nie Polenta und Milch.« Heute denkt kein Mensch mehr so über dieses nahrhafte Gericht, und es fehlt auf keiner Speisekarte der guten Triester Restaurants.

Südtirol – Trentino

ZUPPA DI ORZO

Gerstensuppe mit Schinken

Für 4 Personen
250 g Gerste
25 g Butter
1 Zwiebel
1 Karotte
1 Stange Staudensellerie
100 g roher Schinken oder durchwachsener Speck
1 ½ l Geflügelbrühe
1 Lorbeerblatt
7 EL Sahne
40 g Parmesan-Käse
Salz und frisch gemahlener schwarzer Pfeffer

Die Gerste für 2 Stunden in kaltem Wasser einweichen. Die Butter in einem großen Topf zerlassen, die geschälte und gehackte Zwiebel, die geschälte und in Scheiben geschnittene Karotte sowie den in Stücke geschnittenen Sellerie hineingeben und bei schwacher Hitze 10 Minuten dünsten. Den in Streifen geschnittenen Schinken, die Gerste, die Geflügelbrühe und das Lorbeerblatt zufügen und die Suppe zugedeckt etwa 1 ½ Stunden mehr ziehen als kochen lassen. Zum Schluß die Sahne und den geriebenen Parmesan-Käse einrühren und mit Salz und Pfeffer kräftig abschmekken. Das Lorbeerblatt herausnehmen und die Suppe heiß servieren.

Friaul-Julisch-Venetien

PAPAZOI

Mais-Gersten-Bohnen-Suppe

Für 6–8 Personen
200 g Borlotti- oder weiße Bohnen
200 g Gerste
100 g frischer Zuckermais
2 EL Olivenöl
100 g durchwachsener Speck
2 Knoblauchzehen
2 l Fleischbrühe
250 g Kartoffeln
1 EL gehackte Petersilie
Salz und frisch gemahlener schwarzer Pfeffer

Bohnen, Gerste und Maiskörner getrennt über Nacht einweichen.

Das Öl in einem großen Topf erhitzen, den gewürfelten Speck und den geschälten und gehackten Knoblauch zugeben und kurz anbraten. Die eingeweichten Gemüse auf ein Sieb gießen, abtropfen lassen und zusammen mit der Brühe in den Topf mit dem ausgebratenen Speck und Knoblauch geben, zum Kochen bringen und etwa 45 Minuten bei schwacher Hitze kochen lassen. Inzwischen Kartoffeln schälen und würfeln, in die Suppe geben und weitere 40 Minuten kochen lassen. Alle Gemüse müssen weich sein. Petersilie sowie Salz und Pfeffer zugeben und sofort servieren.

Friaul-Julisch-Venetien

MINESTRA DI RISO E FAGIOLI

Suppe mit Bohnen, Reis und Wurst

Für 4–6 Personen
300 g getrocknete weiße Bohnen
4 EL Olivenöl
100 g durchwachsener Speck
1 Zwiebel
50 g Mortadella oder Bologna
Salz und frisch gemahlener schwarzer Pfeffer
200 g Reis

Die Bohnen über Nacht einweichen, dann in etwa 1 ½ Stunden in reichlich Wasser garkochen.

Das Öl in einem Topf erhitzen, den gewürfelten Speck darin braten, die Zwiebel feinhacken, zu den Speckwürfeln geben und glasig werden lassen. Die Wurst klein würfeln, ebenfalls zugeben, leicht anbräunen lassen. Die gekochten Bohnen mitsamt dem Kochwasser zufügen, mit Salz und Pfeffer abschmekken, zum Kochen bringen. Falls die Suppe zu dick ist, noch etwas warmes Wasser angießen. Den gewaschenen Reis zugeben und nochmals 20 Minuten kochen. Sofort servieren.

Venetien

RISI E BISI

Reis mit Erbsen

Für 4 Personen
25 g Butter
50 g fetter Speck
½ Zwiebel
250 g ausgepalte Erbsen
1 l Hühnerbrühe
300 g Reis
50 g geriebener Parmesankäse
Salz und frisch gemahlener schwarzer Pfeffer
1 EL gehackte Petersilie

Die Butter in einem großen Topf zerlassen, den Speck würfeln, die Zwiebel schälen und feinhacken, beides in der heißen Butter anbraten. Die Erbsen und einige Eßlöffel Brühe zugeben und zugedeckt etwa 20 Minuten köcheln.

Den gewaschenen Reis und die Hälfte der übrigen Brühe zugeben, erneut zum Kochen bringen. Bei sehr schwacher Hitze nochmals zugedeckt 15 Minuten kochen lassen, bis der Reis gar ist. Den geriebenen Käse zufügen, mit Salz und Pfeffer abschmecken und noch Brühe nachgießen; das Ganze soll aber ziemlich dicklich sein.

Zum Schluß die Petersilie auf das Gericht streuen und vor dem Servieren noch 1 Minute stehen lassen.

Oben: Minestra di strichetti wird hier zubereitet
Rechts: Pappa col pomodoro

Emilia-Romagna

MINESTRA DI STRICHETTI

Suppe mit hausgemachten Nudeln

Für 4 Personen
200 g Mehl
Salz
2 Eier
40 g geriebener Parmesan-Käse
1 ½ l Fleischbrühe (Rezept Seite 50)

Das Mehl auf das Backbrett sieben, ¼ Teelöffel Salz darüberstreuen; in der Mitte eine Vertiefung machen, die Eier hineinschlagen und den Parmesankäse darübergeben und einen geschmeidigen Teig kneten.

Den Teig mit der Küchenrolle ausrollen (ca. 3 mm dick). Mit dem Teigrädchen 1 cm breite Streifen ausradeln, diese in 2–3 cm lange Stücke teilen. Jedes Stück in der Mitte zusammendrücken, damit es eine Schmetterlingsform bekommt.

Die Brühe zum Kochen bringen, würzig abschmekken, die Schmetterlingsnudeln hineingeben und etwa 6–7 Minuten kochen lassen. Sofort servieren.

Toskana

PAPPA COL POMODORO

Tomatensuppe mit Croûtons

Für 4 Personen
4 EL Olivenöl
1 Zwiebel
3 Knoblauchzehen
750 g Tomaten
1 l Hühnerbrühe
Salz und frisch gemahlener schwarzer Pfeffer
250 g altbackenes Weißbrot ohne Rinde
einige Basilikumblätter

Die Hälfte des Öls in einem großen Topf erhitzen, Zwiebel und Knoblauch schälen, feinhacken und im heißen Fett glasig werden lassen. Die geschälten und in Würfel geschnittenen Tomaten zugeben und 5 Minuten dünsten, dann nach und nach die Brühe zugeben. Mit Salz und Pfeffer würzen, anschließend 30 Minuten kochen lassen.

Inzwischen das restliche Öl in einer Pfanne erhitzen, das Brot in kleine Würfel schneiden und im heißen Fett braun werden lassen. Die Suppe in eine Terrine füllen und die Croûtons sowie die gehackten Basilikumblätter hineingeben. Sofort servieren.

Die Venezianer sind Puristen, wenn es um ihr berühmtes *Risi e bisi* geht. Sie bestehen darauf, daß das Gericht nur im Frühling gemacht werden sollte, wenn die Erbsen jung, frisch und weich sind. Manche gehen sogar so weit, daß sie nur Erbsen aus einer bestimmten Gegend verwenden, und zwar von den Feldern an den Ufern der Lagune zwischen Choggia und Burano!

Toskana

GINESTRATA

Hühner-Suppe

Für 4 Personen
4 Eigelb
½ l Hühnerbrühe
gut ¼ l Marsala
1 Prise gemahlener Zimt
75 g Butter
40 g Zucker
etwas abgeriebene Muskatnuß

Die Eigelb mit der Hühnerbrühe verquirlen, Marsala und Zimt zugeben. Die Flüssigkeit durch ein feines Sieb gießen und in einem Topf langsam und unter kräftigem Rühren erhitzen. Die Butter stückchenweise zugeben und die Suppe cremig schlagen. Auf vorgewärmte Suppenteller verteilen und mit Zucker und Muskat bestreuen.

Marken

MINESTRA DI CECI

Suppe mit Kichererbsen

Für 6 Personen
500 g Kichererbsen
1 Teelöffel Natron
50 g roher Schinken oder Speck
½ Zwiebel
1 Knoblauchzehe
1 EL gehackte Petersilie
1 Prise getrockneter Majoran
50 g Butter
2 EL Olivenöl
250 g Tomaten
2 l Wasser
Salz
250 g Cotechino (frische Schweinewurst)
1 Chicoréestange
6 Scheiben Toastbrot
75 g geriebener Pecorino-Käse
frisch gemahlener schwarzer Pfeffer

Kichererbsen in einer großen Schüssel mit Wasser bedecken, das Natron zugeben. Gut verrühren und 24 Stunden einweichen.

Den Schinken feinhacken, Zwiebel und Knoblauch schälen und ebenfalls feinhacken. Alles durch den Fleischwolf drehen und zusammen mit Petersilie, Majoran, Butter und Öl in einen Topf geben, 6–7 Minuten unter ständigem Rühren dünsten.

Die Kichererbsen auf ein Sieb gießen, gut abtropfen lassen und zu den anderen Zutaten in den Topf geben, ebenso die geschälten und gewürfelten Tomaten und das Wasser. Salzen und zum Kochen bringen, dann die in Scheiben geschnittene Wurst zufügen. Die Suppe zugedeckt 1½ Stunden kochen lassen. Die gewaschenen Chicorée-Blätter einrühren und nochmals 30 Minuten kochen lassen.

Die Weißbrotscheiben knusprig toasten, je eine auf jeden Suppenteller legen; den Käse in die Suppe rühren, diese mit Pfeffer abschmecken und über das Brot gießen.

Dicke Suppen mit Hülsenfrüchten gelten als bäuerliche Gerichte. Die Regionen Marken sowie Abruzzen & Molise sind bekannt für ihre deftigen Suppen mit Gemüsen und Kichererbsen.

Abruzzen & Molise

MINESTRA DI CECI E CASTAGNE

Kastaniensuppe mit Kichererbsen

Für 4–6 Personen
400 g Kichererbsen
Salz
2 Stangen Staudensellerie
4 Lorbeerblätter
7 EL Olivenöl
500 g Eßkastanien
4 Knoblauchzehen
150 g gesalzener Speck
frisch gemahlener schwarzer Pfeffer
4–6 Scheiben Toastbrot

Erbsen 12 Stunden in 2 Liter lauwarmem Wasser einweichen, auf ein Sieb gießen und gut abtropfen

Minestra di ceci; Zuppa di telline; Stracciatella alla romana

lassen. Mit dem Wasser und Salz in einen großen Topf geben, die gehackten Selleriestangen, Lorbeerblätter und 2 Eßlöffel Olivenöl zugeben. Das Ganze zum Kochen bringen, dann bei schwacher Hitze 1 ½ Stunden garen, bis die Kichererbsen weich sind und die Kochflüssigkeit auf beinahe ein Drittel reduziert ist.

Inzwischen die Kastanien einschneiden und für 40 Minuten auf ein Backblech in den vorgeheizten Ofen (200°) legen. Dann Schalen und Haut abziehen und das Fruchtfleisch zerdrücken.

Das restliche Öl in einer Pfanne erhitzen, die geschälten und gehackten Knoblauchzehen und den in kleine Würfel geschnittenen Speck zugeben und anbraten. Kastanienmus und schwarzen Pfeffer zufügen und bei schwacher Hitze 6–7 Minuten dünsten. Die Lorbeerblätter aus der Suppe nehmen und die Speck-Kastanien-Mischung hineinrühren.

Das Toastbrot knusprig rösten und auf den Boden einer Suppenterrine legen. Die Suppe darübergießen. Erst nach 3–4 Minuten servieren.

Latium

STRACCIATELLA ALLA ROMANA

Geflügelsuppe

Für 4–6 Personen

3 Eier
75 g Grieß
50 g Parmesan-Käse
1 EL gehackte Petersilie
etwas abgeriebene Muskatnuß
1 Prise Salz
1 ½ l Hühnerbrühe

Eier, Grieß, Parmesan, Petersilie, Muskat und Salz in eine Schüssel geben, mit ein paar Eßlöffeln Brühe verrühren. Die übrige Brühe in einen Topf gießen und zum Kochen bringen, die Masse einrühren und bei schwacher Hitze und unter ständigem Rühren solange kochen lassen, bis die Suppe eindickt. Sofort servieren.

Latium

ZUPPA DI TELLINE

Muschelsuppe

Für 4 Personen

750 g Jakobs- oder Herzmuscheln
knapp ¼ l Wasser
2 Anchovisfilets aus der Dose
2 Knoblauchzehen
2 EL Olivenöl
3–4 EL gehackte Petersilie
350 g Tomaten
Salz und frisch gemahlener schwarzer Pfeffer
4 Scheiben Toastbrot

Die Muscheln unter fließendem kaltem Wasser gründlich bürsten, dann abtropfen lassen und mit dem Wasser in einem Topf zum Kochen bringen und zugedeckt solange kochen, bis die Schalen sich öffnen. Die Muscheln aus den Schalen lösen und den Bart entfernen. Die Kochflüssigkeit durch ein feines Sieb passieren und aufheben.

Anchovis und die geschälten Knoblauchzehen feinhacken. Das Öl in einem Topf erhitzen, Anchovis, Knoblauch und Petersilie zugeben und 5 Minuten dünsten. Die Tomaten schälen und in Scheiben schneiden, zusammen mit Salz und Pfeffer zu den übrigen Zutaten geben, zum Schluß die Muscheln zufügen. Das aufgehobene Kochwasser auf 1 Liter ergänzen und zugießen. Die Suppe zum Kochen bringen und 15 Minuten kochen.

Die Brotscheiben toasten und je eine in jeden Suppenteller legen. Die Suppe abschmecken und darübergießen. Sofort servieren.

Minestra di farro; Millecosedde; Licurdia

Kalabrien

MILLECOSEDDE

Suppe mit Hülsenfrüchten

Für 6–8 Personen
100 g Borlotti- oder rote Kidneybohnen
100 g weiße Bohnen
100 g Kichererbsen
100 g Linsen
7 EL Olivenöl
100 g durchwachsener Speck
1 Karotte
1 Zwiebel
1 Knoblauchzehe
2 l Fleischbrühe
½ kleiner Weißkohl
250 g geputzte Pilze
Salz und frisch gemahlener schwarzer Pfeffer
250 g Farfalle oder andere kleine Nudeln
100 g geriebener Pecorino-Käse

Die Hülsenfrüchte über Nacht in lauwarmem Wasser einweichen, gut abtropfen lassen und in einen großen Topf geben. Mit Wasser bedeckt zum Kochen bringen. Bei schwacher Hitze etwa 1 ¼ Stunden kochen lassen.

Das Öl in einem großen Topf erhitzen, den feingeschnittenen Speck, die geschälte und in Scheiben geschnittene Karotte, die geschälten und gehackten Zwiebel und Knoblauch zugeben und 5 Minuten anbraten. Den Weißkohl fein hobeln, kurz blanchieren, gut abtropfen lassen und ebenfalls in die Suppe geben, nochmals 5 Minuten kochen lassen. Die Hülsenfrüchte auf ein Sieb gießen und abtropfen lassen; die Pilze in dünne Scheiben schneiden. Hülsenfrüchte und Pilze in die Suppe geben, mit Salz und Pfeffer würzen und umrühren. Zum Schluß die Nudeln zugeben und in 15 Minuten garkochen. Sofort mit Pecorino bestreut servieren.

Sardinien

MINESTRA DI FARRO

Gerstensuppe

Für 4 Personen
1 ½ l Hühnerbrühe
200 g Perlgraupen
100 g Pecorino-Käse
1 Prise getrocknete Minze

Die Brühe in einem großen Topf zum Kochen bringen. Nach und nach die Graupen hineinrieseln lassen und bei schwacher Hitze etwa 1 ½ Stunden kochen lassen, dabei gelegentlich umrühren.

Den gewürfelten Käse zugeben und unter Rühren weiterkochen lassen, bis er geschmolzen ist. Mit getrockneter Minze würzen.

Kalabrien

LICURDIA

Zwiebelsuppe

Für 4–6 Personen
2 l Hühnerbrühe oder Wasser
1 kg kleine Zwiebeln
25 g Butter
Salz
8 Scheiben Weißbrot
1 eingelegte rote Pfefferschote
75 g geriebener Pecorino-Käse

Die Brühe oder das Wasser in einen großen Topf gießen, die Zwiebeln schälen und halbieren und in die Brühe geben, ebenso Butter und Salz. Das Ganze zum Kochen bringen. Bei schwacher Hitze etwa 1 Stunde kochen lassen.

Weißbrot rösten und mit der Pfefferschote einreiben. Je 1 Brot auf einen Suppenteller legen und die kochende Suppe darübergießen. Mit Pecorino bestreuen.

Sardinien

MINESTRA DI FAVE

Bohnensuppe mit Tomaten

Für 4 Personen
200 g Lima-Bohnen
4 EL Olivenöl
50 g durchwachsener Speck
2 Zwiebeln
2 Stangen Staudensellerie
250 g Tomaten
1 ½ l Hühnerbrühe oder Wasser
Salz und frisch gemahlener schwarzer Pfeffer
4 Scheiben Toastbrot
1 EL gehackte Petersilie

Die Bohnen über Nacht in lauwarmem Wasser einweichen.

Das Öl in einem schweren großen Topf erhitzen. Den gewürfelten Speck, die geschälten und feingehackten Zwiebeln sowie die kleingeschnittenen Sellериestangen zugeben und 10 Minuten anbraten. Die geschälten und zermusten Tomaten und die Brühe zugeben. Mit Salz und Pfeffer würzen und zum Kochen bringen. Bei schwacher Hitze etwa 1 ½ Stunden kochen lassen.

Das Brot knusprig rösten und auf jeden Teller eine Scheibe legen. Die Suppe vom Herd nehmen, die Petersilie einrühren und die Bohnensuppe über den Toast auf die Teller gießen. Nach Wunsch mit etwas Pfeffer würzen. Sehr heiß servieren.

Ein altes kalabrisches Sprichwort sagt: »Suppen bewirken sieben gute Sachen, sie stillen deinen Hunger, löschen deinen Durst, füllen dir den Magen, putzen deine Zähne, sorgen für guten Schlaf, fördern die Verdauung und bringen Farbe auf deine Wangen!«

Teigwaren

Über die Geschichte der Teigwaren gibt es in Italien viele gelehrte Meinungen. Historische Quellen lassen aber darauf schließen, daß schon die alten Römer im 4. und 5. Jahrhundert v. Chr. *pasta*-ähnliche Speisen kannten. Deshalb meinen viele Leute, die Etrusker könnten sie nach Italien eingeführt haben.

Der genaue Nährwert von handelsüblichen Teigwaren ist zwar unterschiedlich, aber für fast alle guten Sorten gilt, daß sie 13 Prozent Eiweiß und darüber hinaus Vitamine, Mineralstoffe und eine kleine Menge Fett enthalten. Obwohl Nudeln einen hohen Kohlenhydratanteil haben, sind es doch mehr die Saucen, die ein Teigwarengericht so gehaltvoll machen.

Die besten Teigwaren werden aus Durum-Weizen gemacht. Wenn man also fertige Nudeln kauft, sollte man sich auf der Packung genau ansehen, ob sie aus diesem Weizen hergestellt sind. Er ist eine der härtesten Weizensorten. Bei der Nudelherstellung wird nur das Nährgewebe des Samenkorns verwendet und zu Grieß gemahlen, aus dem dann unter Zusatz von Wasser der Teig gemacht wird. Spaghetti oder andere röhrenförmige Nudeln sind im Süden Italiens und im Ausland weit mehr verbreitet als in Norditalien, wo man lieber die flachen Sorten verwendet.

Die Herstellung von Teigwaren

Nudeln selber zu machen ist keine große Sache. Es lohnt sich, die kleine Mühe auf sich zu nehmen, denn die gekauften Teigwaren sind nicht zu vergleichen; Hausmachernudeln sind leicht und locker und schmecken einfach besser. Es gibt auch keinerlei Geheimnisse bei der Nudelherstellung; wichtig ist nur, daß man den Teig kräftig knetet, und zwar solange, bis er weich, geschmeidig und ganz frei von Klumpen und Klümpchen ist. Damit der Teig nach dem Kneten nicht austrocknet, sollte man ihn in ein Tuch einschlagen, das man vorher in lauwarmes Wasser getaucht und gut ausgewrungen hat. So läßt man ihn vor der Weiterverarbeitung 10 Minuten stehen. Die meiste Zeit braucht man für das Ausrollen und Ausziehen, und dabei verlieren die Köche leicht die Geduld; aber der Teig sollte wirklich dünn wie Papier und beinahe durchsichtig sein. Man muß ihn immer wieder mit Mehl bestreuen, da er durch die lange Bearbeitung leicht klebrig wird. Man braucht ein großes Nudelbrett oder einen Tisch und viel Platz bei der Arbeit.

Das Schneiden der Teigwaren

Am einfachsten herzustellen sind die Bandnudeln, die in Italien *tagliatelle* oder *fettuccine* heißen. Da braucht man den Teig nur mit einem scharfen Messer in Streifen zu schneiden. Es gibt in großen Haushaltsgeschäften auch spezielle Nudelschneider und sogar Nudelschneidemaschinen, mit deren Hilfe man den Teig rollen und durch Drehen eines Hebels schneiden kann. Außerdem findet man Ravioli-Schneider für runde und rechteckige Formen oder Ravioli-Platten. Der Teig wird darauf ausgerollt und gleichzeitig ausgeschnitten. Nach dem Schneiden sollte man die Nudeln 10 Minuten trocknen lassen.

PASTA ALL'UOVO

Eierteigwaren

Für etwa 350 g Nudeln
250 g Mehl
2–3 Eier
2 TL Öl
½ TL Salz
etwas Wasser

Das Mehl auf ein Backbrett sieben und in der Mitte eine Vertiefung machen. Die aufgeschlagenen Eier, Öl und Salz hineingeben und mit den Fingerspitzen leicht verrühren. Nach und nach das Mehl mit der weichen Masse mischen und schließlich das Ganze zu einem Teig verkneten; dabei wenig Wasser zugeben, damit der Teig nicht zu trocken ist. Das Backbrett mit Mehl bestreuen und den Teig durchkneten, bis er schön geschmeidig und elastisch ist. Die Teigkugel einwickeln und etwa 1 Stunde liegen lassen.

Den Teig auf einem leicht bemehlten Backbrett ausrollen, zuerst in einer, dann in der anderen Richtung, bis er dünn wie Papier ist. Leicht mit Mehl bestäuben und 10–20 Minuten ruhen lassen; dann in die gewünschten Formen schneiden und nochmals 10 Minuten stehen lassen; dann erst kochen.

PASTA VERDE ist die durch Spinat grün gefärbte *pasta all'uovo*. Das ergibt ein dekoratives Blaßgrün mit dunkelgrünen Flecken. Den Teig nach dem Grundrezept herstellen, aber 50 g gekochten, gut ausgedrückten und feingehackten Spinat mit den Eiern vermischen. Im übrigen wie beim obenstehenden Rezept verfahren; allerdings ist dieser Teig etwas klebriger und muß deshalb beim Ausrollen öfter mit Mehl bestäubt werden. Die Menge ergibt etwa 400 g.

CANNELONI. Den ausgerollten Teig in Rechtecke von 7,5 × 13 cm schneiden.

LASAGNE. Entweder in 1 cm breite Streifen oder in Rechtecke von 7,5 × 13 cm schneiden.

TALIARINI, TAGLIATELLE ODER FETTUCCINE. Den dünn ausgerollten Teig zu einer Rolle drehen und mit einem scharfen Messer 3 mm breite Streifen für *taliarini*, 5 mm breite für *tagliatelle* oder *fettuccine* schneiden. Streifen auseinanderrollen und trocknen lassen.

Den genauen Ursprung der Teigwarenherstellung kennt man nicht; nach alten Berichten sollen aber schon die Römer eine Vorliebe für Nudeln gehabt haben. Manche wiederum sagen, Marco Polo habe die Kunst der Nudelherstellung bei den Chinesen abgeschaut und im 13. Jahrhundert von seinen Reisen die ersten Teigwaren mitgebracht. Mit dieser Version aber sind die meisten Italiener nicht einverstanden.

Teigwaren kochen

Hausgemachte *pasta* ist sehr schnell gekocht, schneller und einfacher als die Fertigprodukte. In Italien liebt man die Teigwaren *al dente*, das heißt weich, aber trotzdem mit Biß; sie dürfen vor allen Dingen nicht pappig und klebrig sein. Die Kochzeit ist je nach Größe und Form unterschiedlich. Kleine hausgemachte Teigwaren brauchen 2–5 Minuten, während man größere Sorten 6–7 Minuten kochen muß. Getrocknete Teigwaren haben eine längere Kochzeit, die von 6–15 Minuten dauern kann. Die röhrenförmigen Nudeln sind meist etwas schneller gar als die flachen, aber auch das hängt von der jeweiligen Sorte ab. Wenn man gekaufte Nudeln verwendet, sollte man sich an die Kochzeitangaben des Herstellers halten.

500 g Nudeln reichen für 4–6 Personen und werden in 2 ½ bis 3 ½ l Wasser gekocht. Das Wasser wird in einem großen Topf zum Kochen gebracht und man streut 1 Eßlöffel Salz hinein. Nach und nach gibt man die Teigwaren ins Wasser, (lange *spaghetti* werden langsam immer tiefer ins Wasser gedrückt) und läßt sie die vorgeschriebene Zeit sprudelnd kochen. Zwischendurch rührt man mit einer hölzernen Gabel oder einem Löffel durch, damit die Nudeln nicht zusammenkleben. Wenn sie *al dente* gekocht sind, gießt man sie auf ein Sieb, läßt sie gut abtropfen und serviert sie sofort auf vorgewärmten Schüsseln oder Tellern (außer *lasagne*, die gratiniert werden).

Teigwaren servieren

In Italien richtet man Teigwaren auf vielerlei Weise an, die von der Gelegenheit, aber auch von der jeweiligen Region abhängt. Meist wird ein *pasta*-Gang nach der Vorspeise und vor dem Hauptgericht serviert. Die einfachste Möglichkeit ist, sie mit Butter und geriebenem Käse zu reichen; für die Neapolitaner allerdings gehört die Tomatensauce und in anderen Regionen eine Fleischsauce dazu. Es gibt auch viele gefüllte *pasta*-Arten wie *ravioli, tortellini* und *cannelloni*. Sehr kleine Nudelarten dienen als Suppeneinlage.

Es gibt eine verwirrende Zahl von Nudelsorten der verschiedensten Formen und Größen, die auch noch, je nach Region oder Hersteller, verschiedene Namen haben. Im Folgenden werden alle gebräuchlichen *pasta*-Sorten aufgeführt, die bei den Rezepten dieses Buches verwendet werden. Manche Formen sind gegeneinander austauschbar, wie *tagliatelle* und *fettuccine* oder *cannelloni* und *manicotti*. Man braucht sich also kein Bein auszureißen, um eine bestimmte Sorte aufzutreiben.

Teigwaren-Sorten

Annellini. Auch als *anelli* bekannt; die ringförmigen Nudeln werden als Suppeneinlage verwendet.

Bigoli. Eine Art *spaghetti*.

Cannelloni. Diese großen röhrenförmigen Nudeln werden mit verschiedenen Zutaten gefüllt. Man kann auch die flachen *lasagne* nehmen, die Füllung daraufstreichen und sie zu *cannelloni* einrollen.

Capelli d'angelo. Diese lange extrem dünne Nudel von der *vermicelli*-Art verdankt ihren Namen der Tatsache, daß sie so fein wie »Engelhaar« ist. Sie wird oft in ganzen »Nestern« *(capelli d'angelo a nidi)* angeboten. Andere Namen: *capellini, capel Venere*.

Cappelletti. Diese kleinen runden Teigwaren sind wie Hütchen geformt. Frische *cappelletti* werden gefüllt und wie *ravioli* serviert. Auch *pagliacci* genannt.

Chitarra. Eine Art *spaghetti*, die auf einem speziellen gitarre-ähnlichen Gestell hergestellt werden; sie sind eher eckig als röhrenförmig.

Conchiglie. Muschelförmige Nudeln; *conchigliette* sind kleine muschelförmige Suppennudeln.

Farfalle. Sie sehen aus wie Schleifen oder Schmetterlinge; die kleineren Formen heißen *farfallette*.

Fedelini. Dünnere *spaghetti*-Art, die auch *spaghettini* heißt.

Fettuccine. Flache Bandnudeln, die nestförmig zusammengedreht werden *(fettuccine a nidi)*. Auch Eier-*fettuccine* und *fettuccine verde* sind sehr gebräuchlich. Sie sind das römische Gegenstück zu *tagliatelle*.

Fusilli. Spiralförmige Nudeln, die aussehen wie kleine hohle Spulen oder Federn und lang und kurz erhältlich sind; ähnliche Formen werden *spirale ricciolo* genannt, sie sind aber nicht hohl.

Lasagne. Flache Nudelblätter, die man zum Überbacken mit Fleischsauce und Käse in mehreren Schichten verwendet. Sie können auch gefüllt und zu *cannelloni* aufgerollt werden. *Lasagne* gibt es in verschiedenen Größen und Breiten, auch mit wellenförmigen Kanten. Auch *lasagne verde* findet man häufig.

Linguine. Sehr dünne, schmale Bandnudeln.

Maccharoni. Italienische Makkaroni sind meist so lang wie *spaghetti*, nur dicker und hohl. Außerhalb Italiens kennt man die kurzen oder »Ellbogen«-*maccharoni*. Kurze *maccheroni* bekommt man in Italien ebenfalls und nennt sie dann *rigatoni*.

Manicotti. Große, röhrenförmige Nudeln, die wie *cannelloni* gefüllt werden; auch *tuffoloni* genannt.

Mezza Zita. Röhrenförmige Nudeln, die etwas dikker sind als *maccharoni*. *Zita* ist wiederum dicker.

Orecchiette. Kleine, ohrenförmige Nudeln.

Paglia e fieno. Flache Bandnudeln von gleicher Form wie *tagliatelle*, die aber aufgewickelt verkauft werden.

Pappardelle. Sehr breite Bandnudeln.

Penne. Kurze, röhrenförmige Nudeln, wie kurze *maccharoni*, aber schräg abgeschnitten; *pennine* ist die dünnere Art.

Ravioli. Entweder runde oder quadratische, gefüllte Nudeln. Die Füllungen sind je nach Region ganz unterschiedlich, aber frische *ravioli* in Italien haben nur wenig oder gar keine Ähnlichkeit mit dem, was man hier in Dosen angeboten kriegt. Andere *pasta*-

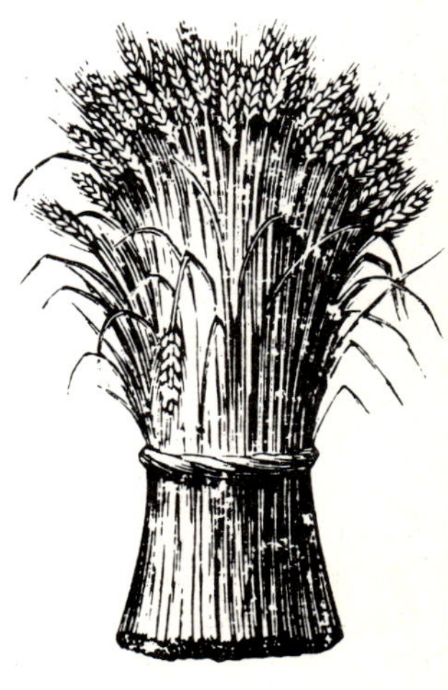

Formen, die wie *ravioli* gefüllt werden, sind *agnolotti, anolini, cappelletti* und *tortellini.* Diese Formen werden meistens mit Butter und Käse, mit einer Sauce oder in klarer Brühe serviert. Selten oder nie bekommt man sie in dicker Tomatensauce.

Rigatoni. Eine Art kurzer, kannelierter *maccharoni,* von der es viele verschiedene Sorten gibt.

Rotelle. Kleine Suppennudeln in Radform.

Spaghetti. Die außerhalb Italiens häufigste Teigwarenform. Der Name geht auf das italienische Wort *spago* für »Strick« zurück. Je nach Region sind *spaghetti* unterschiedlich dick.

Tagliatelle. Die häufigste Form der Bandnudel, in Norditalien beliebter als im Süden. Es gibt einfache *tagliatelle*, Eier-*tagliatelle* und *tagliatelle verde.*

Tortelli/Tortellini. Kleine gefüllt Teigwaren, bei denen kreisrunde Teigstücke um eine Füllung gewikkelt und dann kreisförmig gebogen werden.

Trenette. Schmale Bandnudeln.

Vermicelli. Neapolitanische Bezeichnung für *spaghetti.* Es gibt davon viele verschiedene Arten, manche in Nestform *(a nidi).*

Zita/Zitone. Siehe Mezza Zita

Darüber hinaus gibt es viele kleine Nudelarten, die als Suppeneinlagen verwendet werden wie *risoni, stelline, ditalini, quadretti, tripolini* ind *canestrine.*

Zu den Abbildungen unten und rechts:

1 Tortellini
2 Semini di melo
3 Orecchiette
4 Farfallette
5 Lumache
6 Capelli d'angelo
7 Penne
8 Pappardelle
9 Fedelini
10 Spaghetti
11 Fettuccine
12 Tagliatelle
13 Annellini
14 Conchiglie
15 Cappelletti
16 Ditalini
17 Fusilli
18 Rotelle
19 Fettuccine verde
20 Penne rigate
21 Stelline
22 Farfalle
23 Ravioli
24 Rigatoni
25 Cannelloni
26 Manicotti
27 Maccheroni
28 Mezza zita
29 Zita
30 Lasagne

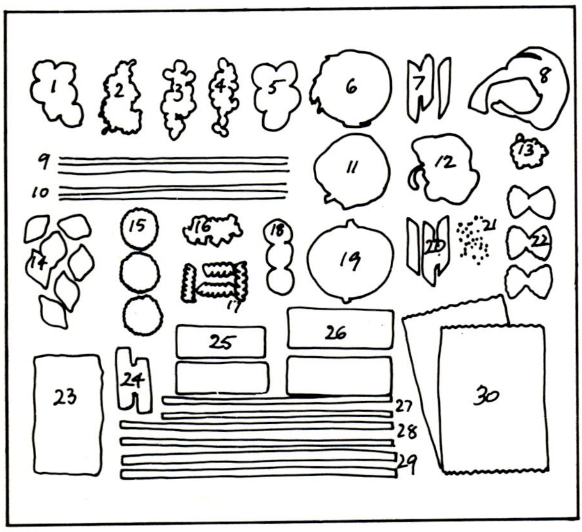

Trenette col pesto alla genovese; Fettuccine all'albese

Piemont & Aostatal

FETTUCCINE ALL'ALBESE

Bandnudeln mit Butter und Parmesan

Für 4–6 Personen
400 g Fettuccine
75 g Parmesan-Käse
60 g Butter
etwas abgeriebene Muskatnuß
Salz und frisch gemahlener schwarzer Pfeffer
1 Trüffel oder einige kleine Champignonköpfe

Die Fettuccine in reichlich Salzwasser kochen *(al dente)*. Auf ein Sieb gießen und gut abtropfen lassen. In eine vorgewärmte Schüssel geben. Geriebenen Parmesan, die geschmolzene Butter, Muskat, Salz und Pfeffer dazugeben und gut durchmischen. Hauchdünne Scheiben der Trüffel oder Champignonköpfe darüber verteilen und sofort servieren. Dazu paßt auch eine kräftige Fleischsauce.

Ligurien

TRENETTE COL PESTO ALLA GENOVESE

Trenette mit Pesto

Für 6 Personen
50 g Basilikumblätter
etwas Meersalz
3 Knoblauchzehen
6 EL Olivenöl
25 g geröstete Pinienkerne
40 g geriebener Pecorino-Käse
600 g Trenette
Salz

Die Basilikumblätter feinhacken und zusammen mit dem Meersalz, den geschälten Knoblauchzehen und der Hälfte des Öls im Mörser zerstoßen. Das restliche Öl, die gehackten Pinienkerne und den Pecorino zugeben und mit der Masse gut verrühren. Die Trenette in reichlich kochendem Salzwasser *al dente* kochen, auf ein Sieb gießen und gut abtropfen lassen. 1 Eßlöffel vom Kochwasser unter die Basilikumsauce rühren. Die Nudeln in eine vorgewärmte Schüssel füllen und mit *pesto* übergießen. Sofort servieren.

RAVIOLI GENOVESE

Für 6 Personen
Für die Füllung:
25 g Butter
3 EL Olivenöl
1 Zwiebel
1 Stange Staudensellerie
1 kleine Karotte
½ Lorbeerblatt
1 Knoblauchzehe
250 g mageres Rindfleisch
Salz und frisch gemahlener schwarzer Pfeffer
3–4 EL Weißwein
1 EL Tomatenmark
75 g geriebener Parmesan-Käse
2 Eier
etwas abgeriebene Muskatnuß
180 g frische Brotkrumen
Für den Teig:
500 g Pasta all'uovo (Rezept Seite 60, ca. die anderthalbfache Menge)
Zum Anrichten:
1 ½ l Fleischbrühe
50 g geriebener Parmesan-Käse

Für die Füllung Butter und Öl in einem großen Topf erhitzen und darin die geschälte und feingehackte Zwiebel glasig werden lassen. Dann die feingehackte Selleriestange und die geschälte und grob geriebene Karotte zugeben, ebenso das Lorbeerblatt und die geschälte Knoblauchzehe. 5 Minuten braten. Das Rindfleisch mit Salz und Pfeffer würzen und in den Topf legen; von allen Seiten schön braun anbraten. Den Wein zugießen und einkochen lassen, dann das Tomatenmark (in etwas warmem Wasser aufgelöst) unterrühren. Das Fleisch zugedeckt bei sehr kleiner Flamme 2 Stunden garen lassen.

Inzwischen den Pastateig zubereiten und 1 Stunde ruhen lassen. Das Fleisch aus dem Topf nehmen und durch den Fleischwolf drehen. Die Fleischmasse in eine Schüssel geben. Aus dem Bratensaft die Knoblauchzehe und das Lorbeerblatt entfernen und die Flüssigkeit zusammen mit dem Parmesan, einem Ei und Muskat unter das gehackte Fleisch rühren. Mit den Brotkrumen die Masse binden.

Die Teigmasse teilen und beide Stücke papierdünn ausrollen. In regelmäßigen Abständen 1 gehäuften Teelöffel Füllung darauf geben (in etwa 5 cm Abstand). Die andere ausgerollte Teighälfte mit dem übrigen Ei bepinseln und locker über die untere Teigplatte mit der Füllung legen. An den Zwischenräumen, also zwischen den einzelnen Füllungen, zusammendrücken und mit dem Teigrädchen um die Füllung herum die Ravioli ausschneiden. Ein Tuch mit Mehl bestäuben und die Ravioli darauflegen.

Die Fleischbrühe zum Kochen bringen. Die Ravioli heineingeben und etwa 5 Minuten ziehen lassen; sie müssen nach oben steigen. Mit einem Schaumlöffel herausheben und in eine vorgewärmte Schüssel füllen. Nun den Parmesan-Käse über die heißen Ravioli streuen und vorsichtig mit Löffeln unterrühren. Sofort servieren.

COLZETTI ALLA POLCEVERASCA

Pasta mit Butter und Majoran

Statt Pinienkernen kann man auch gehackte Walnüsse verwenden.

Für 4 Personen
Für den Teig:
350 g Pasta all'uovo (Rezept Seite 60)
Zum Anrichten:
75 g Butter
1 EL Pinienkerne
1 EL frischer gehackter Majoran
75 g geriebener Parmesan-Käse

Den Teig für die Pasta zubereiten und 1 Stunde ruhen lassen.

Den Teig nochmals gut durchkneten und dann in kleine, walnußgroße Bällchen teilen. Mit den Fingerspitzen, die vorher in Mehl getaucht werden, jedes Bällchen auseinanderdrücken und dann wie eine Acht *(colzetti)* formen.

Die so geformten Teigstückchen dann auf ein bemehltes Tuch legen und 1 Stunde an einem kühlen Platz stehen lassen. Nun in reichlich kochendem gesalzenem Wasser so lange kochen, bis sie an die Oberfläche steigen (ca. 5 Minuten). Mit dem Schaumlöffel aus dem Wasser heben, abtropfen lassen und in eine vorgewärmte Schüssel geben; warm halten.

Die Butter in einem kleinen Topf zerlassen, die gehackten Pinienkerne und den Majoran zugeben und unter Rühren 1 Minute rösten, dann über die Teigformen verteilen. Mit Parmesan-Käse bestreut sofort servieren.

Während des »Pasta-Kriegs« der italienischen Presse in den Dreißigerjahren stritten sich Köche, Restaurantbesitzer und Ärzte über das Thema Pasta. Ein Dichter verstieg sich sogar zu der Meinung, daß Pasta ein altmodisch schweres Nahrungsmittel sei, geeignet Skeptizismus, Trägheit und Melancholie zu erzeugen.

Colzetti alla polceverasca

Lombardei

PIZZOCCHERI

Tagliatelle mit Weißkohl

Für 6 Personen
Für den Teig:
300 g Buchweizenmehl
150 g Mehl
3 Eier
7 EL Milch
Salz
Zum Anrichten:
400 g Kartoffelwürfel
500 g Weißkohl
175 g Butter
2 Knoblauchzehen
2 Salbeistengel
250 g geriebener Bitto- oder Pecorino-Käse
frisch gemahlener schwarzer Pfeffer

Für die Pasta das Buchweizenmehl und das Mehl auf das Backbrett sieben, in der Mitte eine Vertiefung machen. Eier, Milch und wenig lauwarmes Wasser sowie Salz hineingeben und die Zutaten zu einem geschmeidigen Teig verkneten, der 10 Minuten stehen muß.

Den Teig sehr dünn ausrollen und zu Bandnudeln schneiden, die etwa 1 cm breit und 5 cm lang sein sollen.

Die Kartoffelwürfel und den feingehobelten Weißkohl in kochendes Salzwasser geben und 15 Minuten kochen, dann die Tagliatelle zugeben und noch ca. 5 Minuten weiterkochen lassen. Die Nudeln sollen *al dente* sein. Das Ganze auf ein Sieb gießen und abtropfen lassen.

Die Butter in einem kleinen Topf zerlassen, geschälten Knoblauch und die Salbeistengel zugeben und bräunen. Beides wieder herausnehmen. Die Tagliatelle-Mischung in eine vorgewärmte Schüssel geben, die heiße Butter darübergießen. Mit Käse und reichlich Pfeffer bestreuen.

Venetien

PASTA E FASIOI

Bohnensuppe mit Tagliatelle

Für 4 Personen
300 g frische, ausgepalte Limabohnen
½ l Wasser
Salz
7 EL Olivenöl
½ Zwiebel
2 Knoblauchzehen
1 EL gehackte Petersilie
200 g Tagliatelle
frisch gemahlener schwarzer Pfeffer

Bohnen, Wasser, Salz, Öl, die gehackte Zwiebel, die geschälten und zerdrückten Knoblauchzehen sowie Petersilie in einen großen Topf geben und zum Kochen bringen. Bei schwacher Hitze ca. 20 Minuten kochen lassen; die Bohnen müssen weich sein.

Die Hälfte der Bohnen aus der Brühe nehmen, im Mixer pürieren und zurück in die Suppe rühren. Die in Stücke gebrochenen Tagliatelle zugeben und noch weitere 5–10 Minuten kochen. Sehr heiß und mit reichlich schwarzem Pfeffer bestreut servieren.

Lombardei

CASONSEI

Lombardische Ravioli

Für 4 Personen
350 g Pasta all'uovo (Rezept Seite 60)
Für die Füllung:
25 g Butter
1 Knoblauchzehe
1 EL gehackte Petersilie
250 g gehacktes Rindfleisch
25 g frische Weißbrotkrumen
25 g geriebener Parmesan
1 Ei
1 Eigelb
etwas abgeriebene Muskatnuß
Salz und frisch gemahlener schwarzer Pfeffer
Zum Anrichten:
1 ½ l Hühnerbrühe
100 g Butter
100 g geriebener Parmesan

Den Teig für die Pasta zubereiten und 1 Stunde ruhen lassen.

In der Zwischenzeit für die Füllung die Butter in einer schweren Pfanne erhitzen, die geschälte und zerdrückte Knoblauchzehe und die Petersilie darin leicht anbraten. Das Hackfleisch zugeben und unter Rühren langsam braten. Abkühlen lassen und die übrigen Zutaten für die Füllung untermischen.

Den Teig sehr dünn ausrollen und in 15 × 7,5 cm große Rechtecke schneiden. Die Füllung auf die Rechtecke verteilen und jeweils in der Mitte aufhäufen. Die Längsseiten über der Füllung zusammenschlagen und die Seiten zudrücken. Vorsichtig in die Form eines Hufeisens biegen, wobei die übergeschlagene Kante innen sein soll. Die Brühe oder Salzwasser zum Kochen bringen, die *casonsei* hineingeben und etwa 5 Minuten kochen lassen; die *casonsei* müssen an die Oberfläche kommen. Mit einem Schaumlöffel herausheben, abtropfen lassen und in eine vorgewärmte Schüssel füllen. Mit geschmolzener Butter übergießen und mit Parmesan bestreuen.

Rotolo ripieno; Pasta e fasioi

Emilia-Romagna

ROTOLO RIPIENO

Pasta-Roulade

Für 6 Personen
Für die Füllung:
40 g Butter
600 g Kalbsleber
150 g Schweinelende
250 g Salsiccia a metro (frische Schweinewurst)
1 kg frischer Spinat
50 g gehackte Pilze
150 g geriebenen Parmesan-Käse
Salz und frisch gemahlener schwarzer Pfeffer
Für die Pasta:
300 g Mehl
Salz
3 Eier
Zum Anrichten:
25 g geriebener Parmesan
75 g Butter

Für die Füllung die Butter in einer schweren Pfanne erhitzen, die in kleine Stücke geschnittene Leber sowie das kleingeschnittene Schweinefleisch und die Wurstmasse zugeben. Bei schwacher Hitze etwa 8 Minuten braten. In einem anderen Topf den gewaschenen Spinat solange erhitzen, bis er zusammenfällt. Gut abtropfen lassen. Auch die Fleischmasse auf ein Sieb geben und abtropfen lassen, zusammen mit dem gut ausgedrückten Spinat durch den Fleischwolf drehen. Die Pilze und den Käse unterrühren und mit Salz und Pfeffer kräftig abschmecken.

Für die Pasta das Mehl auf ein Backbrett sieben, etwas Salz darüberstreuen und in der Mitte eine Vertiefung machen. Die Eier hineingeben und einen geschmeidigen Teig kneten.

Den Teig mit der Küchenrolle zu einem dünnen Rechteck ausrollen (ca. 3 mm dick). Die Füllung darauf verteilen, wobei an den Rändern überall 3 cm frei bleiben sollen. Die Teigplatte nun von einem Ende aus aufrollen. Die Rolle in ein Nesseltuch einschlagen und die Enden zubinden.

Die Rolle in eine längliche Kasserolle geben und mit leicht gesalzenem kalten Wasser bedecken. Das Wasser zum Kochen bringen und die Rolle darin bei schwacher Hitze 20 Minuten garen. Dann vom Herd nehmen und die Rolle im Wasser abkühlen lassen.

Die Rolle herausnehmen, das Tuch entfernen und nun die Roulade in 2 cm dicke Stücke schneiden. Die Stücke in eine mit Butter ausgestrichene Auflaufform legen, mit Parmesan und Butterflöckchen belegen und unter dem vorgeheizten Grill oder im Backofen 5 Minuten überbacken. Sofort servieren.

Emilia-Romagna

CAPPELLETTI DI MAGRO

Ravioli mit Käsefüllung

Für 4 Personen
Für die Pasta:
400 g Mehl
Salz
4 Eier
Für die Füllung:
250 g Ricotta-Käse
80 g Bel Paese
50 g geriebener Parmesan-Käse
2 Eier
Salz
etwas abgeriebene Muskatnuß
Außerdem:
1 ½ l Fleischbrühe oder Wasser
100 g Butter
75 g geriebener Parmesan-Käse

Für die Pasta das Mehl auf ein Backbrett sieben, Salz zugeben und eine Vertiefung machen. Die Eier hineingeben und einen geschmeidigen Teig kneten. Eine Kugel daraus formen und diese in ein feuchtes Tuch einwickeln. 30 Minuten ruhen lassen.

Inzwischen für die Füllung den Ricotta und Bel Paese in einer Schüssel vermischen und gut durcharbeiten. Parmesan, Eier, etwas Salz und Muskat hineinrühren.

Den Pastateig sehr dünn ausrollen. Mit einem Teigrädchen 4 cm große Quadrate ausschneiden. Auf jedes Teigstück etwas von der Füllung setzen, dann den Teig zu einem Dreieck zusammenklappen. Die Ecken werden etwas hochgebogen.

Die Brühe oder das Wasser zum Kochen bringen, die Ravioli hineingeben und so lange kochen, bis sie an die Oberfläche steigen (ca. 5 Minuten). Mit einem Schaumlöffel herausheben und abtropfen lassen. In einem vorgewärmten Gefäß anrichten. Die zerlassene Butter darübergießen und mit Parmesan-Käse bestreuen.

In der Emilia-Romagna, aber auch in den anderen nördlichen Regionen wird Pasta im allgemeinen hausgemacht. Meistens kommen Eier in den Teig, und das fertige Gericht wird mit einer Sauce oder Füllung serviert. Die Gerichte auf diesen und den folgenden Seiten sind typisch für dieses Gebiet.

So werden Cappelletti di magro und Gnocco fritto zubereitet

Emilia-Romagna

GARGANELLI DI LUGO

Makkaroni mit Fleisch- und Gemüsesauce

Für 4 Personen
Für die Pasta:
400 g Mehl
Salz
4 Eier
25 g geriebener Parmesan
etwas abgeriebene Muskatnuß
Für die Sauce:
25 g Pilze
1 Zwiebel
1 Karotte
1 Stange Staudensellerie
50 g roher Schinken oder Speck
70 g Butter
4 EL Olivenöl
1 Tasse Fleischbrühe
75 g gehacktes Rindfleisch
75 g gehacktes Schweinefleisch
7 EL Rotwein
500 g Tomaten
Salz und frisch gemahlener schwarzer Pfeffer
100 g Erbsen (tiefgefroren)
75 g geriebener Parmesan-Käse

Für die Pasta das Mehl auf ein Backbrett sieben, leicht salzen und in der Mitte eine Vertiefung machen. Eier, Parmesan und Muskat hineingeben; zu einem geschmeidigen Teig verkneten, der 20 Minuten ruhen sollte. Dann den Teig auf dem bemehlten Backbrett nicht zu dünn ausrollen und in Quadrate von 2 cm Seitenlänge schneiden. Jedes Quadrat von Ecke zu Ecke über einen Holzlöffel rollen und Makkaroniähnliche Nudeln daraus formen.

Für die Sauce die geputzten und gewaschenen Pilze, die geschälte Zwiebel, die geputzte Karotte, Selleriestange und Schinken oder Speck durch den Fleischwolf drehen. 50 g Butter in einem schweren Topf erhitzen, die durchgedrehten Zutaten hineinrühren und 10 Minuten braten; nach und nach die Brühe angießen. Nun das gehackte Rind- und Schweinefleisch zufügen und ebenfalls 5 Minuten braten. Den Wein hineinrühren und die Sauce bei schwacher Hitze 15 Minuten ziehen lassen. Die Tomaten enthäuten und zerdrücken, zusammen mit Salz und Pfeffer an die Sauce geben, bei Bedarf auch noch etwas Wasser zufügen. Alles 30 Minuten kochen lassen.

Die restliche Butter in einem Pfännchen erhitzen, die Erbsen für 5 Minuten hineingeben und garen. Zum Schluß auch die Erbsen in die Sauce schütten und alles nochmals 5 Minuten kochen.

Die hausgemachten Nudeln in reichlich kochendes, leicht gesalzenes Wasser geben und *al dente* kochen. Auf ein Sieb gießen und gut abtropfen lassen. In eine vorgewärmte Schüssel füllen und mit der Sauce übergießen. Zum Schluß den Parmesankäse darüberstreuen.

Emilia-Romagna

GNOCCO FRITTO

Fritierte Teigblätter

Für 4 Personen
350 g Mehl
Salz
40 g Schweineschmalz
Pflanzenöl zum Fritieren

Das Mehl auf das Backbrett sieben, leicht salzen und in der Mitte eine Vertiefung machen. Das Schmalz und soviel warmes Wasser zugeben, daß ein geschmeidiger Teig entsteht. So lange kneten, bis er glatt und nicht mehr klebrig ist; bei Bedarf noch etwas Mehl hineinkneten. Den Teig mit der Teigrolle ausrollen; er sollte papierdünn sein. Die Teigplatte in rechteckige Stücke (7,5 x 3 cm) schneiden und diese mit einer Gabel einstechen.

Nacheinander die Rechtecke in dem erhitzten Pflanzenöl goldbraun fritieren. Auf Küchenkrepp abtropfen lassen. Sehr heiß zu verschiedenen Wurstsorten servieren.

Emilia-Romagna

CANNELLONI PIACENTINI

Piacenza-Cannelloni

Für 4 Personen
Für die Pasta:
200 g Mehl
Salz
2 Eier
2 Eigelb
50 g Butter
gut ¼ l Milch
Für die Füllung:
1 kg frischer Spinat
1 EL gehackte Petersilie
150 g Ricotta-Käse
100 g Mascarpone-Käse
75 g geriebener Parmesan-Käse
1 Ei
1 Eigelb
etwas abgeriebene Muskatnuß
Salz
Zum Anrichten:
50 g geriebener Parmesan-Käse
75 g Butter

Für die Pasta Mehl und etwas Salz in eine Schüssel geben, dann die Eier, Eigelb und 1 Eßlöffel zerlassene Butter zufügen und soviel Milch angießen, daß ein halbflüssiger Teig entsteht. Mindestens 10 Minuten gut verrühren.

Etwas Butter in eine kleine Pfanne geben und erhitzen. Soviel Teig hineingießen, daß nach einigem Schwenken der Pfanne der Boden bedeckt ist. Von beiden Seiten goldbraun backen. Nach und nach alle Eierkuchen auf diese Weise backen, jeweils etwas Butter in die Pfanne geben. Die Eierkuchen rechteckig zuschneiden.

Für die Füllung den gewaschenen, gut abgetropften und gehackten Spinat, die Petersilie und den Ricotta-Käse in eine Schüssel füllen und kräftig verrühren. Mascarpone und Parmesan sowie das Ei und Eigelb, Muskatnuß und etwas Salz ebenfalls unterrühren. Auf jeden der goldbraunen Eierkuchen etwas von der Füllung setzen. Die Teigböden darüber zusammenschlagen, so daß die Pasta wie ein Päckchen aussieht. Die Cannelloni in eine flache feuerfeste Form setzen, mit Parmesan bestreuen und mit Butterflöckchen besetzen. Im vorgeheizten Backofen bei 200° ca. 20 Minuten überbacken. Sofort servieren.

Cannelloni piacentini;
Lasagne alla bolognese

In Norditalien werden Cannelloni meistens selbst zubereitet, indem man rechteckige Teigflecken füllt. Im Süden verwendet man lieber fertige Teigwaren.

Toskana

CRESCENTINE

Fritierte Pasta

Für 6 Personen
½ TL Trockenhefe
1 TL Zucker
500 g Mehl
30 g Butter
1 Tasse lauwarme Fleischbrühe
Pflanzenöl zum Fritieren
Salz und frisch gemahlener schwarzer Pfeffer

Hefe und Zucker in etwas warmem Wasser auflösen; für 10 Minuten beiseite stellen. Das Mehl auf ein Backbrett sieben, eine Prise Salz darüberstreuen. Die aufgelöste Hefe, die Butter und soviel Brühe zugeben, daß ein weicher Teig entsteht. Gut durchkneten und auf dem Backbrett ziemlich dick ausrollen.

Die 4 Ecken des Teigstücks nach innen schlagen und erneut ausrollen. Diesen Vorgang noch 5mal wiederholen. Dann den Teig etwa ½ cm dick ausrollen und in kleine Rechtecke schneiden. Das Pflanzenöl erhitzen, nach und nach die Teigstücke darin backen, bis sie goldbraun aufgehen. Auf Küchenkrepp abtropfen lassen. Mit Salz und schwarzem Pfeffer bestreuen und knusprig-heiß servieren.

Emilia-Romagna

LASAGNE ALLA BOLOGNESE

Für 6 Personen
250 g grüne oder einfache Lasagne
Für die Sauce:
1 EL Butter
1 Zwiebel
1 kleine Karotte
1 Stange Staudensellerie
3 Scheiben durchwachsener Speck
350 g gehacktes Rindfleisch
100 g gehackte Hühnerleber
4 EL trockener Weißwein
gut ¼ l Fleischbrühe
1 EL Tomatenpüree
etwas abgeriebene Muskatnuß
Salz und frisch gemahlener schwarzer Pfeffer
Für die Béchamel-Sauce:
40 g Butter
40 g Mehl
½ l warme Milch
4 EL Crème fraîche
etwas abgeriebene Muskatnuß
Salz
50 g geriebener Parmesan-Käse zum Bestreuen

Für die Sauce die Butter in einer großen Pfanne erhitzen. Die geputzten und feingehackten Gemüse und die gehackten Speckscheiben zugeben und etwa 10 Minuten anbraten. Das gehackte Fleisch und die Leber zufügen und ebenfalls anbraten, dann Wein, Brühe und Tomatenmark zugeben und mit Muskat, Salz und Pfeffer würzen. Alles zum Kochen bringen und zugedeckt 1 Stunde garen. Gelegentlich umrühren.

Inzwischen die Lasagne in einem großen Topf in reichlich heißem, gesalzenem Wasser *al dente* kochen, zwischendurch umrühren, damit die Stücke nicht aneinanderkleben. Wenn sie fertig sind, sofort kaltes Wasser zugießen, damit sie nicht weiterkochen. Auf ein Sieb gießen und die Lasagne nebeneinander auf einem Tuch abtrocknen lassen.

Für die Béchamel-Sauce die Butter in einem kleinen Topf erhitzen, das Mehl einrühren und 1 Minute anschwitzen lassen. Die Hitze reduzieren und nach und nach unter Rühren die Milch und die Crème fraîche zugießen, kurz aufkochen und mit Salz und Muskat würzen.

Eine feuerfeste Form mit Butter bestreichen, eine Schicht Lasagne auf den Boden legen, eine Schicht Fleischsauce und eine Schicht Béchamel-Sauce darauf verteilen, darüber wieder eine Schicht Lasagne usw. Die letzte Schicht soll aus Béchamel-Sauce bestehen. Die Lasagne mit Parmesan-Käse bestreuen und im vorgeheizten Backofen (200°) etwa 30 Minuten goldgelb überbacken.

Trüffeln findet man relativ häufig in italienischen Rezepten, und zwar verwendet man schwarze und weiße. Sie wachsen vorwiegend in den nördlichen Regionen Piemont, Emilia-Romagna, Toskana und Umbrien. Weiße Trüffeln gelten als ganz besondere Delikatesse. Die besten findet man im Gebiet von Langhe/Piemont, und zwar im Winter. Schwarze Trüffeln, wie sie zum Beispiel für *Spaghetti alla nursina* vorgeschlagen sind, wachsen in bester Qualität in der Gegend von Norcia/Umbrien, wo sich sogar die Schweine von ihnen ernähren, wenn man sie läßt.

Toskana

PAPPARDELLE CON LA LEPRE

Tagliatelle mit Hasenbraten

Für 4 Personen
1 küchenfertiger Hase
½ l Rotwein
1 Stange Staudensellerie
2 kleine Zwiebeln
1 Lorbeerblatt
einige schwarze Pfefferkörner
75 g Schweinebauch
1 Karotte
4 EL Olivenöl
Salz und frisch gestoßener schwarzer Pfeffer
7 EL Fleischbrühe
400 g Tagliatelle
75 g geriebener Parmesan
50 g Butter

Den Hasen in Portionsstücke teilen und das Fleisch in eine Schüssel legen. Aus Rotwein, dem gehackten Sellerie, einer geschälten und gehackten Zwiebel, Lorbeerblatt und Pfefferkörnern eine Marinade bereiten und über das Fleisch gießen. 3–4 Stunden stehen lassen, die Fleischstücke gelegentlich umwenden.

Das Schweinefleisch zusammen mit der übrigen geschälten Zwiebel und der geschälten Karotte durch den Fleischwolf drehen. Das Öl in einer großen schweren Pfanne erhitzen, die durchgedrehte Masse darin 5 Minuten anbraten. Inzwischen das Fleisch aus der Marinade nehmen und gut abtropfen lassen. Die Stücke zu dem angebratenen Hackfleisch in die Pfanne geben, mit Salz und Pfeffer würzen. Von allen Seiten gut anbräunen, dann die Fleischbrühe und etwas von der Marinade angießen. Zugedeckt garen, bis das Hasenfleisch weich ist (ca. 1½ Stunden). Gelegentlich umrühren und wenn nötig, etwas Marinade zugießen. Die Fleischstücke herausnehmen und auf einer Platte warmhalten. Die Bratflüssigkeit durchpassieren.

Während das Fleisch gart, die Tagliatelle in gesalzenem Wasser *al dente* kochen, gut abtropfen lassen. In eine vorgewärmte Schüssel füllen und etwas Bratensaft darüberträufeln, mit Parmesan bestreuen und geschmolzene Butter darübergießen. Hasenbraten und Tagliatelle sofort mit der Sauce servieren.

Pappardelle con la lepre

Umbrien

SPAGHETTI ALLA NURSINA

Spaghetti mit Trüffeln

Für 4 Personen
6 EL Olivenöl
1 schwarze Trüffel (oder 50 g Morcheln bzw. andere Waldpilze)
1 Knoblauchzehe
2 Anchovis aus der Dose
400 g Spaghetti
Salz

Das Öl in einer schweren Pfanne erhitzen, darin die in dünne Scheiben geschnittene Trüffel (oder andere Pilze) 5 Minuten leicht anbraten. Vom Herd nehmen und die geschälte und feingehackte Knoblauchzehe und die gehackte Anchovis zu den Pilzen geben. Erneut aufs Feuer stellen und 5 Minuten unter ständigem Rühren weiterbraten. Die Pfanne beiseite stellen.

Die Spaghetti in reichlich kochendem Wasser *al dente* kochen, auf ein Sieb gießen, gut abtropfen lassen. Die Nudeln in eine vorgewärmte Schüssel füllen, die gebratenen Pilze darüber verteilen, vorsichtig umrühren und sofort servieren.

Marken

VINCISGRASSI

Lasagne mit Fleischsauce

Für 6 Personen
Für die Sauce:
3–4 EL Olivenöl
50 g Butter
1 Zwiebel
350 g gehacktes Rindfleisch
100 g roher Schinken oder Speck
4 EL Weißwein
4 Tomaten
etwas abgeriebene Muskatnuß
Salz und frisch gemahlener schwarzer Pfeffer
350 g Kalbsbries
Für die Pasta:
400 g Mehl
1 Prise Salz
150 g Grieß
4 Eier
50 g Schweineschmalz
3–4 EL Weißwein
Außerdem:
100 g geriebener Parmesan
75 g Mozzarella-Käse
50 g Butter

Für die Fleischsauce Öl und Butter in einer schweren Pfanne erhitzen, die geschälte und gehackte Zwiebel darin glasig werden lassen. Das Hackfleisch und den feingehackten Schinken zugeben und 10 Minuten bei schwacher Hitze braten. Wein, die geschälten und gewürfelten Tomaten, Muskat, Salz und Pfeffer zugeben, umrühren und bei schwacher Hitze 1 Stunde kochen.

Inzwischen das Kalbsbries in kochendes Wasser geben und 10 Minuten kochen, abtropfen lassen und die äußere Haut abziehen. In kleine Würfel schneiden. Die Briesstückchen in die Fleischsauce geben und noch 5 Minuten mitdünsten.

Für die Pasta das Mehl auf das Backbrett sieben, Salz und Grieß darüberstreuen und in der Mitte eine Vertiefung machen. Eier, Schweineschmalz und Wein zugeben und die Zutaten zu einem geschmeidigen Teig mischen. Eine Kugel formen, diese in ein feuchtes Tuch einschlagen und 30 Minuten stehen lassen.

Den Teig dünn ausrollen, in Lasagne-große Streifen schneiden (ca. 10 cm lang). Die Lasagne in reichlich gesalzenem Wasser in 6–7 Minuten *al dente* kochen. Auf einem Tuch gut abtropfen lassen.

Eine feuerfeste Form mit Butter ausstreichen, auf den Boden eine Schicht Lasagne legen. Darüber eine Schicht Fleischsauce gießen, Parmesan darüberstreuen und einige Scheiben Mozzarella-Käse darauflegen; dann wieder eine Schicht Lasagne darüberbreiten. Solange übereinanderschichten, bis alle Zutaten verbraucht sind. Obenauf soll eine Käseschicht liegen. Die zerlassene Butter darüber verteilen und im vorgeheizten Backofen (200°) etwa 20 Minuten überbacken.

Vincisgrassi

Umbrien

SPAGHETTINI AL RANCETTO

Vermicelli in Tomatensauce

Für 4 Personen
4 EL Olivenöl
1 Zwiebel
150 g durchwachsener Speck
250 g Tomaten
1 EL frischer gehackter Majoran
Salz und frisch gemahlener Pfeffer
400 g Vermicelli
50 g geriebener Pecorino-Käse

Das Öl in einer Pfanne erhitzen, die geschälte und feingehackte Zwiebel und den in kleine Würfel geschnittenen Speck zugeben, 5 Minuten unter Rühren anbraten. Die geschälten und gewürfelten Tomaten unterrühren und 10 Minuten dünsten. Dann mit Majoran, Salz und Pfeffer würzen und warm halten.

Vermicelli in gesalzenem Wasser *al dente* kochen, auf ein Sieb gießen, gut abtropfen lassen und in eine vorgewärmte Schüssel füllen. Die Tomatensauce darübergießen und den Pecorino-Käse über die Sauce streuen. Vorsichtig vermischen und sofort servieren.

Marken

MACCHERONI ALLA PESARESE

Zitone nach Pesaro-Art

Für 4 Personen
200 g Truthahnbrust
2 Hühnerlebern
100 g Schinken
50 g Pilze
100 g Butter
1 kleine Zwiebel
7 EL trockener Weißwein
etwas abgeriebene Muskatnuß
Salz und frisch gemahlener schwarzer Pfeffer
7 EL Sahne
300 g Zitone-Nudeln
75 g geriebener Gruyère-Käse

Truthahnbrust, Hühnerlebern, Schinken und die geputzten und gewaschenen Pilze durch den Fleischwolf drehen. 2 Eßlöffel Butter in einer schweren Pfanne zerlassen, die geschälte und gehackte Zwiebel hineingeben und glasig werden lassen. Die Fleischmasse zugeben und unter Rühren 10 Minuten anbraten. Den Wein angießen und zur Hälfte einkochen lassen, dann mit Muskat, Salz und Pfeffer würzen. Die Masse in eine Schüssel füllen, etwas von der Sahne zugießen und zu einer cremigen Füllung verrühren.

Die Zitone in reichlich gesalzenem Wasser *al dente* kochen, auf ein Sieb gießen, abtropfen lassen und mit der Fleischmasse füllen.

Eine feuerfeste Form mit Butter ausstreichen und die Zitone in zwei Schichten hineinlegen. Jede Schicht mit der restlichen Sahne übergießen und mit Gruyère bestreuen. Im vorgeheizten Backofen (200°) etwa 15 Minuten überbacken. Sehr heiß servieren.

Maccheroni alla pesarese; Spaghetti alla ciociàra; Spaghetti alla carbonara

Latium

SPAGHETTI CACIO E PEPE

Spaghetti mit Pecorino

Für 4 Personen
400 g Spaghetti
Salz
100 g geriebener Pecorino-Käse
frisch gemahlener schwarzer Pfeffer

Die Spaghetti in kochendem, gesalzenem Wasser *al dente* kochen, auf ein Sieb gießen und gut abtropfen lassen. 2–3 Eßlöffel Kochwasser aufheben. Spaghetti in eine vorgewärmte Schüssel füllen, die übrige Flüssigkeit, den Pecorino und reichlich Pfeffer unterrühren. Sofort servieren.

Latium

SPAGHETTI ALL'AMATRICIANA

Spaghetti mit Tomaten- und Schinkensauce

Für 4 Personen
1 EL Olivenöl
100 g magerer Speck
350 g Tomaten
1 eingelegte Pfefferschote
400 g Spaghetti
Salz
50 g geriebener Pecorino- oder Parmesan-Käse

Das Öl in einer Pfanne erhitzen, den in Würfel geschnittenen Speck hineingeben und 5 Minuten ausbraten. Die geschälten und gewürfelten Tomaten und die Pfefferschote zugeben, weitere 10 Minuten kochen, gelegentlich umrühren. Inzwischen die Spaghetti in reichlich gesalzenem Wasser *al dente* kochen, auf ein Sieb gießen und gut abtropfen lassen. Die Pfefferschote aus der Sauce nehmen. Die Spaghetti in eine vorgewärmte Schüssel füllen, die Sauce darauf verteilen und den Käse darüberstreuen.

Latium

SPAGHETTI ALLA CARBONARA

Spaghetti mit Ei und Schinken

Für 4 Personen
25 g Butter
100 g geräucherter Speck
1 Knoblauchzehe
400 g Spaghetti
Salz
3 Eier
frisch gemahlener schwarzer Pfeffer
40 g geriebener Parmesan-Käse
40 g geriebener Pecorino-Käse

Die Butter in einer schweren Pfanne erhitzen, den in kleine Würfel geschnittenen Speck zugeben, ebenso den geschälten Knoblauch, und beides braun braten; den Knoblauch herausnehmen. Die Spaghetti in reichlich gesalzenem Wasser *al dente* kochen, auf ein Sieb gießen und gut ablaufen lassen. Die Spaghetti zu dem ausgebratenen Speck in die Pfanne geben und umrühren. Vom Herd nehmen und die verquirlten Eier, etwas Pfeffer und die Hälfte des geriebenen Käse unterrühren, bis die Eier zu stocken beginnen. Den restlichen Käse unterheben und sofort servieren.

Latium

SPAGHETTI ALLA CIOCIÁRA

Spaghetti mit Oliven

Für 4 Personen
½ Tasse Olivenöl
1 gelbe oder grüne Paprikaschote
3 Tomaten
Salz und frisch gemahlener schwarzer Pfeffer
100 g schwarze Oliven
400 g Spaghetti
75 g geriebener Pecorino-Käse

Das Öl in einer schweren Pfanne erhitzen, die entkernte und in Streifen geschnittene Paprikaschote, die geschälten und gewürfelten Tomaten zugeben und mit Salz und Pfeffer würzen. Zugedeckt 20 Minuten garen lassen, dabei gelegentlich umrühren. Die halbierten und entkernten Oliven zugeben und nochmals 5 Minuten kochen lassen.

Inzwischen die Spaghetti in reichlich Salzwasser *al dente* kochen, auf ein Sieb gießen und gut abtropfen lassen; anschließend unter die Sauce rühren und nochmals erhitzen. In einer vorgewärmten Schüssel anrichten und mit geriebenem Käse bestreuen.

Die Römer lieben Spaghetti ganz besonders. Diese Rezepte aus Latium beweisen, daß es durchaus auch andere interessante Möglichkeiten gibt außer den bekannten *Spaghetti bolognese*.

Calzoni di ricotta alla molisana

Latium

PANZAROTTI ALLA ROMANA

Gebackene Teigtaschen

Für 6 Personen
Für den Teig:
300 g Mehl
Salz
50 g Butter
2 Eigelb
Für die Füllung:
100 g Gruyère-Käse
75 g gekochter Schinken
40 g geriebener Parmesan-Käse
1 Ei
1 EL gehackte Petersilie
Salz und frisch gemahlener schwarzer Pfeffer
Außerdem:
1 Eiweiß
Pflanzenöl zum Fritieren

Für den Teig das Mehl auf ein Backbrett sieben, leicht salzen und in der Mitte eine Vertiefung machen. Die Eier und die Butter in Flöckchen hineingeben und die Zutaten zu einem geschmeidigen Teig verkneten; wenn nötig, etwas lauwarmes Wasser zufügen.

Für die Füllung den in Würfel geschnittenen Gruyère zusammen mit dem in kleine Streifen geschnittenen Schinken, Parmesan, Ei, Petersilie, Salz und Pfeffer in eine Schüssel geben. Gut verrühren.

Den Teig ausrollen; er soll etwa 5 mm dick sein. Kreise von 10–12 cm Durchmesser ausschneiden. Die Füllung auf die Teigkreise verteilen und jeweils in die Mitte setzen. Die Ränder mit Eiweiß bepinseln und die Kreise zu Halbkreisen zusammenklappen. Gut andrücken.

Diese großen Ravioli im erhitzten Pflanzenöl goldbraun fritieren. Auf Küchenkrepp abtropfen lassen und sehr heiß servieren.

Pasta wird am häufigsten gekocht, oder zuerst gekocht und dann überbacken. Eine ausgezeichnete Methode aber ist auch das Fritieren, das man in dieser Form außerhalb Italiens kaum kennt. Es empfiehlt sich vor allem bei gefüllten Teigtaschen, wie *panzarotti*, die am Ende fast wie knusprige Eierkuchen schmecken.

Abruzzen & Molise

FETTUCCINE ABRUZZESI

Bandnudeln mit Kräutern und Speck

Für 4 Personen
3 EL Olivenöl
100 g frischer Speck
1 Zwiebel
1 Tasse Hühnerbrühe
1 EL gehackte Petersilie
4 Basilikumblätter
Salz und frisch gemahlener schwarzer Pfeffer
400 g Fettuccine
75 g geriebener Pecorino-Käse

Das Öl in einer schweren Pfanne erhitzen, den in kleine Würfel geschnittenen Speck darin ausbraten, die geschälte und gehackte Zwiebel zugeben und glasig werden lassen. Die Brühe sowie Petersilie, die gehackten Basilikumblätter, Salz und Pfeffer zufügen. Bei schwacher Hitze und unter gelegentlichem Rühren etwa auf die Hälfte einkochen lassen.

Inzwischen die Fettuccine in reichlich gesalzenem Wasser *al dente* kochen. Auf ein Sieb gießen, gut abtropfen lassen und in einer vorgewärmten Schüssel anrichten. Die Sauce darübergießen und mit dem geriebenen Käse bestreuen. Alles gut durchmischen und sofort servieren.

Abruzzen & Molise

SPAGHETTI AGLIO, OLIO E PEPERONCINO

Spaghetti mit Knoblauch, Öl und Pfefferschote

Für 4 Personen
400 g Spaghetti
Salz
3–4 EL Olivenöl
2 Knoblauchzehen
1 eingelegte Pfefferschote
1 EL gehackte Petersilie

Die Spaghetti in reichlich kochendem und gesalzenem Wasser *al dente* kochen. Inzwischen das Öl in einer schweren Pfanne erhitzen, die geschälten Knoblauchzehen und die in Stücke geschnittene Pfefferschote zugeben; dabei den Knoblauch braun werden lassen.

Die Spaghetti auf ein Sieb schütten, gut abtropfen lassen und auf einer vorgewärmten Platte anrichten. Knoblauch und Pfefferschotenstücke aus dem Fett nehmen und dieses über die Spaghetti gießen. Die Petersilie darüberstreuen und alles vorsichtig durchmischen. Sofort servieren.

Fettuccine abruzzesi; Panzarotti alla romana

Abruzzen & Molise

CALZONI DI RICOTTA ALLA MOLISANA

Teigtaschen mit Ricotta und Provolone

Für 4 Personen
Für den Teig:
400 g Mehl
Salz
100 g Schweineschmalz
2 Eier
Saft einer Zitrone
Für die Füllung:
250 g Ricotta-Käse
100 g Schinken
100 g Provolone-Käse
2 Eigelb
Salz und frisch gemahlener schwarzer Pfeffer
Außerdem:
1 Eiweiß
Pflanzenöl zum Fritieren

Für den Teig das Mehl auf ein Backbrett sieben, etwas Salz zugeben und in der Mitte eine Vertiefung machen; in diese Schmalzstückchen, Eier und Zitronensaft hineingeben und die Zutaten zu einem geschmeidigen Teig verkneten.

Für die Füllung den Ricotta durch ein Sieb in eine Schüssel drücken, den in kleine Würfel geschnittenen Schinken, den gewürfelten Provolone, die Eigelb, Salz und Pfeffer damit gut verrühren.

Den Teig mit der Teigrolle ziemlich dünn ausrollen. 4 Kreise ausschneiden, jeder etwa von 20 cm Durchmesser. Jeweils ein Viertel der Füllung in die Mitte jedes Kreises geben. Diese Kreise außen mit Eiweiß bepinseln, dann zu halbkreisförmigen Taschen zusammenschlagen.

Diese Riesenravioli im heißen Pflanzenöl knusprig braun backen. Auf Küchenkrepp legen und gut abtropfen lassen. Sofort servieren.

Rechte Seite: Spaghetti alle vongole; Spaghetti alla napoletana; Pasta e ceci alla napoletana

Kampanien

PASTA E CECI ALLA NAPOLETANA

Pasta mit Kichererbsen

Für 4 Personen
200 g Kichererbsen
1 l Wasser
7 EL Olivenöl
4 Tomaten
2 Knoblauchzehen
200 g Fettuccine aus Vollweizenmehl oder Spinatnudeln
1 EL gehackte Petersilie
6 gehackte Basilikumblätter
Salz und frisch gemahlener schwarzer Pfeffer

Die Kichererbsen über Nacht in laufwarmem Wasser einweichen. Gut abtropfen lassen und mit dem Wasser zum Kochen bringen; 3 Eßlöffel Öl, die geschälten und gewürfelten Tomaten, eine geschälte und feingehackte Knoblauchzehe zugeben und alles bei mittlerer Hitze 1 Stunde kochen lassen.

Die Fettuccine zugeben und nochmals 15 Minuten kochen, dabei geletentlich umrühren. Petersilie, Basilikum sowie die zweite feingehackte Knoblauchzehe und das restliche Öl einrühren und mit Salz und Pfeffer abschmecken. Sofort servieren.

Kampanien

SPAGHETTI ALLA PUTTANESCA

Spaghetti mit Anchovis und Oliven

Für 4 Personen
7 EL Olivenöl
1 Knoblauchzehe
1 rote Paprikaschote
100 g Anchovis aus der Dose
400 g Tomaten
100 g schwarze Oliven
1 EL Kapern
400 g Spaghetti
Salz

Das Öl in einer schweren Pfanne erhitzen, die geschälte und gehackte Knoblauchzehe und die entkernte und in Streifen geschnittene Paprikaschote darin 6–7 Minuten anbraten, die abgetropften und in kleine Stücke geschnittenen Anchovis unterrühren.

Die geschälten und gewürfelten Tomaten, die halbierten und entkernten Oliven und die Kapern zugeben und 20 Minuten kochen. Gelegentlich umrühren.

Inzwischen die Spaghetti in reichlich kochendem, gesalzenem Wasser *al dente* kochen. Auf ein Sieb gießen, gut abtropfen lassen und in eine vorgewärmte Schüssel füllen. Die sehr heiße Sauce darübergießen und sofort servieren.

Die meisten Teigwarenfabriken gibt es in Neapel. Manche Experten behaupten, das Wasser der Stadt sei besonders geeignet für Pasta. Die Kombination von Hartweizen und Wasser macht den Zusatz von Eiern überflüssig; bei hausgemachten Teigwaren braucht man dagegen Eier als Bindemittel. Viele Hersteller setzen aber trotzdem Eier zu, weil die Verbraucher solche Teigwaren vorziehen.

Kampanien

SPAGHETTI ALLA NAPOLETANA

Spaghetti mit Tomaten-Basilikum-Sauce

Für 4 Personen
7 EL Olivenöl
1 Zwiebel
750 g Tomaten
1 EL gehacktes Basilikum
Salz und frisch gemahlener schwarzer Pfeffer
400 g Spaghetti

Das Öl in einer schweren Pfanne erhitzen, die geschälte und gehackte Zwiebel darin glasig werden lassen. Die geschälten und in Stücke geschnittenen Tomaten, Basilikum, Salz und Pfeffer zufügen. 30 Minuten bei schwacher Hitze kochen lassen.

Inzwischen die Spaghetti in reichlich kochendem und gesalzenen Wasser *al dente* kochen, auf ein Sieb gießen und gut abtropfen lassen. Die Nudeln auf einer heißen Platte anrichten, die Sauce darübergießen und sofort servieren.

Kampanien

SPAGHETTI ALLE VONGOLE

Spaghetti mit Venusmuscheln

Statt Venusmuscheln kann man auch frische Miesmuscheln verwenden.

Für 4 Personen
1 kg frische Venusmuscheln
7 EL Wasser
7 EL Olivenöl
1 Knoblauchzehe
400 g Tomaten
400 g Spaghetti
Salz und frisch gemahlener schwarzer Pfeffer
1 EL gehackte Petersilie

Die Muscheln sauber bürsten, zusammen mit dem Wasser in einen großen Topf geben und solange kochen, bis sich die Schalen öffnen. Dann die Muscheln aus der Schale lösen. Die Kochflüssigkeit durchsieben und beiseite stellen.

Das Öl in einer schweren Pfanne erhitzen, die geschälte und gehackte Knoblauchzehe darin kurz anbraten, anschließend herausnehmen; die geschälten und zerkleinerten Tomaten sowie die aufgehobene Kochflüssigkeit zugeben, umrühren und alles 20 Minuten kochen lassen.

In der Zwischenzeit die Spaghetti in reichlich Salzwasser *al dente* kochen, auf ein Sieb gießen und abtropfen lassen.

Die Muscheln, den gemahlenen Pfeffer und die Petersilie unter die Tomatensauce mischen. Die Sauce auf den Spaghetti anrichten, nochmals leicht pfeffern und sofort servieren.

Pasta col cavolfiore; *Rigatoni alla pastora; Sagne chine*

Apulien & Basilikata

PASTA COL CAVOLFIORE

Pasta mit Blumenkohl

Für 4 Personen
2 l Wasser
Salz
750 g in Röschen zerteilter Blumenkohl
400 g Mezze zite oder ähnliche Nudeln
7 EL Olivenöl
25 g Brotkrumen von altbackenem Weißbrot
frisch gemahlener schwarzer Pfeffer

Das Wasser mit etwas Salz zum Kochen bringen, die gewaschenen Blumenkohlröschen hineingeben und 3 Minuten kochen. Dann die Nudeln zufügen und weitere 12 Minuten kochen, bis sie *al dente* sind.

Blumenkohl und Pasta auf ein Sieb schütten, abtropfen lassen, auf einer vorgewärmten Platte anrichten und heiß halten.

Das Öl in einer Pfanne erhitzen, die Brotkrumen darin bei starker Hitze schön braun rösten, dann über Blumenkohl und Nudeln verteilen. Das Ganze mit Pfeffer würzen und durchmischen. Sofort servieren.

Kalabrien

RIGATONI ALLA PASTORA

Rigatoni mit Wurst und Käse

Für 4 Personen
250 g Salsiccia a metro (frische Schweinewurst)
½ l Wasser
250 g Ricotta-Käse
Salz und frisch gemahlener schwarzer Pfeffer
400 g Rigatoni
75 g geriebener Pecorino-Käse

Die Wurst enthäuten und die Masse in kleine Stücke schneiden; zusammen mit dem Wasser zugedeckt solange kochen, bis die Wurst gar ist und das Fett nach oben steigt. Das Fett abschöpfen und beiseite stellen. Die Wurst auf einem Sieb abtropfen lassen.

Den Ricotta in eine Schüssel geben und schön cremig rühren, das Wurstfett zugeben, mit Salz und reichlich Pfeffer würzen. Alle Zutaten gut verrühren.

Die Rigatoni in reichlich Salzwasser *al dente* kochen, auf ein Sieb gießen und ablaufen lassen.

Zum Schluß die Rigatoni, die Wurst und den geriebenen Pecoriono unter die Ricotta-Creme mischen und das Gericht sofort servieren.

Kalabrien

SAGNE CHINE

Überbackene Lasagne

Für 4 Personen
Für die Pasta:
400 g Mehl (aus Durum-Weizen)
½ TL Salz
Für die Füllung:
4 Artischockenherzen
Salz
100 g Pilze
250 g gehacktes Schweinefleisch
1 Eigelb
frisch gemahlener Pfeffer
etwas Mehl
25 g Schmalz oder Butter
1 Zwiebel
150 g ausgepalte Erbsen
1 Lorbeerblatt
4 hartgekochte Eier
150 g Mozzarella-Käse
75 g geriebener Pecorino-Käse
4 EL Hühnerbrühe

Für den Teig das Mehl auf ein Backbrett sieben, das Salz und soviel lauwarmes Wasser zugeben, daß ein ziemlich fester Teig entsteht. Den Teig durchkneten, dünn ausrollen und in Quadrate von 9 cm Seitenlänge schneiden.

Für die Füllung die Artischocken 15 Minuten in Salzwasser kochen, abtropfen lassen und in dünne Scheiben schneiden. Die geputzten Pilze 5 Minuten blanchieren und in Stücke schneiden. Hackfleisch zusammen mit Eigelb, Salz und Pfeffer gut verrühren. Die Masse zu walnußgroßen Bällchen formen, die kurz in Mehl gewälzt werden.

Das Schmalz oder die Butter erhitzen, die Fleischbällchen darin 15 Minuten braten; dabei die Pfanne hin und wieder schütteln. Die Bällchen auf Küchenkrepp abtropfen lassen. Die geschälte und gehackte Zwiebel in dem Bratfett glasig braten, die Erbsen zugeben und 5 Minuten garen. Anschließend auch die Artischockenscheiben, die Pilzstücke, das Lorbeerblatt und ein paar Eßlöffel Wasser zugeben und das Ganze weitere 10 Minuten unter Umrühren ziehen lassen.

Die verschiedenen Zutaten schichtweise in eine ausgebutterte feuerfeste Form füllen, dabei abwechselnd Pasta, hartgekochte Eischeiben, Mozzarella-Scheiben, Fleischbällchen und gedünstetes Gemüse hineinschichten. Auf jede Schicht etwas Pecorino streuen.

Die Hühnerbrühe über die letzte Schicht träufeln und das üppige Gericht für 15 Minuten in den vorgeheizten Backofen (200°) stellen. Heiß servieren.

Pasta col broccolo; Rigatoni al forno; Pasta 'ncaciata

Kalabrien

RIGATONI AL FORNO

Überbackene Rigatoni

Für 4 Personen
1 dicke Scheibe altbackenes Weißbrot
150 g gehacktes Rindfleisch
75 g geriebener Pecorino-Käse
1 Ei
1 EL gehackte Petersilie
1 Knoblauchzehe
Salz und frisch gemahlener schwarzer Pfeffer
4 EL Olivenöl
150 g Soppressata (Preßwurst, Schwartenmagen)
2 Glas Rotwein
400 g Tomaten
300 g Rigatoni
3 hartgekochte Eier
100 g Provola-Käse

Das Brot in lauwarmem Wasser einweichen und gut ausdrücken. Das gehackte Rindfleisch, ein Drittel des Pecorino, das Ei, Petersilie, die geschälte und gehackte Knoblauchzehe, Salz und Pfeffer in einer Schüssel vermischen. Die Masse zu walnußgroßen Bällchen formen.

Das Öl in einer Pfanne erhitzen, die in Würfel geschnittene Soppressata und die Fleischbällchen hineingeben und 10 Minuten braten. Den Wein angießen und gänzlich einkochen lassen, dann die geschälten und in Stücke geschnittenen Tomaten unterrühren, mit Salz und Pfeffer abschmecken. Alles bei schwacher Hitze 40 Minuten kochen lassen.

Inzwischen die Rigatoni in reichlich Salzwasser *al dente* kochen, auf ein Sieb gießen und gut abtropfen lassen.

Etwas von der Sauce auf den Boden einer feuerfesten Form gießen, darüber eine Lage Rigatoni schichten, etwas geriebenen Pecorino darüberstreuen. Als nächstes kommt eine Lage in Scheiben geschnittener gekochter Eier, dann eine Schicht Provola-Scheiben. In gleicher Reihenfolge alle Zutaten übereinanderschichten; die letzte Schicht besteht aus Sauce und darübergestreutem Pecorino. Den Auflauf im vorgeheizten Backofen (200°) etwa 15 Minuten überbacken. Heiß servieren.

Die Küche der italienischen Inseln entspricht in etwa der süditalienischen. Pasta ist dort ein häufiges Gericht, doch haben sowohl Sizilianer als auch die Sarden ihre speziellen Rezepte für Teigwaren.

Sizilien

PASTA COL BROCCOLO

Makkaroni mit Broccoli

Für 4 Personen
350 g Broccoli
Salz
4 EL Olivenöl
1 Zwiebel
500 g Tomaten
frisch gemahlener schwarzer Pfeffer
1 Knoblauchzehe
6 Anchovis aus der Dose
etwas Milch
40 g Rosinen
40 g Pinienkerne
350 g Makkaroni
4 Basilikumblätter
75 g geriebener Pecorino-Käse

Die gewaschenen Broccoli-Röschen in gesalzenem Wasser 15 Minuten kochen. Anschließend abtropfen lassen. Die Hälfte des Öls erhitzen, die geschälte und gehackte Zwiebel darin glasig werden lassen. Die geschälten und zerdrückten Tomaten zufügen, mit Salz und Pfeffer würzen und 30 Minuten bei schwacher Hitze kochen lassen.

Die Knoblauchzehe schälen und zerdrücken, die Anchovis abtropfen lassen und kurz in Milch legen, die Rosinen in lauwarmem Wasser einweichen. Das restliche Öl in einer zweiten Pfanne erhitzen, den gehackten Knoblauch hineingeben und hellbraun braten; die Anchovis hineinrühren und solange garen, bis sie zerfallen. Zusammen mit den abgetropften Rosinen, dem Broccoli und den Pinienkernen zu der Tomatensauce geben, die nun nochmals 5 Minuten kochen muß. Dabei gelegentlich umrühren.

Inzwischen die Macaroni in gesalzenem Wasser *al dente* kochen, auf ein Sieb schütten, gut abtropfen lassen und in einer vorgewärmten Schüssel anrichten. Die Sauce darübergießen, mit gehackten Basilikumblättchen und geriebenem Pecorino bestreuen. Sofort servieren.

Sizilien

PASTA 'NCACIATA

Tagliatelle mit Fleischsauce

Für 6 Personen
7 EL Olivenöl
1 Zwiebel
1 Karotte
1 Stange Staudensellerie
1 Knoblauchzehe
750 g Tomaten
250 g gehacktes Kalbfleisch
100 g Hühnerleber
Salz und frisch gemahlener schwarzer Pfeffer
500 g Tagliatelle (in Stücke gebrochen)
2 hartgekochte Eier
etwas Butter
100 g Mozzarella-Käse
25 g geriebener Pecorino-Käse

Das Öl in einer schweren Pfanne erhitzen, die geschälte und gehackte Zwiebel, die geschabte und in Scheiben geschnittene Karotte, die kleingeschnittene Selleriestange und den geschälten und in dünne Scheiben geschnittenen Knoblauch darin 6–7 Minuten lang braten. Die geschälten und in kleine Stücke geschnittenen Tomaten, das Kalbfleisch und die kleingehackte Leber zufügen, alles mit Salz und Pfeffer würzen und zugedeckt 30 Minuten kochen lassen, gelegentlich umrühren.

Die Tagliatelle in gesalzenem Wasser *al dente* kochen, auf einem Sieb gut abtropfen lassen. Eine Schicht Nudeln auf den Boden einer ausgebutterten Form legen, darüber eine Schicht der Fleisch-Tomaten-Sauce verteilen, darüber eine Lage Eierscheiben und den in Streifen geschnittenen Mozarella. In der gleichen Reihenfolge weitere Schichten übereinanderlegen, bis alle Zutaten verbraucht sind. Zum Schluß den geriebenen Pecorino darüberstreuen und im vorgeheizten Backofen (180°) etwa 20 Minuten überbakken. Der Käse soll schön goldbraun sein. Sofort servieren.

Sizilien

VERMICELLI ALLA SIRACUSANA

Vermicelli Syrakus

Für 4 Personen
1 grüne Paprikaschote
7 EL Olivenöl
2 Knoblauchzehen
1 Aubergine
400 g Tomaten
1 EL Kapern
8 schwarze Oliven
1 EL gehacktes Basilikum
4 Anchovis aus der Dose (in Milch eingelegt)
frisch gemahlener schwarzer Pfeffer
400 g Vermicelli
Salz
75 g geriebener Pecorino-Käse

Die Paprikaschote unter den Grill oder in den heißen Backofen legen und braun werden lassen; dann die Haut abziehen, die Schote entkernen und in Streifen schneiden.

Das Öl in einer schweren Pfanne erhitzen, die geschälten Knoblauchzehen hineingeben und braun werden lassen, die Zehen wieder entfernen. Die in Stücke geschnittene Aubergine, die geschälten und zerdrückten Tomaten in das Fett geben und 10 Minuten mitgaren; Paprikastreifen, Kapern, halbierte und entkernte Oliven, Basilikum, Anchovis und schwarzen Pfeffer zufügen und weitere 10 Minuten unter Rühren dünsten lassen. Inzwischen die Vermicelli in gesalzenem Wasser *al dente* kochen, auf ein Sieb gießen, gut abtropfen lassen und auf eine vorgewärmte Platte füllen. Mit der Sauce übergießen und mit geriebenem Pecorino bestreut servieren.

Vermicelli alla siracusana: Culingiones; Maccheroni ai pomodoro

Sardinien

MACCHERONI AL POMODORO

Makkaroni in Tomatensauce

Für 4 Personen
Für die Pasta:
400 g Mehl
Salz
4 Eier
1 EL Olivenöl
Für die Tomatensauce:
7 EL Olivenöl
2 Knoblauchzehen
750 g Tomaten
frisch gemahlener schwarzer Pfeffer
1 EL gehackte Petersilie zum Garnieren

Für die Pasta das Mehl auf ein Backbrett sieben, Salz zugeben und eine Vertiefung machen; die Eier und das Öl hineingeben und die Zutaten zu einem geschmeidigen Teig verkneten.

Den Teig dünn wie Papier ausrollen. Die Teigplatte mehrfach doppelt schlagen und in ziemlich lange Scheiben schneiden. Diese Scheiben in etwa 6–7 cm lange Streifen schneiden. Jeden Streifen um eine dicke Stricknadel wickeln, um eine zylindrische Form zu bekommen. Die Makkaroni auf einem bemehlten Tuch nebeneinanderlegen und 1 Stunde trocknen lassen.

Inzwischen die Sauce zubereiten; das Öl erhitzen, die geschälten und gehackten Knoblauchzehen zugeben und 5 Minuten im heißen Fett braten. Die geschälten und zerdrückten Tomaten sowie Salz und Pfeffer hineinrühren. Das Ganze zum Kochen bringen und bei schwacher Hitze 30 Minuten ziehen lassen.

Inzwischen die Makkaroni in gesalzenem Wasser *al dente* kochen, auf einem Sieb abtropfen lassen und auf einer vorgewärmten Platte anrichten. Die Sauce darübergießen und mit Petersilie bestreut sofort servieren.

Sardinien

CULINGIONES

Ravioli mit Fleischsauce

Für 4 Personen
Für den Teig:
450 g Pasta all'uovo (Rezept Seite 60; die anderthalbfache Menge)
Für die Füllung:
300 g geriebener Pecorino-Käse
400 g blanchierter, gut abgetropfter Spinat
2 Eier
etwas Safran
Salz und frisch gemahlener schwarzer Pfeffer
Für die Fleischsauce:
3 EL Olivenöl
1 Zwiebel
100 g fetter Speck
250 g gehacktes Kalbfleisch
1 EL gehackte Petersilie
6 gehackte Basilikumblätter
600 g Tomaten
75 g geriebener Pecorino zum Bestreuen

Den Teig für die Pasta nach Rezept zubereiten und etwa eine Stunde stehen lassen.

Inzwischen für die Füllung Pecorino, den vorher gehackten Spinat, die Hälfte des Eis und den Safran in eine Schüssel geben, mit Salz und Pfeffer würzen und die Zutaten gut vermischen. Den Pasta-Teig sehr dünn ausrollen. Auf die eine Hälfte der Teigplatte in etwa 5 cm Abstand voneinander jeweils einen Teelöffel Füllung geben. Die andere Teighälfte mit dem restlichen Ei einpinseln und locker auf den Teig mit der Füllung legen. Zwischen den einzelnen Füllungen zusammendrücken. Mit einem Teigroller um jede Füllung ein Viereck ausrollen. Diese Ravioli nebeneinander auf ein bemehltes Tuch legen und eine Stunde trocknen lassen.

Inzwischen für die Fleischsauce das Öl in einer schweren Pfanne erhitzen, die geschälte und gehackte Zwiebel und den in Würfel geschnittenen Speck etwa 5 Minuten anbraten. Das gehackte Kalbfleisch, Petersilie und Basilikum zugeben und 10 Minuten anschmoren. Die geschälten und zerkleinerten Tomaten zugeben, mit Salz und Pfeffer würzen und alles etwa 1 Stunde kochen lassen; wenn nötig etwas Wasser angießen, damit die Sauce nicht zu dick wird.

Die Ravioli in gesalzenem Wasser so lange kochen, bis sie an die Oberfläche steigen (ca. 5 Minuten). Dann mit einem Schaumlöffel aus dem Wasser heben und auf eine vorgewärmte Platte füllen. Die Fleischsauce darüber verteilen, das Ganze mit Pecoriono bestreuen und sofort servieren.

Reis, Polenta & Gnocchi

Die Reisfelder in der Po-Ebene gleichen denen Ostasiens, denn die Italiener benutzen das Wasser des Flusses zur Bewässerung der Felder auf dieselbe Weise wie die Chinesen. Vercelli in Piemont ist somit die Reiskammer Italiens. Der Reis aus Piemont ist von sehr guter Qualität. Natürlich sind die Bewohner Norditaliens größere Reisesser als die Süditaliener, die sich lieber an Teigwaren halten.

Reis wird in Italien nicht als Beilage gegessen, sondern als eigenes Gericht *(primo piatto)*. Eine Ausnahme ist das berühmte safranfarbige *Risotto alla milanese* (Rezept Seite 88), das die traditionelle Beilage zu *Ossibuchi alla milanese* (Rezept Seite 128) bildet.

Ein *risotto* sollte von cremiger Konsistenz sein, obwohl die einzelnen Körner nicht zusammenkleben dürfen und *al dente* gekocht werden. Ein solches Ergebnis erzielt man nur, wenn man den Reis langsam kocht und während des Kochens immer wieder etwas Flüssigkeit nachgießt, aber nie zuviel auf einmal. Zwischendurch sollte man öfters umrühren, damit die Körner nicht zusammenkleben. Im Unterschied zu den Reisgerichten anderer Länder wird *risotto* in Italien immer mit Rundkornreis gemacht, der viel Flüssigkeit aufnimmt. Langkorn-, Patna- oder Milchreis sind nicht geeignet. Die besten italienischen Reissorten sind *aborio, superfino* oder *avorio*; man bekommt sie nur italienischen Spazialgeschäften. *Avorio* eignet sich ausgezeichnet für den Anfänger, denn er ist schon bearbeitet und bleibt beim Kochen fest und locker.

Es gehört aber noch mehr zu *risotto* als der Reis, denn abgesehen von einer guten hausgemachten Fleischbrühe braucht man auch noch andere Zutaten wie Gemüse, Geflügelleber, Fleisch und Parmesan-Käse. Er kann dann fast eine Mahlzeit für sich sein. Sogar die Reste vom *risotto* kann man noch zu einem vollständigen Gericht verarbeiten, z. B. in Form eines Reis-»Kuchens«, der gestürzt und in Portionen geschnitten wird; man kann auch Kroketten *(suppli)* oder eine Art Frikadellen *(arancini)* daraus machen.

Reis, den man nur kochen will, bekommt man in jedem Lebensmittelgeschäft; nach italienischen Sorten muß man schon in Delikatessengeschäften Ausschau halten.

Polenta ist ein anderes, besonders in Norditalien verbreitetes Nahrungsmittel; in den Regionen südlich von Rom findet man es kaum auf den Speisezetteln. Nach dem Grundrezept wird *polenta* aus Maismehl und gesalzenem Wasser hergestellt. Maismehl wird in Italien unter dem Namen *granturco* verkauft und ist in Spezialgeschäften, gelegentlich auch in Reformhäusern zu bekommen. Es gibt grobe, mittelgrobe und feine Sorten; je gröber das Maismehl ist, desto gelber sieht es auch aus. Welche Art von Maismehl man auch nimmt, *polenta* wird immer in einer speziellen Kupferpfanne zubereitet, die *paiolo* heißt. Die Zubereitungsart ist immer dieselbe – das Mehl wird langsam ins heiße Wasser gerührt; während des Garens muß die Mischung ständig mit einem Holzlöffel bearbeitet werden, damit es keine Klumpen gibt.

Die einfache gekochte *polenta* schmeckt relativ neutral, so daß man sie mit scharf gewürzten Saucen oder überbacken mit Käse servieren kann. Einige der besten *polenta*-Gerichte werden eigentlich zweimal gekocht oder gebraten. Man läßt nämlich die fertig gerührte *polenta* abkühlen und bäckt oder brät sie dann noch einmal, bevor man sie mit Sauce aufträgt.

Gnocchi sind eigentlich auch schon ein Gericht für sich *(primo piatto)*. Das sind kleine Klöße oder Knödel aus Kartoffel- oder Mehlteig, manchmal aus beiden gemischt. Man kann sie aber auch mit Fleisch, Käse oder Spinat *(gnocchi verde)* anreichern. *Gnocchi* gibt es in verschiedenen Formen, von kleinen oder größeren Kugeln bis zu länglichen Rollen oder »Nokkerln«. Manche werden aus dem Teig ausgestochen und dann schichtweise im Ofen überbacken.

Eine Form der *gnocchi*, die sogenannten *Canederli* (Rezept Seite 89) kommt aus der Region Trentino-Alto Adige. Dabei handelt es sich um die Tiroler Knödel, ein österreichisches Erbteil. Sie werden aus Weißbrot gemacht.

Gnocchi werden meist mit einer Sauce serviert; das kann eine Tomatensauce oder einfach eine Mischung aus heißer Butter und geriebenem Käse sein. In den nördlichen Regionen gibt es auch kleine *gnocchi*, die als Suppeneinlage oder zur Anreicherung von allerlei Eintöpfen dienen.

Ligurien

FARINATA

Kichererbsenkuchen

Für 6 Personen
1 ½ l Wasser
450 g Kichererbsenmehl
Salz
6–8 EL Olivenöl
frisch gemahlener schwarzer Pfeffer

Das Wasser in eine große schwere Pfanne gießen, ganz langsam das Mehl hineinstreuen und umrühren. Nach Geschmack salzen. Bei schwacher Hitze 1 Stunde kochen lassen, dabei häufig umrühren und mit einem Schaumlöffel die Oberfläche abschöpfen; die Masse sollte am Ende weich und dicklich sein.

Die Mischung in eine geölte Auflaufform oder Backform streichen, etwas Öl darüberträufeln und im vorgeheizten Ofen bei 200° ca. 30 Minuten backen; die Oberfläche soll goldbraun sein. Mit Pfeffer bestreuen und sofort servieren.

Piemont & Aostatal

POLENTA CÔNCIA

Polenta mit Fontina

Für 4–5 Personen
2 l Wasser
300 g Maismehl
Salz und frisch gemahlener schwarzer Pfeffer
250 g Fontina-Käse
50 g geriebener Parmesan-Käse
150 g Butter

Das Wasser in einem großen Topf zum Kochen bringen und langsam das Mehl einrühren. Mit Salz und Pfeffer würzen und gut umrühren. Den in Würfel geschnittenen Fontina zugeben und alles unter häufigem Rühren etwa 45 Minuten kochen lassen.

Die Polenta in eine flache Schüssel füllen, mit Parmesan bestreuen und leicht pfeffern. Die geschmolzene Butter darübergießen und sofort auftragen.

Piemont & Aostatal

RISO ALLA NOVARESE

Reis Novara-Art

Für 4 Personen
50 g Butter
300 g brauner oder weißer Reis
gut ¾ l Wasser
Salz
4 Anchovis aus der Dose
1 Knoblauchzehe
1 EL gehackte Petersilie
Saft einer Zitrone
7 EL Olivenöl
1 Trüffel oder ein paar winzige Champignonköpfe

Die Butter in einem feuerfesten Topf erhitzen, den Reis zufügen und bei schwacher Hitze 2–3 Minuten unter Rühren anbraten. Das Wasser angießen, leicht salzen und zum Kochen bringen. Den Topf zugedeckt in den vorgeheizten Ofen (180°) stellen und den Reis 20 Minuten garen, ohne umzurühren; der Reis soll dabei die Flüssigkeit aufnehmen.

Inzwischen die gehackten Anchovis, den geschälten und gehackten Knoblauch und die Petersilie in einem Mörser zerstoßen. Den Zitronensaft und nach und nach das Öl zufügen und alles gut verrühren. Diese Sauce vorsichtig in den Reis einrühren. Dünne Trüffelscheiben oder andere Pilzscheiben auf dem Reis verteilen und sofort servieren.

Farinata; Riso alla novarese

Lombardei

RISOTTO ALLA MILANESE

Die traditonelle Beilage zu Ossibuchi alla milanese (Rezept Seite 128).

Für 4–6 Personen
150 g Butter
½ Zwiebel
Salz und frisch gemahlener schwarzer Pfeffer
7 EL trockener Weißwein
1 l heiße Fleischbrühe
400 g Reis
¼ TL Safranpulver
100 g geriebener Parmesan-Käse
4 EL Sahne

75 g Butter in einer großen schweren Pfanne erhitzen, darin die geschälte und feingehackte Zwiebel glasig werden lassen; Salz, Pfeffer, Wein und etwa 7 Eßlöffel Fleischbrühe zugeben. Auf die Hälfte einkochen lassen. Den Reis zugeben und unter ständigem Rühren 5 Minuten kochen lassen, mit Safran und nach Geschmack mit Salz und Pfeffer würzen. Weitere 20 Minuten ziehen lassen, dabei unter Rühren die restliche Fleischbrühe zufügen. So lange garen, bis der Reis körnigweich ist und die Flüssigkeit aufgenommen hat.

Den Topf vom Herd nehmen, die restliche Butter in den Reis rühren, den Parmesan und die Sahne untermischen und den Risotto vor dem Servieren noch 1 Minute ziehen lassen.

Lombardei

RISOTTO ALLA VALTELLINESE

Für 4–6 Personen
200 g dicke Bohnen (frisch oder tiefgefroren)
1 mittelgroßer Weißkohl
300 g Reis
Salz
75 g Butter
einige Salbeiblätter
50 g geriebener Parmesan-Käse
frisch gemahlener schwarzer Pfeffer

Die Bohnen, wenn frisch verwendet werden, 2–3 Minuten blanchieren und abtropfen lassen. Den Weißkohl feinschneiden und zusammen mit dem Reis und etwas Salz unter Zusatz von reichlich Wasser 10 Minuten kochen. Die Bohnen zufügen und weitere 10 Minuten kochen.

Reis und Gemüse auf ein Sieb schütten und abtropfen lassen, anschließend auf einer vorgewärmten Platte anrichten. Die Butter in einem Pfännchen erhitzen, den gehackten Salbei zugeben und beides über Reis und Gemüse gießen. Den Parmesan darüberstreuen, kräftig mit Pfeffer würzen, dann das Ganze gut vermischen und sofort servieren.

Strangolapreti **bedeutet wörtlich »erwürgte Priester«. Der Name dieser kleinen Spinatklößchen hat schon für allerlei Verwirrung und Rätselraten gesorgt. Die einen meinen, daß Priester von der Mächtigkeit und Schwere dieser Klöße geradezu erschlagen oder erwürgt worden seien; andere erzählen die Geschichte, nach der die Priester so begeistert vom Geschmack dieser Knödel waren, daß sie sich daran zu Tode aßen.**

Ligurien

RISOTTO ARROSTO

Risotto überbacken

Für 4–6 Personen
100 g Butter
½ Zwiebel
250 g Salsiccia a metro (frische Schweinewurst)
150 g frische ausgepalte Erbsen
1 Artischockenherz
25 g Pilze
2 Tassen Fleischbrühe
Salz und frisch gemahlener schwarzer Pfeffer
400 g Reis
1 l Wasser
75 g geriebener Parmesan-Käse

Die Hälfte der Butter in einem feuerfesten Topf erhitzen, die geschälte und gehackte Zwiebel zufügen und im heißen Fett glasig werden lassen. Die enthäutete, in Stücke geschnittene Wurst zugeben und 3 Minuten anbraten, dann Erbsen, gehacktes Artischockenherz, die gehackten Pilze, Fleischbrühe sowie Salz und Pfeffer zufügen und das Ganze 20 Minuten kochen.

Inzwischen in einem anderen Topf Reis und Wasser mit etwas Salz 5 Minuten kochen. Den Reis auf ein Sieb schütten und abtropfen lassen, dann zum Gemüse geben, ebenso den Parmesan und die restliche Butter.

Die Mischung ca. 20 Minuten im vorgeheizten Backofen (200°) überbacken, bis die Oberfläche schön goldbraun ist. Sofort servieren.

Südtirol – Trentino

STRANGOLAPRETI

Spinatklößchen

Für 4–6 Personen
250 g altbackenes Weißbrot
gut ⅛ l kochendes Wasser
250 g frisch blanchierter Spinat
3 Eier
150 g Mehl
etwas abgeriebene Muskatnuß
Salz und frisch gemahlener schwarzer Pfeffer
Zum Anrichten:
50 g Butter
einige Salbeiblätter
75 g geriebener Parmesan

Das Brot in Würfel schneiden und mit dem kochenden Wasser begießen. Einen Teller oder Deckel darauflegen, beschweren und über Nacht stehen lassen.

Am nächsten Tag das Brot so gut wie möglich ausdrücken und mit dem gehackten Spinat, den Eiern, und dem Mehl mischen und die Masse mit Muskat, Salz und Pfeffer würzen.

In einem großen Topf Wasser zum Kochen bringen, von der Masse löffelweise Klößchen abstechen, diese ins heiße Wasser einlegen und so lange ziehen lassen, bis sie an die Oberfläche steigen.

In einem Pfännchen die Butter erhitzen, die gehackten Salbeiblättchen zugeben. Die fertigen Klößchen mit einem Schaumlöffel aus dem Wasser nehmen, in einer vorgewärmten Schüssel anrichten, mit der heißen Salbeibutter übergießen und mit Parmesan bestreut servieren.

Südtirol – Trentino

CANEDERLI

Knödel mit Speck und Salami

Für 4–6 Personen
350 g altbackenes Weißbrot
gut ⅛ l lauwarme Milch
2 EL Olivenöl
100 g geräucherter Speck
50 g Salami
50 g Mehl
1 EL gehackte Petersilie
1 Ei
1 Eigelb
Salz
1½ l Fleischbrühe
Tomatensauce (Rezept Seite 84)

Das Brot in Würfel schneiden und in eine Schüssel geben, die Milch darübergießen und das Brot darin etwa 1½ Stunden einweichen.

Das Öl in einer kleinen Pfanne erhitzen, den in kleine Würfel geschnittenen Speck und die kleingeschnittene Salami darin 5 Minuten anbraten. Beides mit einem Schaumlöffel aus dem Fett nehmen und in eine Schüssel füllen. Dann das gut ausgedrückte Brot, das Mehl, Petersilie, Ei und Eigelb dazugeben, die Mischung gut verrühren und mit Salz abschmecken. Aus dem Teig kleine, walnußgroße Bällchen formen.

Die Fleischbrühe zum Kochen bringen, die Knödel nach und nach hineinlegen und so lange garen, bis sie an die Oberfläche steigen. Mit einem Schaumlöffel aus der Brühe heben und in einer vorgewärmten Schüssel anrichten. Mit Tomatensauce servieren.

Canederli; Risotto alla valtellinese; Strangolapreti

Canederli sind wohl Tiroler oder gar bayerischen Ursprungs, wie übrigens viele Gerichte der norditalienischen Küche. Diese Art Gnocchi wird aus Brot und nicht aus Kartoffeln oder Mehl gemacht. _Canederli_ wird man außerhalb Südtirols kaum irgendwo auf der Speisekarte finden.

Friaul-Julisch-Venetien

GNOCCHI DELLA CARNIA

Kartoffelknödel mit Parmesan

Für 6 Personen
1 kg Kartoffeln
Salz
250 g Mehl
125 g geriebener Parmesan-Käse
2 Eier
75 g Zucker
etwas abgeriebene Muskatnuß
50 g Butter
1 Prise Zimt

Die gewaschenen Kartoffeln in Salzwasser weich kochen, dann schälen und zerdrücken. Das Mehl, die Hälfte des Parmesan, die Eier, 2 Eßlöffel Zucker, Muskat und Salz zugeben, alles gut vermengen und aus dem Teig kleine Knödel formen.

In reichlich kochendem, leicht gesalzenem Wasser in 15 Minuten gar ziehen lassen, dann mit einem Schaumlöffel herausheben und in eine vorgewärmte Schüssel füllen. Über die Knödel die erhitzte Butter sowie restlichen Zucker und Parmesan geben und zum Schluß den Zimt darüberstreuen. Sofort servieren.

Venetien

RISOTTO ALLA SBIRAGLIA

Für 6 Personen
1 küchenfertiges Huhn (ca. 1 kg)
2 Stangen Staudensellerie
2 Zwiebeln
2 Karotten
2 l Wasser
Salz und frisch gemahlener Pfeffer
3–4 EL Olivenöl
7 EL Weißwein
350 g Tomaten
450 g Reis
75 g Butter
75 g geriebener Parmesan-Käse

Das Huhn entbeinen und die Knochen zusammen mit je 1 Selleriestange, geschälten Zwiebel und geschälten Karotte in einen Topf geben, mit dem Wasser übergießen, Salz und Pfeffer zufügen und das Wasser zum Kochen bringen. Zugedeckt bei schwacher Hitze 1 ½ Stunden ziehen lassen. Die Brühe durchpassieren und heiß halten.

Inzwischen das Hühnerfleisch in Würfel schneiden, dabei die Haut entfernen. Die übrigen Gemüse putzen und kleinschneiden. Das Öl in einem Topf erhitzen, die Gemüse darin leicht anbraten. Das Fleisch zufügen und etwa 5 Minuten unter Rühren ebenfalls anbraten. Den Wein zugießen und völlig verkochen lassen.

Die geschälten und kleingeschnittenen Tomaten zufügen, mit Salz und Pfeffer würzen. Alles zugedeckt 20 Minuten dünsten; wenn nötig, von Zeit zu Zeit etwas Brühe angießen.

Den Reis hineinrühren und 1 Tasse Hühnerbrühe zugeben. 20–25 Minuten kochen lassen; der Reis soll weich und doch körnig sein. Eventuell nochmals Brühe nachgießen.

Den fertig gekochten Reis vom Herd nehmen, erhitzte Butter und Parmesan unterrühren und sofort servieren.

Venetien

RISOTTO DI SCAMPI

Risotto mit Scampi

Statt frischer Scampi kann man auch tiefgefrorene verwenden. Anstelle des Scampisuds nimmt man dann Fisch- oder Hühnerbrühe für das Risotto.

Für 4–6 Personen
500 g Scampi
1 l Wasser
1 Lorbeerblatt
2 Knoblauchzehen
Salz
3 EL Olivenöl
75 g Butter
1 Zwiebel
400 g Reis
3–4 EL Weißwein
frisch gemahlener schwarzer Pfeffer

Die Scampi gründlich waschen und mit dem Wasser in einen Topf geben; das Lorbeerblatt, die geschälten und gehackten Knoblauchzehen und etwas Salz zufügen und zum Kochen bringen. Nach 5 Minuten die Scampi aus dem Wasser heben und auslösen; die Schalen wieder ins Wasser geben und die Brühe nochmals 5 Minuten kochen lassen, anschließend durchpassieren und heiß halten.

Inzwischen die Scampi in Stücke schneiden. Das Öl und 2 Eßlöffel Butter in einer Pfanne erhitzen, die geschälte und gehackte Zwiebel darin goldgelb werden lassen. Den Reis hineinrühren und den Wein zufügen; etwa 15 Minuten unter gelegentlichem Umrühren garen lassen, bei Bedarf etwas Scampisud angießen.

Die Scampi in den Reis geben, ebenso die übrige Butter; alles mit Salz und Pfeffer würzen und weitere 5–10 Minuten dünsten, bis der Reis weich ist. Den Topf vom Herd nehmen, 1 Minute stehen lassen, dann den Risotto sofort servieren.

Risotto alla sbiraglia; Risotto di scampi

Toskana

RISOTTO ALLA FIORENTINA

Risotto mit Fleisch

Für 4–6 Personen
2 EL Olivenöl
70 g Butter
1 Zwiebel
250 g gehacktes Rindfleisch
100 g gewässerte Kalbsniere
1 Hühnerleber
400 g Tomaten
Salz und frisch gemahlener schwarzer Pfeffer
400 g Reis
1 l heiße Fleischbrühe
75 g geriebener Parmesan-Käse

Das Öl und die Hälfte der Butter in einer schweren Pfanne erhitzen, darin die geschälte und gehackte Zwiebel goldgelb werden lassen. Das Hackfleisch, die in Scheiben geschnittene Niere und Hühnerleber zugeben und bei starker Hitze anbräunen; dabei ständig umrühren. Die geschälten, gewürfelten Tomaten zufügen, mit Salz und Pfeffer würzen und alles bei schwacher Hitze 30 Minuten dünsten.

Den Reis hineinrühren und die Hälfte der Fleischbrühe angießen. 20 Minuten unter gelegentlichem Umrühren kochen lassen; dabei nach und nach soviel Brühe wie nötig angießen. Den Topf vom Herd nehmen, die restliche Butter und den Parmesan untermischen und den Risotto vor dem Servieren noch 2 Minuten stehen lassen.

Emilia-Romagna

RISOTTO ALLA PARMIGIANA

Risotto mit Parmesan

Für 4–6 Personen
100 g Butter
½ Zwiebel
frisch gemahlener schwarzer Pfeffer
3–4 EL Weißwein
400 g Reis
1 l heiße Fleischbrühe
100 g geriebener Parmesan-Käse

Die Hälfte der Butter in einer Pfanne erhitzen, die geschälte und gehackte Zwiebel zufügen und glasig werden lassen. Mit Pfeffer würzen und den Wein angießen. Auf starker Flamme den Wein gänzlich einkochen. Nun den Reis zugeben und 2–3 Minuten unter Rühren erhitzen; nach und nach die Brühe zugeben und den Reis in 20–25 Minuten garen.

Den Topf vom Herd nehmen, restliche Butter und Parmesan untermischen und sofort servieren.

Die Norditaliener essen so gerne Reisgerichte und Risotto wie die Süditaliener Pasta. Und jeder italienische Koch hat seine besondere Methode der Risotto-Zubereitung. Manchmal präsentiert es sich als einfaches Reisgericht mit geriebenem Parmesan, ein anderes Mal als komplettes Hauptgericht mit Zutaten wie Huhn, Hackfleisch, Fisch oder Gemüsen.

Scherzhaft nennt man *supplì di riso* auch *supplì al telefono*, also Kroketten am Telefon. Das geht darauf zurück, daß der Mozzarella in den Kroketten beim Fritieren schmilzt und sich ausdehnt. Wenn man hineinbeißt, sieht der Käse wie Telefondrähte aus.

Latium

SUPPLÌ DI RISO

Reiskroketten mit Kalbfleischsauce

Für 4–6 Personen
½ l Wasser
90 g Butter
4 Tomaten
Salz
250 g Reis
2 Eier
50 g geriebener Parmesan-Käse
½ Zwiebel
50 g gehacktes Kalbfleisch
50 g Bries (je nach Wunsch)
2 Hühnerlebern
25 g roher Schinken
25 g Champignons
1 EL Tomatenmark
frisch gemahlener schwarzer Pfeffer
100 g Provatura- oder Mozzarella-Käse
etwas Semmelmehl zum Panieren
Pflanzenöl zum Ausbacken

Das Wasser in einen großen Topf gießen, ein Drittel der Butter, die geschälten und kleingeschnittenen Tomaten sowie Salz hineingeben, zum Kochen bringen und den Reis zufügen. Den Reis auf kleiner Flamme so lange kochen lassen, bis er gar ist; gelegentlich umrühren.

Den Topf vom Herd nehmen, Eier und Parmesan einrühren, diese Masse dann auf ein Backbrett geben, glattstreichen und abkühlen lassen.

Die restliche Butter in einer Pfanne erhitzen, die geschälte und gehackte Zwiebel, das gehackte Kalbfleisch, das gesäuberte, kleingeschnittene Bries und die zerkleinerten Lebern sowie den in Würfel geschnittenen Schinken und die gehackten Champignons zufügen; etwa 5 Minuten unter Rühren anbraten und das Tomatenmark hineinrühren, das man vorher in etwas lauwarmem Wasser auflösen kann. Mit Salz und Pfeffer würzen und alle Zutaten zugedeckt 20 Minuten ziehen lassen. Aus dem Reis Kroketten formen, die etwa die Größe von kleinen Orangen haben, in jede eine kleine Vertiefung machen und einen Löffel Fleischsauce hineingeben, ebenso ein paar Provatura- oder Mozzarella-Würfel. Dann die Reisbällchen wieder schließen und in Semmelmehl wälzen.

Das Pflanzenöl erhitzen und nach und nach die Kroketten darin goldbraun backen und anschließend auf Küchenkrepp gut abtropfen lassen. Dazu die restliche Fleischsauce servieren.

Emilia-Romagna

GNOCCHETTI DI RICOTTA

Käse-Gnocchi

Für 4 Personen
350 g Ricotta-Käse
150 g Mehl
150 g geriebener Parmesan-Käse
2 Eier
2 Eigelb
etwas abgeriebene Muskatnuß
Salz
100 g Butter

Ricotta zusammen mit Mehl, der Hälfte des Parmesan, den Eiern und Eigelb sowie Muskat und Salz in eine Schüssel geben, zu einem weichen Teig verarbeiten und diesen gut durchkneten. Den Teig mit bemehlten Händen zu zwei länglichen Rollen formen, diese in etwa 2 cm dicke Stücke schneiden und 30 Minuten ruhen lassen.

Die Gnocchi für 3 Minuten in kochendes ungesalzenes Wasser einlegen, dann mit einem Schaumlöffel herausheben und in eine vorgewärmte Schüssel füllen. Mit zerlassener Butter begießen und dem restlichen Parmesan bestreut sofort servieren.

Latium

GNOCCHI DI SEMOLINO

Grießnocken

Für 4 Personen
gut ½ l Milch
3 Eigelb
250 g Grieß
100 g Butter
etwas abgeriebene Muskatnuß
Salz und frisch gemahlener schwarzer Pfeffer
100 g geriebener Parmesan-Käse

Die Milch erhitzen, ohne daß sie zum Kochen kommt. 3 Eßlöffel heiße Milch mit dem Eigelb verrühren und beiseite stellen.

Den Grieß langsam in die Milch einrieseln lassen; dabei ständig rühren. Die Hälfte der Butter, Muskat, Salz und Pfeffer zugeben und alles unter Rühren zum Kochen bringen und zu einem ziemlich dicken Brei einkochen lassen.

Den Topf vom Herd nehmen und ein Drittel des geriebenen Parmesan unterrühren, ebenso die Mischung aus Milch und Eigelb; dabei die Masse kräftig schlagen. Die Grießmasse in eine große flache Schüssel füllen (etwa 1 cm dick) und abkühlen lassen.

Kleine Kreise von etwa 4 cm Durchmesser ausstechen und dachziegelartig in eine mit Butter ausgestrichene feuerfeste Form legen. Die Gnocchi mit dem restlichen Parmesan bestreuen und der übrigen geschmolzenen Butter beträufeln. Dann im vorgeheizten Ofen (200°) etwa 15 Minuten überbacken.

Supplì di riso; Gnocchi de semolino; Gnocchetti di ricotta

Sizilien

ARANCINI DI RISO

Reisfrikadellen mit Hühnerleber

Für 6 Personen
400 g Reis
Salz
3 EL Olivenöl
1 Zwiebel
2 Stangen Staudensellerie
400 g Tomaten
frisch gemahlener schwarzer Pfeffer
75 g Butter
100 g frische ausgepalte Erbsen
6–8 EL Hühnerbrühe
1 EL gehackte Petersilie
100 g Semmelmehl zum Panieren
Pflanzenöl zum Ausbacken

Den Reis in gesalzenem Wasser weich kochen, auf ein Sieb schütten und abtropfen lassen.

Das Öl in einer Pfanne erhitzen, die geschälte und feingehackte Zwiebel und die zerkleinerten Selleriestangen darin 5 Minuten anbraten. Die geschälten und in Stücke geschnittenen Tomaten, Salz und Pfeffer zugeben und das Ganze 30 Minuten bei schwacher Hitze dünsten. Zum Abkühlen beiseite stellen. Inzwischen ein Drittel der Butter erhitzen und darin die mit Pfeffer und Salz gewürzten Erbsen garen.

Ein weiteres Drittel der Butter in eine zweite Pfanne geben, die gehackten Hühnerlebern mit der Fleischbrühe hineingeben und einige Minuten darin garziehen lassen. Vom Herd nehmen und die Petersilie hineinrühren. Den kalten Reis mit der restlichen Butter und der Tomatenmischung verrühren. Daraus kleine Frikadellen formen, in jede eine kleine Vertiefung drücken und ein paar Erbsen und etwas Leber hineinfüllen. Die Öffnung wieder schließen und die Frikadellen in Semmelmehl wälzen.

Das Pflanzenöl erhitzen und die Frikadellen darin knusprig-braun ausbacken. Dann auf Küchenkrepp legen, abtropfen lassen und gleich servieren.

Pizza, Pasteten & Co.

Man nimmt an, daß die Pizza ursprünglich von den Neapolitanern entdeckt wurde, die auf diese Weise übriggebliebenen Brotteig verwerteten. Das klassische Beispiel für dieses köstliche Gericht ist die *Pizza Napoletana* (Rezept Seite 98). Italienische Pizzerias verfügen über Ziegelöfen, die extrem hohe Temperaturen erreichen und in denen die Pizzas in Minutenschnelle fertig sind.

Eine Pizza kann man aber auch ohne Schwierigkeiten zu Hause im gewöhnlichen Ofen backen, und viele italienische Hausfrauen bereiten dieses köstliche Gericht regelmäßig selbst zu. Es gibt kein Erfolgsgeheimnis für das Gelingen einer Pizza. Die Grundlage bildet meist ein gewöhnlicher Hefe-Brotteig. Bei der Wahl des Belages sind der Phantasie keine Grenzen gesetzt, und man kann sich dabei nach den Zutaten richten, die gerade im Hause sind. Für den Teig wird einfaches Weizenmehl und – je nach Belieben – frische oder Trockenhefe verwendet. Sehr wichtig ist es jedoch, den Teig lange und gründlich durchzukneten (10–15 Minuten). Erst wenn er glatt, geschmeidig und elastisch ist, darf man ihn auf die gewünschte Form und Dicke ausrollen. Eine Pizza muß nicht unbedingt rund sein; es gibt sie auch in großer, ovaler Form oder auch viereckig (Rezept *Chizze*, Seite 97). Die *pizzettes* zum Beispiel werden in kleinen, runden Formen gebacken, die einen Durchmesser von der Größe des oberen Randes einer Teetasse haben.

Die Höhe der Teigplatte ist von großer Bedeutung, denn ein zu dünn ausgerollter Teig würde beim Bakken hart und brüchig werden. Ist er jedoch zu dick, wird er feucht und zudem schwerverdaulich. Rollen Sie den Teig stets auf eine Höhe von ½–1 Zentimeter aus, wobei die Ränder etwas dicker als die Mitte sein sollten, um ein Überlaufen des Belages während des Backens zu vermeiden. Manche Köche legen einen glatten Metallring um den Teig, um der Pizza während des Backens ihre Form zu bewahren.

Beim Auflegen des Belages sollte man einen ein Zentimeter breiten Rand freilassen. Dann werden die restlichen Zutaten obenauf verteilt. Heizen Sie den Backofen stets vor, bevor Sie die Pizza hineinschieben, und servieren Sie sie sofort.

In ganz Süditalien und auch in einigen Teilen Norditaliens gibt es unzählige Abwandlungen des klassischen Pizza-Rezeptes. *Pizza Campofranco* (Rezept Seite 98) wird eher wie ein Hefekuchen gebacken. Sie besteht aus zwei Teigplatten und wird in der Mitte gefüllt. Solche Kuchen werden in Italien gern gegessen, ebenso wie rustikales Kleingebäck. Hierfür wird der Teig meist zu kleinen, runden Platten ausgestochen und im Fett schwimmend ausgebacken.

Sardenaira

Umbrien

TORTA SUL TESTO

Gebackener Pizzateig

Dies ist das Grundrezept für alle anderen Pizzas. Die unten angegebenen Mengen ergeben 500 g Teig. Falls ein Rezept weniger Teig erfordert, muß man die Mengen entsprechend reduzieren.

Für 4 Personen
20 g Trockenhefe
⅛ l warmes Wasser
500 g Weizenmehl
Salz
4 EL Olivenöl

Die Hefe in warmem Wasser auflösen. Mehl und etwas Salz auf eine Arbeitsplatte sieben. Die angerührte Hefe unterrühren; das Öl und soviel lauwarmes Wasser hinzufügen, bis Sie einen geschmeidigen Teig erhalten. Mit Plastikfolie bedecken und an einem warmen Platz 30 Minuten gehen lassen.

Den Teig mit einem Nudelholz flachdrücken und in zwei Hälften teilen. Danach jede Hälfte zu einer runden Teigplatte von etwa 1 cm Dicke ausrollen. Eine große, eiserne Pfanne oder eine andere Bratpfanne erhitzen. Wenn sie sehr heiß ist, eine der Teigplatten ohne weitere Fettzugabe hineingeben und backen. Dabei den Teig immer wieder mit einer Gabel einstechen und wenden, bis er eine knusprig-goldbraune Farbe bekommen hat. Auf die gleiche Weise wird die zweite Teigplatte gebacken. Anstelle von Brot servieren.

Lombardei

FITASCETTA

Zwiebel-Pizza

Für 4 Personen
75 g Butter
750 g feingeschnittene Zwiebeln
Salz
500 g Pizzateig (siehe Grundrezept links)
1 EL Puderzucker

Die Butter in einer großen Pfanne schmelzen, die Zwiebeln hineingeben und 30 Minuten lang bei geringer Hitze schmoren lassen. Dabei immer wieder umrühren. Von der Kochplatte nehmen und mit Salz abschmecken.

Den Teig kneten, bis er glatt und geschmeidig ist. Anschließend zu einer runden Platte von 25 cm Durchmesser und 1 cm Dicke ausrollen und auf ein

geöltes Backblech legen. Die Zwiebeln auf dem Teig verteilen und mit Puderzucker bestäuben. Die Pizza an einem warmen Ort 20 Minuten lang gehenlassen. Anschließend im vorgeheizten Backofen bei mäßiger Hitze (200°) 30–35 Minuten lang backen.

Ligurien

SARDENAIRA

Pizza mit Tomaten und Sardellen

Für 4–6 Personen
7 EL Olivenöl
500 g in Scheiben geschnittene Zwiebeln
Salz und frisch gemahlenen schwarzen Pfeffer
500 g Tomaten
500 g Pizzateig (siehe Grundrezept Seite 94)
1 Dose Sardellenfilets (100 g)
100 g schwarze Oliven
Knoblauchzehen nach Geschmack
1 EL gehacktes Basilikum

Drei Eßlöffel Öl in einer schweren Pfanne erhitzen, die Zwiebeln hinzufügen und zehn Minuten lang dünsten. Mit Salz und Pfeffer würzen, anschließend von der Kochstelle nehmen. Die Tomaten in Würfel schneiden, in einen Kochtopf geben, mit Salz und Pfeffer würzen und bei schwacher Hitze 10–15 Minuten leise köcheln lassen, bis eine breiige Masse entstanden ist. Anschließend durch ein Sieb passieren.

Den Teig kneten, bis er glatt und geschmeidig ist. Dann zu einer runden Platte von 1 cm Dicke und 25 cm Durchmesser ausrollen. In eine flache Backform passender Größe legen und an einem warmen Platz 20 Minuten lang gehenlassen.
Die Oliven halbieren und entkernen, Knoblauch zerdrücken. Sardellenfilets abtropfen lassen und der Länge nach halbieren. Anschließend die Zwiebeln und den Tomatenbrei auf dem Teig verteilen, darauf die Sardellenfilets und die Olivenhälften. Je nach Geschmack mit mehr oder weniger Knoblauch würzen, zuletzt Basilikum darüber streuen und mit dem restlichen Öl beträufeln. Im vorgeheizten Backofen bei mäßiger Hitze (200°) 35–40 Minuten lang backen.

In Neapel sind Pizzabäcker häufig Köche, Artisten und Schauspieler in einer Person. Durch die Fenster der Pizzerias kann man zusehen, wie sie den Pizzateig kneten und in die Länge ziehen, wie sie den Belag darauf verteilen und ihn schließlich mit kunstvollen Verzierungen versehen. Dann wird die Pizza mit einer speziellen Pizzaschaufel mit überlangem Stiel in den Ofen geschoben, und die ganze Show beginnt von vorn.

Das italienische Wort Pizza bedeutet ganz einfach »Kuchen«, und obwohl die klassische Pizza kein gewöhnlicher Kuchen im strengen Sinn des Wortes ist, gibt es einige Pizzas, die wie Kuchen mit doppelter Kruste gebacken werden. Manchmal, wie im Rezept *Erbazzone reggiano*, werden sie in großen Backformen gebacken und wie Tortenstücke serviert. Oder aber sie werden, wie die *Chizze*, in einzelnen kleinen Kuchen in schwimmendem Fett ausgebacken. Diese Art der Pizza gehört zur Gruppe der *pizza alla casalinga* (hausgemachte Pizza), denn sie wird mehr von Hausfrauen als in den Pizzerias zubereitet. Außerhalb Italiens trifft man sie selten an.

Emilia-Romagna

ERBAZZONE REGGIANO

Spinatkuchen

Für 6 Personen
Für den Teig:
300 g Weizenmehl
½ TL Salz
65 g Butter
1 EL Pflanzenöl
Für die Füllung:
1 kg Blattspinat
4 EL Olivenöl
50 g geräucherter, in Würfel geschnittener Schinken
1 EL gehackte Petersilie
1 Knoblauchzehe
1 Ei
50 g geriebener Parmesan
25 g Butter

Für den Teig Mehl und Salz in eine Schüssel sieben. Die Butter schmelzen und untermengen, bis eine krümelige Mischung entstanden ist. Das Öl unterkneten und soviel lauwarmes Wasser hinzufügen, bis der Teig glatt und geschmeidig ist. An einem kühlen Platz stehen lassen und die Füllung zubereiten.

Den Spinat kurz blanchieren, gut abtropfen lassen und im Mixer pürieren oder durch ein Sieb pressen. Das Öl in einer Pfanne erhitzen, die Schinkenwürfel hineingeben und 2 Minuten anbraten. Den Spinat unterrühren und das Ganze weitere 2 Minuten bei schwacher Hitze köcheln lassen. Petersilie und zerdrückten Knoblauch hinzufügen und wieder 2 Minuten kochen. Das Ei schaumig schlagen. Die Pfanne von der Kochstelle nehmen, Ei und Parmesan unterrühren. Mit Salz abschmecken und kalt stellen.

Zwei Drittel des Teigs mit einem Nudelholz flachdrücken und zu einer dünnen Platte ausrollen. Eine Springform von 25 cm Durchmesser gut mit geschmolzener Butter ausfetten, dann Boden und Rand mit dem Teig auslegen. Die Spinatfüllung hineingeben und den überstehenden Teigrand herunterdrücken.

Den restlichen Teig zu einer passenden Platte ausrollen, auf die Füllung legen und die Ränder gut zusammendrücken. Mit einer Gabel mehrmals in die Mitte der Teigplatte einstechen und mit der restlichen geschmolzenen Butter bestreichen. Im vorgeheizten Backofen bei mäßiger Hitze (200°) 45–50 Minuten lang backen. Heiß oder kalt servieren.

Erbazzone reggiano

Marken

PIZZA AL FORMAGGIO

Käse-Pizza

Für 4 Personen
20 g frische Hefe
⅛ l warmes Wasser
350 g Weizenmehl
½ TL Salz
90 g Parmesan-Käse
90 g Gruyère-Käse
40 g Pecorino-Käse
2 Eier

Hefe in 4 Eßlöffeln warmem Wasser auflösen. 100 g Mehl mit dem Salz in eine Schüssel sieben. In die Mitte eine Vertiefung eindrücken, die Hefe hineingeben und alles zu einem glatten, weichen Teig verkneten. Den Vorteig in eine Schüssel geben, mit wenig Mehl bestreuen, oben kreuzweise einschneiden und 15 Minuten an einem warmen Platz gehenlassen.

Inzwischen 50 g Parmesan und die Hälfte des Gruyère in eine Schüssel reiben. Den restlichen Käse in Würfel dazugeben. Mit den verquirlten Eiern gut vermischen und das restliche Mehl und nach und nach das Wasser untermischen. Die Hälfte des Teigs zu der Käsemischung geben und gut durchkneten, bis der Teig nicht mehr klebt. Nun den Teig wieder in die Schüssel geben, mit einem Tuch bedecken und 1½ Stunden an einem warmen Platz gehen lassen.

Den Teig zu einer runden Platte von 20 cm Durchmesser ausrollen. Auf ein gefettetes Backblech legen und noch einmal an einem warmen Ort 40 Minuten lang gehen lassen. Im vorgeheizten Backofen bei mäßiger Hitze (200°) 20–25 Minuten lang backen. Heiß servieren.

Zubereitung von Chizze

Emilia-Romagna

CHIZZE

Gefüllte Teigtaschen mit Spinat und Ricotta

Für 6 Personen
50 g Spinat
50 g Ricotta-Käse (gewürfelt)
75 g geriebener Parmesankäse
500 g Pizzateig (siehe Grundrezept Seite 94)
1 Eiweiß
Pflanzenöl zum Ausbacken

Den Spinat kurz kochen, gut abtropfen lassen und im Mixer pürieren oder durch ein Sieb pressen. Ricotta und Parmesan unterrühren.

Den Teig 5 mm dick ausrollen. Mit einem Teigrädchen in 5 cm große Quadrate schneiden. Nun die Hälfte der Teigquadrate mit je einem Teelöffel der Spinatmischung belegen. Die Ränder mit dem leicht aufgeschlagenen Eiweiß bestreichen. Die anderen Quadrate darauf setzen und die Ränder fest zusammendrücken.

Das Öl erhitzen und die Teigtaschen in kleinen Portionen darin goldgelb backen. Zum Entfetten auf Küchenpapier legen und gleich servieren.

Emilia-Romagna

CIACCI DI RICOTTA

Ricotta-Pfannkuchen

Für 4 Personen
15 g frische Hefe
½ l Milch
400 g Ricotta-Käse
75 g Weizenmehl
Salz
25 g Schweineschmalz

Die Hefe in 3 Eßlöffeln warmer Milch auflösen. Den zerkrümelten Ricotta in eine Schüssel geben und nach und nach unter ständigem Rühren die restliche Milch hinzufügen. Soviel Mehl unterrühren, daß ein geschmeidiger Teig entsteht. Zuletzt die aufgelöste Hefe unterrühren und mit Salz würzen.

Eine schwere Bratpfanne erhitzen und ein kleines Stück Schmalz hineingeben. Wenn es geschmolzen ist, 2 Eßlöffel der Teigmischung hineingeben und von beiden Seiten goldbraun backen. Dabei nur einmal wenden. Aus der Pfanne nehmen und warm stellen, bis alle Pfannkuchen gebacken sind. Noch heiß zu gemischtem kalten Braten servieren.

Rechte Seite: *Pizza Campofranco; Pizza Napoletana; Focaccia salata*

Kampanien

PIZZA CAMPOFRANCO

Schinken-Käse-Kuchen

Für 8 Personen
Für den Teig:
25 g frische Hefe
4–5 EL lauwarme Milch
300 g Weizenmehl
½ TL Salz
25 g Zucker
150 g Butter
2 Eier
Für die Füllung:
2 EL Olivenöl
2 reife Tomaten
frisch gemahlener schwarzer Pfeffer
6 Basilikumblätter
175 g Mozzarella
150 g geräucherter oder gekochter Schinken
50 g geriebener Pecorino-Käse
1 Ei
einige Basilikumblätter zum Garnieren

Für den Teig die Hefe in der Milch auflösen. Mehl auf ein Backbrett sieben, Salz und den Zucker unterrühren und eine Vertiefung in die Mitte drücken. Butter in Würfel schneiden, Eier verquirlen und zusammen mit der aufgelösten Hefe zu der Mehl-Zucker-Mischung geben. Alles gut miteinander vermengen und so lange kneten, bis der Teig glatt und geschmeidig ist. Anschließend zu einer Kugel formen, in eine mit Mehl ausgestreute Schüssel geben, mit einem sauberen Tuch bedecken und bei Zimmertemperatur 2 Stunden gehen lassen, bis er sich verdoppelt hat.

Inzwischen die Füllung zubereiten. Dafür die Tomaten enthäuten, entkernen und in Würfel schneiden. Das Öl in einer Pfanne erhitzen, die Tomatenwürfel hinzufügen und bei mäßiger Hitze 5 Minuten lang dünsten. Mit Salz und Pfeffer abschmecken und von der Kochstelle nehmen.

Den Teig noch einmal 5 Minuten lang durchkneten. Anschließend zwei Drittel der Teigmenge mit einem Nudelholz flachdrücken, zu einer dünnen, runden Platte ausrollen und eine eingeölte Springform von 23 cm Durchmesser damit auslegen. Die Tomaten auf dem Teig verteilen und mit dem feingehackten Basilikum bestreuen. Den Mozzarella in Würfel, den Schinken in schmale Streifen schneiden. Die Hälfte des Mozzarella und der Schinkenstreifen auf den Tomaten verteilen. Zuletzt den restlichen Mozzarella und den Pecorino darüberstreuen.

Den restlichen Teig flachdrücken und zu einer runden Platte von der Größe des Kuchens ausrollen. Auf die Füllung legen und die Ränder fest zusammendrükken. An einem warmen Platz 30–40 Minuten lang gehen lassen. Anschließend mit dem verquirlten Ei bestreichen und im vorgeheizten Backofen bei mäßiger Hitze (200°) zunächst 15 Minuten lang backen. Dann den Ofen auf 100° herunterstellen und weitere 20 Minuten backen. Mit den Basilikumblättern garnieren und sofort servieren.

Pizza Napoletana ist die außerhalb Italiens bekannteste Pizza-Art. Das liegt sicher in erster Linie an den neapolitanischen Auswanderern, die als erste überall in der Welt Pizzerias eröffneten und ihre farbenfreudigen, mit Käse und Tomaten belegten Pizzas einführten. Tomaten sind ein wesentlicher Bestandteil der _Pizza Napoletana_, doch ersetzen ihn die Neapolitaner manchmal – zum Beispiel im Winter, wenn es keine frischen Tomaten gibt – durch die _salsa pizzaiola_, eine aus Dosentomaten zubereitete Sauce. Der Mozzarella besitzt die für den Pizzabelag am besten geeigneten geschmacklichen Eigenschaften und ist daher ein weiterer wesentlicher Bestandteil der _Pizza Napoletana_. Falls es einmal schwierig ist, ihn zu bekommen, kann man stattdessen auch Bel Paese oder Gruyère verwenden.

Kampanien

PIZZA NAPOLETANA

Pizza mit Mozzarella, Tomaten und Sardellenfilets

Für 4 Personen
250 g Fleischtomaten
4 EL Olivenöl
Salz und frisch gemahlener schwarzer Pfeffer
500 g Pizzateig (siehe Grundrezept Seite 94)
175 g Mozzarella
8 Sardellenfilets aus der Dose
2 TL gehacktes Basilikum oder Oregano

Die Tomaten enthäuten und in Würfel schneiden. Die Hälfte des Öls in einer Pfanne erhitzen, die Tomatenwürfel hinzufügen und bei schwacher Hitze 5 Minuten dünsten. Mit Salz und Pfeffer abschmecken und von der Kochstelle nehmen.

Den Teig kneten, bis er glatt und geschmeidig ist, dann mit einem Nudelholz flachdrücken und zu einer runden Platte von 25 cm Durchmesser ausrollen.

Die Teigplatte auf ein geöltes Backblech legen. Die Tomaten darauf verteilen, jedoch rundherum einen 1 cm breiten Rand freilassen. Den Käse in Würfel schneiden und über die Tomaten streuen. Die Sardellenfilets abtropfen lassen und der Länge nach halbieren. Dann gitterförmig auf dem Belag anordnen. Mit Basilikum oder Oregano bestreuen und mit Salz und Pfeffer würzen. An einem warmen Ort 20 Minuten lang gehenlassen.

Im vorgeheizten Backofen bei mäßiger Hitze (200°) 25 Minuten lang backen. Heiß servieren.

Apulien & Basilikata

FOCACCIA SALATA

Tomaten-Kräuter-Pizza

Für 4 Personen
250 g Pizzateig (siehe Grundrezept Seite 94)
3 Tomaten
2 Knoblauchzehen
1 EL gehackter Majoran
2 EL Olivenöl
Salz und frisch gemahlener schwarzer Pfeffer

Den Teig kneten, bis er glatt und geschmeidig ist. Dann mit einem Nudelholz flachdrücken und zu einer runden Platte von 25 cm Durchmesser ausrollen. Auf ein geöltes Backblech legen. Tomaten enthäuten und in Würfel schneiden. Nun den Teig wie in Tortenstücke unterteilen, indem man in regelmäßigen Abständen schmale Teigstreifen hochzieht. Die Zwischenräume mit den Tomatenwürfeln und den zerdrückten Knoblauchzehen ausfüllen, mit Majoran bestreuen und mit Öl beträufeln. Mit Pfeffer und Salz würzen und an einem warmen Platz 20 Minuten lang gehenlassen. Im vorgeheizten Backofen bei mäßiger Hitze (200°) 25 Minuten lang backen. Heiß oder kalt servieren.

Apulien & Basilikata

FOCACCIA DI PATATE

Kartoffelbrot

Für 8 Personen
300 g Kartoffeln
25 g frische Hefe
½ l warmes Wasser
1 kg Weizenmehl
2 TL Salz
1 EL Olivenöl

Die Kartoffeln in der Schale weichkochen. Anschließend pellen und zerstampfen. Die Hefe in 4 Eßlöffel warmem Wasser auflösen.

Den Kartoffelbrei auf eine Arbeitsplatte geben, Mehl und Salz darüberstreuen und die aufgelöste Hefe darüber geben. Alles gut verrühren, dabei soviel warmes Wasser hinzufügen, daß ein geschmeidiger Teig entsteht. Gut durchkneten.

Den Teig auf ein geöltes Backblech legen, mit dem Nudelholz flachdrücken und mit den Händen zu einer runden Platte von 25 cm Durchmesser formen. Dann in eine passende Backform legen, mit einem sauberen Tuch bedecken und bei Zimmertemperatur 1½ Stunden gehenlassen.

Mit dem Öl beträufeln und im vorgeheizten Backofen bei mäßiger Hitze (200°) 40 Minuten lang backen, bis das Brot eine goldbraune Farbe angenommen hat. Abgekühlt servieren.

Apulien & Basilikata

PANZEROTTI

Mozarella-Pastetchen

Für 4–6 Personen
5 Tomaten
Salz und frisch gemahlener schwarzer Pfeffer
500 g Pizzateig (siehe Grundrezept Seite 94)
175 g Mozzarella
1 Eiweiß
Pflanzenöl zum Fritieren

Die Tomaten enthäuten, in Würfel schneiden und durch ein Sieb pressen oder im Mixer pürieren. Falls Sie den Mixer benutzen, anschließend noch einmal durchsieben, um die Kerne aufzufangen. Das Tomatenfleisch in eine Pfanne geben, mit Salz und Pfeffer abschmecken und 10 Minuten leise köcheln lassen, bis es zu einem dicklichen Brei eingekocht ist.

Den Pizzateig mit einem Nudelholz flachdrücken und 5 mm dick ausrollen, dann in runde Platten von etwa 10 cm Durchmesser schneiden. Den Mozzarella in Scheiben schneiden.

Eine Hälfte jeder Teigplatte mit dem Tomatenbrei bestreichen und je eine Scheibe Käse darauf legen; mit Salz und Pfeffer würzen. Die Teigränder mit dem leicht aufgeschlagenen Eiweiß bestreichen. Die zweite Teighälfte über die Füllung klappen und die Ränder fest zusammendrücken.

Nun werden die Pasteten im heißen Öl fritiert – aber nicht zu viele auf einmal hineingeben. Die Panzerotti anschließend zum Entfetten auf Küchenpapier legen und heiß servieren.

Apulien & Basilikata

CALZONE ALLA PUGLIESE

Zwiebelkuchen

Für 6–8 Personen
100 g kernlose Rosinen
600 g Zwiebeln
150 g schwarze Oliven
5 Sardellenfilets (aus der Dose)
4 Tomaten
4 EL Olivenöl
frisch gemahlener schwarzer Pfeffer
50 g geriebener Parmesan-Käse
50 g geriebener Pecorino-Käse
500 g Pizzateig (siehe Grundrezept Seite 94)

Panzerotti; Pitta

Auch *focaccia* gibt es, wie jede andere Pizza, in vielen verschiedenen Abwandlungen. Die beliebteste, jedoch außerhalb Italiens nicht sehr bekannte Form der *focaccia* stammt aus Genua in Ligurien. Sie basiert auf einem gewöhnlichen Pizzateig, wird wie Brot gegessen und schmeckt zu Käse besonders gut. Die auf der vorhergehenden Seite beschriebene *Focaccia di patate* wird mit Kartoffeln zubereitet. Es gibt jedoch noch eine Vielzahl anderer Abwandlungen, zum Beispiel die *Focaccia salata* auf Seite 98, die mit Tomaten und Kräutern zubereitet wird.

Die Rosinen 15 Minuten in warmem Wasser einweichen. Die Zwiebeln in Ringe schneiden, die Oliven entkernen und fein hacken. Sardellenfilets abtropfen lassen und hacken. Die Tomaten enthäuten und in kleine Würfel schneiden. 2 Eßlöffel Öl in einer Pfanne erhitzen, die Zwiebelringe 5 Minuten bei schwacher Hitze dünsten. Dann Oliven, Sardellen und Tomaten hinzufügen. Die Rosinen gut abtrocknen, dazugeben und mit Pfeffer abschmecken. 15 Minuten leise köcheln lassen, von der Kochstelle nehmen und den geriebenen Parmesan und Pecorino einrühren. Kalt stellen.

Den Teig in zwei Hälften teilen, wobei die eine etwas größer als die andere sein soll. Das größere Teigstück zu einer runden Platte von 23 cm Durchmesser ausrollen. Eine entsprechende Springform einölen, Boden und Rand mit der Teigplatte und einem Teil des restlichen Teiges auslegen. Anschließend die Füllung hineingeben.

Den restlichen Teig entsprechend ausrollen. Auf die Füllung legen und die Ränder gut zusammendrükken. An einem warmen Platz 30 Minuten lang gehen lassen. Danach mit dem restlichen Öl beträufeln und im vorgeheizten Backofen (200°) zunächst 15 Minuten backen, dann auf 190° reduzieren und weitere 25 Minuten backen. Heiß servieren.

Kalabrien

PITTA

Eier-Käse-Schinken-Torte

Für 6 Personen
Für den Teig:
25 g frische Hefe
6 EL warmes Wasser
300 g Weizenmehl
Salz
2 Eier
20 g Schweineschmalz
1 EL Pflanzenöl
Für die Füllung:
100 g Caciocavallo-Käse
2 hartgekochte Eier
200 g Ricotta-Käse
100 g geräucherter Schinken oder Speck
Salz und frisch gemahlener schwarzer Pfeffer
etwas Öl zum Bestreichen

Für den Teig die Hefe in 4 Eßlöffeln Wasser auflösen. Die Hälfte des Mehls mit einer Prise Salz auf ein Backbrett sieben. Eine Vertiefung in die Mitte drükken, die aufgelöste Hefe hineingeben und zusammen mit dem restlichen Wasser zu einem geschmeidigen Teig verarbeiten. Zu einer Kugel formen und bei Zimmertemperatur 1 Stunde lang gehen lassen.

Das restliche Mehl auf ein Backbrett sieben und zusammen mit den verquirlten Eiern, Schmalz und Öl in den aufgegangenen Vorteig einarbeiten. Gut durchkneten, bis der Teig glatt und geschmeidig ist.

Zwei Drittel des Teigs zu einer runden Platte von 23 cm Durchmesser ausrollen. Eine entsprechend große Springform ausfetten und mit dem Teig auslegen.

Für die Füllung Caciocavallo in Scheiben schneiden, die Eier würfeln. Nun schichtweise Caciocavallo, Eierwürfel, Ricotta und den in Scheiben geschnittenen Schinken auf den Teig geben, dabei jede Schicht mit Pfeffer und Salz würzen.

Den restlichen Teig zu einer passenden Decke für die Torte ausrollen. Auf die Füllung legen, die Ränder nach innen schlagen und fest zusammendrücken. Die Pitta an einem warmen Platz 30–40 Minuten lang gehen lassen.

Anschließend die Torte mit Öl bestreichen und im vorgeheizten Backofen bei mäßiger Hitze (200°) 30 Minuten lang backen. Schmeckt heiß und kalt.

Eier & Käsegerichte

Eier spielen eine wichtige Rolle in der italienischen Küche, sowohl als Kochzutat als auch als selbständige Gerichte. Man verwendet sie, um Suppen gehaltvoller (siehe *Zuppa alla pavese*, Rezept Seite 50) und Saucen sämiger zu machen. Auch als Füllung, wie etwa für Ravioli oder Cannelloni, werden sie häufig benutzt. Mit Eiern zubereitete *frittelle* (eine Art Crêpe) sind sehr beliebt, ebenso die *frittate* (Omeletts). Diese werden, wie z. B. spanische Omeletts, mit einer Vielzahl verschiedener Zutaten zubereitet. Auch in italienischen Kuchen dürfen Eier natürlich nicht fehlen, ebenso wenig wie in vielen Süßspeisen, von denen die *Zabaione* (Rezept Seite 186), die aus Eigelb zubereitet wird, wohl die berühmteste ist.

Käse wird in unzähligen italienischen Gerichten verwendet, denn fast alle italienischen Käsesorten verfügen über hervorragende Schmelzqualitäten. Die verschiedenen Käsesorten wurden bereits auf Seite 32–35 geschrieben. Die beliebtesten Käsesorten in der italienischen Küche, die heute auch bei uns fast überall zu haben sind, sind *mozzarella, parmesan* und *ricotta*. Mozzarella stammt aus dem Süden Italiens und wird wegen seiner einzigartigen Schmelzfähigkeit am häufigsten als Pizzabelag verwendet. Auch fritiert trifft man ihn hin und wieder an, wie in *Mozzarella in carrazzo* (Rezept Seite 105), was, frei übersetzt, soviel wie »Mozzarella in der Kutsche« bedeutet und eine Art fritiertes Käse-Sandwich ist. *Provatura fritta* (Rezept Seite 105) ist ein berühmtes römisches Gericht aus fritiertem Käse, das heute jedoch meist mit Mozzarella zubereitet wird, da es selbst in Italien fast unmöglich ist, Provatura-Käse zu bekommen. *Crostini*, auf Brot gebackener, mit Sardellenfilets garnierter Mozzarella, ist eine weitere römische Spezialität.

Ricotta, ein weicher Quarkkäse, wird häufig für Käsekroketten und als Füllung für *frittelle* verwendet. Man findet ihn wahrscheinlich ebenso häufig in süßen wie auch in herzhaften Speisen, weil sein mildes Aroma sich hervorragend sowohl mit Gewürzen wie Muskat, Zimt und Nelken oder auch Likören und kandierten Früchten verträgt. Auch als Füllung für Kuchen und Torten wird er häufig verwendet. *Parmesan* ist eine vollkommene Ergänzung für viele Speisen, weil sein Aroma gut mit anderen Nahrungsmitteln harmoniert. Er sollte in großen Stücken gekauft und bei Bedarf frisch gerieben werden.

Frittata di carciofi

Toskana

FRITTATA ALL'ARETINA

Omelett in Tomaten-Kräuter-Sauce

Für 4 Personen
6 Eier
1 EL Mehl
65 g Semmelbrösel
Salz, frisch gemahlener schwarzer Pfeffer
4 EL Olivenöl
1 Zwiebel
1 Stange Staudensellerie
1 Bund gehackte Petersilie
3 gehackte Basilikumblätter
350 g Tomaten

Eier mit Mehl, Semmelbröseln, Salz und Pfeffer in einer Schüssel gut verquirlen.

Öl in einer großen Pfanne erhitzen, die Eimischung hineingeben; dabei die Pfanne etwas schräg halten, bis der ganze Boden bedeckt ist. Das Omelett von beiden Seiten backen, dabei die Pfanne immer wieder rütteln. Das fertige Omelett etwas abgekühlt in Streifen schneiden. Gewürfelte Zwiebel und Sellerie mit den Kräutern in der Pfanne (evtl. etwas Öl nachgießen) 5 Minuten dünsten. Die gehäuteten, gewürfelten Tomaten zugeben und 10 Minuten mitdünsten. Die Omelettstreifen dazugeben und 5 Minuten erhitzen. Sofort servieren.

Piemont & Aosta-Tal

FRITTATA TARGONE

Estragon-Omelett

Für 4 Personen
1 kleiner Bund Estragon
6 Eier
2 EL süße Sahne
Salz und frisch gemahlener schwarzer Pfeffer
50 g Butter
Estragonblätter zum Garnieren

Die Estragonstiele entfernen, die Blätter feinhacken. Eier und Sahne in eine Schüssel geben und mit Estragon Salz und Pfeffer gut verquirlen.

Die Butter in einer großen Pfanne schmelzen. Die Eiermischung hineingießen, dabei die Pfanne ein wenig schräg halten, bis die Masse den ganzen Pfannenboden bedeckt. Das Omelett von beiden Seiten backen, dabei die Pfanne immer wieder ein wenig hin- und herschütteln. Mit Estragon garniert servieren.

Toskana

FRITTATA DI CARCIOFI

Artischocken-Omelett

Für 4 Personen
3 Artischocken
etwas Mehl zum Bestäuben
4 EL Olivenöl
Salz und frisch gemahlener schwarzer Pfeffer
50 g Butter
6 Eier

Die Artischocken waschen, die harten äußeren Blätter entfernen. Zwei Drittel der Artischockenspitze mit einem scharfen Messer abschneiden, dann halbieren und den Strunk entfernen. Die Artischocken in Scheiben schneiden und mit Mehl bestäuben. Öl in einer Bratpfanne erhitzen und die Artischocken darin braten, bis sie gut angebräunt sind, dann auf Küchenpapier abtropfen lassen und mit Salz und Pfeffer würzen.

Die Butter in einer Bratpfanne schmelzen, die Artischocken hineinsetzen, die verquirlten Eier darüber gießen und ebenfalls mit Pfeffer und Salz würzen. Die Pfanne ein wenig schräg halten, bis die Masse sich über den ganzen Pfannenboden verteilt hat. Von beiden Seiten backen, dabei die Pfanne des öfteren hin- und herrütteln. Sofort servieren.

Emilia-Romagna

FRITTATA ALLA BOLOGNESE

Omelett mit Parmesan

Für 4 Personen
6 Eier
25 g Mehl
3–4 EL Wasser
150 g geriebener Parmesan
1 EL gehackte Petersilie
Salz und frisch gemahlener schwarzer Pfeffer
50 g Butter

Eier trennen. Die Eigelb zusammen mit dem Mehl in eine Schüssel geben und mit einem Holzlöffel gut durchschlagen. Das Wasser einrühren, den Parmesan und Petersilie hinzufügen und mit Salz und Pfeffer würzen. Alles gut durchrühren.

Eiweiß zu steifem Schnee schlagen und vorsichtig unter die Eimasse heben. Die Butter in einer großen Pfanne erhitzen und die Eimasse einfüllen, dabei die Pfanne etwas schräg halten, bis der ganze Boden bedeckt ist. Das Omelett von beiden Seiten backen, dabei die Pfanne ein wenig rütteln, um ein Hängenbleiben zu vermeiden. Sofort servieren.

Die italienische *frittata* ist zweifellos ein Omelett, obwohl sie so ganz anders als das lockere französische Omelett ist, das noch während des Backens zusammengeklappt wird. Die Italiener bereiten ihre *frittata* eher wie eine Kreuzung zwischen einem Pfannkuchen (Crêpe) und einem Omelett zu: Sie garen sie wie einen Pfannkuchen von beiden Seiten in der Pfanne. *Frittata* wird selten »pur« gegessen, sondern meist mit allen möglichen Zutaten wie Gemüse, Kräuter und Käse, aber auch Fleisch- und Fischresten zubereitet. Sie wird stets als flacher Kuchen auf einer Platte serviert und in Scheiben oder Stücke geschnitten serviert. Auch kalt schmeckt sie gut und ist daher auch auf das Beste für ein Picknick geeignet.

Umbrien

FRITTATA DI TARTUFI

Omelett mit Trüffeln oder Champignons

In Italien wird dieses Gericht mit schwarzen Trüffeln zubereitet. Sollten diese jedoch einmal nicht erhältlich oder zu teuer sein, kann man ohne weiteres auch Champignons oder Egerlinge dazu verwenden.

Für 4 Personen
6 Eier
4 EL Sahne
Salz und frisch gemahlener schwarzer Pfeffer
100 g schwarze Trüffeln (oder Champignons)
40 g Butter
Saft einer halben Zitrone
Petersilie zum Garnieren

Eier und Sahne in eine Schüssel geben, mit Salz und Pfeffer würzen. Gut durchschlagen, dann die gehackten Trüffeln oder Champignons unterrühren.

Die Butter in einer Bratpfanne schmelzen. Die Eimischung hineingießen, dabei die Pfanne leicht schräg halten, bis die Masse sich über den ganzen Pfannenboden verteilt hat. Von beiden Seiten backen, dabei immer wieder die Pfanne ein wenig hin- und herrütteln, um ein Hängenbleiben des Omeletts zu vermeiden. Von der Kochstelle nehmen, mit Zitronensaft beträufeln und mit Petersilie garniert sofort servieren.

Abruzzen & Molise

FRITTATA AL BASILICO

Omelett mit Basilikum und Käse

Für 4 Personen
6 Eier
50 g geriebener Pecorino-Käse
50 g grobgehacktes Basilikum
Salz und frisch gemahlener schwarzer Pfeffer
50 g Butter

Alle Zutaten, außer der Butter, in eine Schüssel geben und gut durchschlagen.

Die Butter in einer Bratpfanne schmelzen. Die Eimischung hineingießen, dabei die Pfanne ein wenig schräg halten, bis die Masse sich über den ganzen Boden vereilt hat. Von beiden Seiten backen, dabei die Pfanne des öfteren leicht hin- und herrütteln, um ein Hängenbleiben des Omeletts zu vermeiden. Sofort servieren.

Trüffel sind hochpreisige Pilze, die unter der Erde im Wurzelwerk bestimmter Bäume wachsen. Sie werden mit Hilfe von Hunden, die ein Spezialtraining durchgemacht haben und einen besonders ausgeprägten Geruchssinn besitzen, gesammelt. Die Hunde »erschnüffeln« die Trüffel, die dann vom Trüffelsammler mit einem speziellen Gerät vorsichtig aus der Erde gehoben werden.

Latium

PROVATURA FRITTA

Fritierte Käsewürfel

Für 4 Personen
400 g Provatura oder Mozzarella
Mehl und Semmelbrösel für die Panade
1–2 Eier
Pflanzenöl zum Fritieren
Salbei- oder Basilikumblätter zum Garnieren

Den Käse in ca. 4 cm große Würfel schneiden, mit wenig Mehl bestäuben, in das verquirlte Ei tauchen und in Semmelbröseln wälzen. Noch einmal in das Ei tauchen und mit einer zweiten Schicht Semmelbrösel bedecken.

Nun die Käsewürfel nacheinander – immer nur wenige auf einmal – in dem heißen Öl ausbacken, bis sie eine schöne goldbraune Farbe angenommen haben, dann zum Abtropfen und Entfetten auf Küchenpapier legen. Mit Salbei oder Basilikum garnieren und heiß servieren.

Kampanien

MOZZARELLA IN CAROZZA

Fritierte Brot-Käse-Scheiben

Für 4 Personen
4 dicke Scheiben Mozzarella
8 Scheiben Weißbrot ohne Rinde
1–2 EL Mehl
2 Eier
1 Prise Salz
Pflanzenöl zum Fritieren

Den Mozzarella der Form der Brotscheiben entsprechend zuschneiden und je eine Scheibe Käse zwischen zwei Brotscheiben legen und gut zusammendrücken. Die Innenränder mit wenig Mehl bestäuben und mit kaltem Wasser beträufeln. Fest zusammendrücken.

Eier mit Salz in einer flachen Schüssel verquirlen. Die Sandwiches darin wenden und 20 Minuten ruhen lassen.

Öl 1 cm hoch in eine Bratpfanne füllen und erhitzen. Die Sandwiches bei mäßiger Hitze von beiden Seiten darin fritieren, bis sie eine schöne goldbraune Farbe haben. Anschließend zum Abtropfen auf Küchenpapier legen. Heiß servieren.

Frittata al basilico; Provatura fritta; Frittata di tartufi

Fisch & Schalentiere

Die langgestreckte Küste Italiens, seine fischreichen Seen, Flüsse und Bäche lassen nicht verwundern, daß Fisch zu den Hauptnahrungsmitteln des Landes zählt. Im allgemeinen wird Fisch in Italien auf leichte, bekömmliche Weise zubereitet; man verzichtet auf die schweren, mächtigen Saucen mit Wein und Sahne, die die Franzosen so lieben. Viel wichtiger ist es dem Italiener, den Eigengeschmack des Fisches zu erhalten.

Einfache Methoden wie Grillen, Backen, Braten oder Poschieren sind die beliebtesten Arten der Zubereitung von Fisch. Kleine, junge Fische wie frische Anschovis und Sardinen werden meist nur fritiert und mit Zitrone garniert serviert. Selbst Fischsuppen und -eintöpfe werden auf diese einfache Weise zubereitet und nur in einem leichten, mit Zwiebeln, Knoblauch und Kräutern gewürzten Tomatenfond gegart.

Die Zahl der in Italien erhältlichen Fische und Schalentiere ist unermeßlich; viele kommen nur in diesem Teil des Mittelmeeres vor. Zu den beliebtesten Fischgerichten gehören *baccalà*, Aal und verschiedene herzhafte Fischsuppen.

Baccalà (Klippfisch) ist ein eingesalzener, getrockneter Dorsch. Manchmal nennen die Italiener ihn auch *stoccafisso*, was jedoch irreführend sein kann, weil Stockfisch ein ungesalzener, getrockneter Fisch ist. *Baccalà* muß vor der Verwendung in frischem kalten Wasser, das mehrmals erneuert wird, gewässert werden. Wie lange er zu wässern ist, hängt davon ab, ob und wie lange er vor dem Einkauf schon gewässert wurde. Da *baccalà* in Deutschland nur in den seltensten Fällen erhältlich sein dürfte, haben wir in den Rezepten ersatzweise Stockfisch angegeben. Das aus Venedig stammende *Baccalà mantecato*-Rezept Seite 109 dürfte wohl das berühmteste aller Baccalà-Gerichte sein. Es hat viel Ähnlichkeit mit dem französischen *»brandade de morue«*, einer cremigen Fischpaste. Der Fisch wird dabei in feine Scheiben geschnitten und, zusammen mit Olivenöl, Knoblauch und anderen Gewürzen, unter ständigem Rühren zu einer cremigen Masse gekocht. Man ißt ihn zu getoastetem Brot oder Polenta.

Auch Aal gibt es in ganz Italien; er wird auf viele verschiedene Arten zubereitet. Die Italiener lieben ihn besonders am Spieß gebraten, gebacken oder als Eintopf, oder sie servieren ihn als eine Art Auflauf oder in einer einfachen Tomatensauce bzw. auch mit Wein. Marinierter Aal ist ein beliebtes Weihnachtsessen.

Im Süden des Landes, wo die Bevölkerung mehr auf Fisch angewiesen ist als in den reicheren nördlichen Regionen, hat jedes Fischerdorf sein eigenes Rezept für die Zubereitung der nahrhaften Fischsuppe, die der französischen *bouillabaisse* sehr ähnlich ist. Da gibt es die berühmte *burrida* aus Genua, die *brodetto* aus den Abruzzen, Marken und Kampanien, die *cassola* aus Sizilien oder die *zuppa di pesce* aus Apulien. Jede Region ist zu Recht stolz auf ihre Fischsuppe mit den ihr eigenen darin verwendeten Fischarten und würzenden Zutaten.

Datteri di mare in sughetto; Gamberetto all'erba; Gianchetti fritto

Ligurien

GIANCHETTI FRITTO

Fritierte Sardinen

Für 4 Personen
200 g Mehl
Salz und frisch gemahlener schwarzer Pfeffer
gut ¼ l lauwarmes Wasser
500 g Sardinen
Pflanzenöl zum Fritieren
4 Zitronenscheiben zum Garnieren

Das Mehl mit einer Prise Salz und Pfeffer in eine Schüssel sieben. Soviel lauwarmes Wasser hinzufügen, bis ein dicklicher Ausbackteig entstanden ist. Kräftig schlagen, bis der Teig glatt und geschmeidig ist. Nun die Sardinen in den Teig geben und so lange wenden, bis sie rundum mit Teig bedeckt sind.

Das Öl in einer Friteuse erhitzen. Nacheinander die Fische hineingeben und so lange fritieren, bis sie goldbraun und knusprig sind. Niemals zu viele auf einmal in den Topf geben. Zum Abtropfen auf Küchenpapier legen und warm stellen, bis alle Fische fritiert sind. Mit Zitronenscheiben garniert servieren.

Friaul-Julisch-Venetien

GAMBERETTO ALL'ERBA

Shrimps mit Kräutern

Für 4–6 Personen
4 EL Olivenöl
4 Knoblauchzehen
200 g gekochte, aus der Schale gelöste Shrimps
5 feingehackte Basilikumblätter
5 feingehackte Majoranblätter
3–4 feingehackte Petersilienzweige
1 Prise Paprika
1 Prise Salz
3–4 EL trockener Weißwein
einige Majoranzweige zum Garnieren

Das Öl in einer feuerfesten Form erhitzen, die geschälten Knoblauchzehen hineingeben und bei schwacher Hitze anbraten. Die Knoblauchzehen wieder herausnehmen, dann Shrimps, Kräuter, Paprika, Salz und Wein ins Öl geben und erhitzen, bis die Shrimps heiß sind.

Mit Majoranzweigen garnieren und dann sofort servieren.

Lombardei

PESCE PERSICO ALLA COMASCA

Marinierter Barsch

Für 4 Personen
4 küchenfertige Barsche
4 EL Olivenöl
Saft einer Zitrone
1 kleine Zwiebel (gewürfelt)
Salz und frisch gemahlener schwarzer Pfeffer
etwas Mehl für die Panade
2 Eier
Semmelbrösel für die Panade
75 g Butter

Die Fische enthäuten und filetieren. Öl, Zitronensaft und Zwiebelwürfel verrühren und reichlich mit Salz und Pfeffer würzen. Die Fischstücke in eine flache Schüssel legen, mit der Marinade übergießen und eine Stunde lang ziehen lassen. Dabei von Zeit zu Zeit wenden.

Anschließend den Fisch mit Küchenpapier sorgfältig abtrocknen. In Mehl wenden und in die mit Salz verquirlten Eier tauchen. Zuletzt in den Semmelbröseln wälzen und die Panade gut andrücken.

Die Butter in einer Bratpfanne erhitzen, den Fisch hineingeben und bei schwacher Hitze von beiden Seiten goldbraun braten, bis er gar ist. Auf eine vorgewärmte Platte legen und mit dem Bratfond übergießen. Sofort servieren.

Friaul-Julisch-Venetien

DATTERI DI MARE IN SUGHETTO

Miesmuscheln auf Croûtons

Für 4 Personen
1,5 kg Miesmuscheln
ca. 1/8 l Olivenöl
eine halbe Zwiebel
7 EL trockener Weißwein
Salz und frisch gemahlener schwarzer Pfeffer
4 Scheiben Weißbrot
Petersilienzweige zum Garnieren

Die Muscheln unter fließendem kalten Wasser abbürsten, anschließend in eine große Schüssel legen. Soviel kaltes Wasser darüber gießen, daß die Muscheln mit Wasser bedeckt sind, und 30 Minuten lang stehen lassen. Abtropfen lassen und alle Muscheln, die geöffnet sind, wegwerfen.

Sieben Eßlöffel Olivenöl in einer großen Pfanne erhitzen, die gehackte Zwiebel hineingeben und unter ständigem Rühren 5 Minuten andünsten. Muscheln und Wein hinzufügen und mit Pfeffer und Salz würzen. Bei geschlossenem Deckel ungefähr 5 Minuten kochen, bis die Muscheln sich geöffnet haben. Alle nicht geöffneten wegwerfen.

Inzwischen die Weißbrotscheiben im restlichen Öl von beiden Seiten knusprig braun braten. Jede Scheibe in 4 Stücke schneiden und diese in vier Suppenteller legen. Die Muscheln darauf verteilen und mit dem Muschelsud übergießen. Mit Petersilie garniert sofort servieren.

Venetien

SARDE RIPIENE

Gefüllte Sardinen

Für 4 Personen
8 große frische Sardinen
100 g Semmelbrösel
1 Knoblauchzehe
1 EL gehackte Petersilie
8 zerdrückte Kapern
6 EL Olivenöl
50 g geriebener Parmesan
Salz und frisch gemahlenen schwarzen Pfeffer

Die Sardinen an einer Seite aufschneiden, die Rückengräte – aber ohne Kopf und Schwanz – entfernen und die Fische ausnehmen.

Zwei Drittel der Semmelbrösel zusammen mit der zerdrückten Knoblauchzehe, Petersilie, Kapern, Öl und der Hälfte des Käses in eine Schüssel geben und mit Salz und Pfeffer würzen. Alles gut miteinander vermischen.

Jeden Fisch mit einem kleinen Teil der Mischung füllen und diese gleichmäßig verstreichen. Anschließend die Fischhälften zusammenklappen.

Die gefüllten Fische in eine eingeölte feuerfeste Form setzen und mit den restlichen Semmelbröseln und dem Käse bestreuen. Im vorgeheizten Backofen bei mäßiger Hitze (180°) 20 Minuten backen. Sofort servieren.

Venetien

GRANSEOLE ALLA VENEZIANA

Krabben venezianische Art

Sofern Sie lebende Krabben für dieses Rezept verwenden, gibt man sie in einen großen Topf mit kochendem Salzwasser und läßt sie 20 Minuten kochen. Nach dem Abtropfen und Abkühlen werden sie wie unten beschrieben zubereitet.

Für 4 Personen
2 gekochte Riesen-Krabben, jede ca. 1 kg schwer
3–4 EL Olivenöl
Saft einer Zitrone
Salz und frisch gemahlener schwarzer Pfeffer

Die großen Zangen und Beine der Krabben abdrehen, aufbrechen und das Fleisch herauslösen. Alles weiße und braune Fleisch vom Körperpanzer abheben, die Magensäcke und Kiemen entfernen. Die Schalen säubern und beiseite legen.

Nun das Fleisch zerpflücken und in einer Schüssel verteilen. Mit Öl und Zitronensaft beträufeln und mit Salz und Pfeffer würzen. In den Krabbenschalen anordnen und kalt servieren.

Oben: Granseole alla veneziana; Sarde ripiene
Rechts: Baccalà alla fiorentina

Venetien

BACCALÀ MANTECATO

Klippfisch Mantecato

Für 4 Personen
600 g gesalzener Baccalà oder Stockfisch
(über Nacht kalt wässern)
5 EL Olivenöl
1 EL gehackte Petersilie
2 zerdrückte Knoblauchzehen
3 EL Sahne
frisch gemahlener schwarzer Pfeffer

Den gewässerten Fisch kalt abspülen, häuten und entgräten.

Dann in eine feuerfeste Kasserolle legen und knapp mit Wasser bedecken. Zum Kochen bringen, die Temperatur herunterstellen und 20–30 Minuten lang leise köcheln lassen, bis der Fisch weich ist. Abtropfen lassen, Haut und Gräten entfernen und in hauchdünne Scheiben schneiden. Diese in eine Schüssel geben, in ein heißes Wasserbad stellen und nun unter Rühren mit einem Holzlöffel oder dem Elektroquirl tropfenweise das Öl hinzufügen.

So lange rühre, bis ein glatter Brei entstanden ist. Anschließend Petersilie, Knoblauch und Sahne unterrühren und mit Pfeffer abschmecken. Warm oder kalt zu frischem oder getoastetem Brot servieren.

Emilia-Romagna

ANGUILLE ALLA COMACCHIESE

Aal in Tomatensauce

Für 6 Personen
4 EL Olivenöl
1 Zwiebel
1 EL gehackte Petersilie
3 EL Tomatenmark
gut ⅛ l warmes Wasser
Salz und frisch gemahlener schwarzer Pfeffer
2 kleine Aale von je etwa 750 g
3–4 EL Essig
7 EL Fischsud

Das Öl in einer schweren Pfanne erhitzen, die in Würfel geschnittene Zwiebel und die Petersilie hinzufügen und 5 Minuten dünsten. Das Tomatenmark mit dem warmen Wasser verrühren und zu der Zwiebel-Petersilie-Mischung geben. Die Sauce kräftig mit Salz und Pfeffer würzen und weitere 10 Minuten köcheln.

Inzwischen die Aale enthäuten, säubern und in 5 cm große Stücke schneiden.

Die Hälfte der Sauce in einen Topf füllen, die Aalstücke in einer Schicht darauf verteilen. Die restliche Sauce und den Essig darüber gießen und 5 Minuten leise köcheln lassen. Anschließend den Fischsud darüber gießen, den Deckel schließen und weitere 20 Minuten köcheln lassen, bis der Fisch gar ist. Heiß servieren. Dazu schmeckt Polenta (Rezept Seite 87).

Toskana

BACCALÀ ALLA FIORENTINA

Klippfisch Florentiner Art

Für 4 Personen
750 g Baccalà oder Stockfisch
(über Nacht kalt wässern)
Mehl für die Panade
5 EL Olivenöl
1 halbe Zwiebel
1 Knoblauchzehe
1 Prise getrockneter Thymian
1 Lorbeerblatt
500 g Tomaten
frisch gemahlener schwarzer Pfeffer
1 EL gehackte Petersilie

Den gewässerten Fisch kalt abspülen, von Haut und Gräten befreien und in mundgerechte Stücke schneiden. Anschließend in Mehl wälzen. 3 Eßlöffel Öl in einer großen Bratpfanne erhitzen und die Fischstücke von allen Seiten goldbraun braten. Zum Abtropfen auf Küchenpapier legen.

Das restliche Öl in die Pfanne geben, die gehackte Zwiebel und die zerdrückte Knoblauchzehe hinzufügen und 5 Minuten dünsten. Thymian und das zerbröselte Lorbeerblatt unterrühren. Die Tomaten enthäuten, zu Brei zerstampfen und ebenfalls hinzufügen. Mit Pfeffer abschmecken. Anschließend die Fischstücke wieder in die Pfanne geben.

Nun zum Kochen bringen, die Temperatur herunter stellen und den Pfanneninhalt 15 Minuten leise köcheln lassen. Mit Petersilie bestreut heiß servieren.

Baccalà (Klippfisch) – ein eingesalzener und getrockneter Dorsch – gehört zu den Lieblingsspeisen der Italiener. Vor allem in Rom und Venedig ist er sehr beliebt, und in beiden Städten gibt es eine Reihe von Baccalà-Spezialitäten. In Italien ist es zur Tradition geworden, an Freitagen (besonders am Karfreitag) und am Weihnachtsabend Baccalà zu essen.

Cieche alle pisana; Triglie in graticola

Toskana

CIECHE ALLA PISANA

Aal überbacken

Für 4 Personen
7 EL Olivenöl
4 Knoblauchzehen
4 gehackte Salbeiblätter
1 kg küchenfertige Aale
¼ l Wasser
Salz und frisch gemahlener schwarzer Pfeffer
4 Eier
50 g Semmelbrösel
75 g geriebener Parmesan
Saft einer halben Zitrone
Salbeiblätter zum Garnieren

Das Öl in einer feuerfesten Kasserolle erhitzen, die zerdrückte Knoblauchzehe und Salbei hinzufügen und anbräunen. Die Aale säubern, ebenfalls in den Topf geben und 5 Minuten anschmoren. Ein Viertelliter Wasser hinzufügen und mit Salz und Pfeffer würzen. Den Deckel aufsetzen und die Aale im vorgeheizten Backofen bei mäßiger Hitze (180°) 30 Minuten bzw. so lange garen, bis sie weich und zart sind.

Eier zusammen mit Semmelbröseln, Parmesan, Zitronensaft und einer Prise Salz und Pfeffer in eine Schüssel geben und gut durchrühren. Diese Mischung über die Aale verteilen und unter dem vorgeheizten Grill schieben, bis sich eine goldbraune Kruste gebildet hat. Mit Salbeiblättern garniert sofort servieren.

Toskana

TRIGLIE ALLA LIVORNESE

Seebarben-Topf

Für 4 Personen
Olivenöl zum Anbraten
2 Knoblauchzehen
1 kleine Zwiebel
500 g Tomaten
Salz und frisch gemahlener schwarzer Pfeffer
2 Seebarben von je etwa 500 g
etwas Mehl
1 EL gehackte Petersilie

Drei Eßlöffel Öl in einer Kasserolle erhitzen, die in Scheiben geschnittenen Knoblauchzehen hinzufügen und 5 Minuten dünsten. Knoblauch herausnehmen, die gehackte Zwiebel in das Öl geben und 5 Minuten dünsten. Die gehäuteten, gewürfelten Tomaten in den Topf geben, kräftig mit Salz und Pfeffer würzen und alles 15 Minuten zugedeckt leise köcheln.

In der Zwischenzeit 4 Eßlöffel Öl in einer Bratpfanne erhitzen. Die Fische säubern, trocken tupfen und in Mehl wälzen. Dann im heißen Öl rundherum goldbraun braten. Aus der Pfanne nehmen, auf Küchenpapier abtropfen lassen und mit Salz und Pfeffer würzen.

Nun die Seebarben ebenfalls in den Topf zu den Tomaten geben und 5 Minuten leise mitschmoren. Mit gehackter Petersilie bestreut sofort servieren.

Marken

BRODETTO ALL' ANCONETANA

Fischeintopf Ancona

Für dieses Fischgericht sollten Sie möglichst viele verschiedene Fischsorten und Schalentiere verwenden, um der Suppe einen besonderen geschmacklichen Reiz zu verleihen. In Italien bereitet man sie gerne mit Seebarben oder Meeräschen, mit Seebarsch, Seezunge, Heilbutt, Shrimps, Miesmuscheln oder Venusmuscheln zu.

Für 6 Personen
1,5 kg verschiedene Fische und Schalentiere
3–5 EL Olivenöl
Mehl für die Panade
1 Zwiebel
3 Knoblauchzehen
2 Lorbeerblätter
1 Stück eingelegte Chilischote
500 g Tomaten
1 EL gehackte Petersilie
Salz und frisch gemahlener schwarzer Pfeffer
2 EL Weinessig
6 Scheiben Toastbrot

Falls die Schalentiere noch roh sind, mit 2 Eßlöffeln Öl in eine Pfanne geben und so lange schmoren, bis die Schalen sich geöffnet haben. Anschließend das Fleisch aus den Schalen lösen und beiseite stellen. Die anderen Fische säubern, in mundgerechte Stücke schneiden und danach in Mehl wälzen.

Das restliche Öl in einer großen feuerfesten Kasserolle erhitzen und die geschälten Knoblauchzehen, Lorbeerblätter und Chilischote hinzufügen. Alles 10 Minuten lang dünsten, dann die Knoblauchzehen wieder herausnehmen. Tomaten enthäuten, in Würfel schneiden und zusammen mit der Petersilie in die Kasserolle geben. Mit Salz und Pfeffer würzen und 20 Minuten unter gelegentlichem Umrühren leise köcheln lassen. Anschließend durch ein Sieb gießen.

Nun die Sauce wieder in die Kasserolle füllen und die Fischstücke hineingeben. Bei geschlossenem Dekkel 15 Minuten lang leise köcheln (eher ziehen) lassen, bis der Fisch gar ist. Die Schalentiere und den Essig hinzufügen und weitere 5 Minuten lang kochen.

In jede Suppentasse eine Scheibe Toastbrot legen und mit der Fischsuppe auffüllen. Sofort servieren.

Abruzzen & Molise

TRIGLIE IN GRATICOLA

Marinierte Seebarben

Für 4 Personen
1 Knoblauchzehe
1 EL gehackte Petersilie
2 Lorbeerblätter
7 EL Olivenöl
Salz und frisch gemahlener schwarzer Pfeffer
2 Seebarben oder Meeräschen von je ca. 500 g
ein paar Lorbeerblätter zum Garnieren

Die zerdrückte Knoblauchzehe, Petersilie, die zerbröselten Lorbeerblätter und das Öl vermischen; diese Marinade mit wenig Salz und Pfeffer würzen. Die Fische säubern, Rückengräten entfernen, Schwanz und Kopf jedoch daran lassen. Anschließend in eine flache Schüssel legen, mit der Marinade übergießen und 2 Stunden lang ziehen lassen; dabei gelegentlich wenden.

Die Fische kreuzweise einschneiden und unter dem vorgeheizten heißen Grill von jeder Seite 10 Minuten braten. Dabei immer wieder mit der Marinade bestreichen. Die Fische mit Lorbeerblättern garniert sofort anrichten.

Capitoni-Aale sind die teuersten und stammen aus Grosseto in der Toskana. Ihr Fleisch ist besonders zart und saftig. Sie werden in alle Regionen Italiens transportiert, besonders jedoch nach Rom, wo sie am Heilig Abend auf den Fischmärkten für das traditionelle Heilig Abend-Essen der Römer verkauft werden. Für die Zubereitung von _Cieche alla pisana_ (Rezept gegenüberliegende Seite) wird eine andere _Capitoni_-Art verwendet. _Cieche_ sind junge Aale, die an der Mündung des Arno in der Nähe von Pisa gefangen werden. Sie sind charakteristisch für diese Gegend und gelten als besondere Delikatesse. Man kann das Gericht jedoch auch mit jeder anderen Aalsorte zubereiten.

Kampanien

ALICI A SCAPECE

Marinierte Anchovis

Für 4 Personen
ca. 600 g frische Anchovis
Mehl für die Panade
Pflanzenöl zum Braten
Salz und frisch gemahlener schwarzer Pfeffer
gut 1/8 l Wasser
4 EL Weinessig
1 kleine Zwiebel
2 Knoblauchzehen
3 Lorbeerblätter
1 Prise getrockneter Majoran
ein paar schwarze Pfefferkörner

Die Anchovis an einer Seite aufschneiden, flach auseinander breiten und gründlich säubern. Kopf, Schwanz und Rückengräte entfernen. Anschließend in Mehl wenden.

Das Öl in einer Bratpfanne erhitzen, die Anchovis hineingeben und von beiden Seiten goldbraun braten, dann auf Küchenpapier abtropfen lassen, mit Salz und Pfeffer würzen und auf eine flache Platte legen.

Wasser, Essig, die feingewürfelte Zwiebel, die zerdrückten Knoblauchzehen, Lorbeerblätter, Majoran und die Pfefferkörner in eine kleine Pfanne geben, alles aufkochen, dann die Hitze reduzieren und weitere 5 Minuten leise köcheln lassen.

Anschließend die Marinade über die Anchovis gießen und zugedeckt 24 Stunden darin ziehen lassen. Kalt servieren.

Apulien & Basilikata

ACCIUGHE IN COTOLETTA

Fritierte Anchovis

Für 4 Personen
ca. 600 g frische Anchovis
2 Eier
200 g Semmelbrösel
Pflanzenöl zum Fritieren
Salz
einige Zitronenscheiben

Die Anchovis an einer Seite aufschneiden, gründlich säubern und Kopf und Rückengräte entfernen. Jeden Fisch flach auseinanderdrücken, dann jeweils zwei mit der offenen Seite aufeinanderlegen. Fest zusammendrücken, bis sie gut aufeinander haften.

Jedes Fischpaar in die mit wenig Salz verquirlten Eier tauchen und in Semmelbröseln wälzen. Das Öl in einer Friteuse erhitzen und die Fische darin goldbraun ausbacken. Auf Küchenpapier abtropfen lassen und mit Salz würzen. Die Fische mit Zitronenscheiben garniert sofort servieren.

Italien verfügt über reiche Bestände an frischen Anchovis; außerhalb des Landes jedoch sind sie relativ selten. Als Ersatz kann man frische, junge Sardinen verwenden, oder auch kleine Sprotten, falls diese erhältlich sind.

Kampanien

'MPEPATA DI COZZE

Miesmuscheln mit Zitrone

Für 4 Personen
1,5 kg Miesmuscheln
1 Knoblauchzehe
3–4 EL Wasser
1 Zitrone
1 EL gehackte Petersilie
frisch gemahlener schwarzer Pfeffer

Die Muscheln unter fließendem kalten Wasser gründlich abbürsten, dann in eine große Schüssel legen. Mit kaltem Wasser bedecken und 30 Minuten lang stehen lassen. Das Wasser abgießen und alle offenen Muscheln gleich aussortieren und wegwerfen.

Nun die Muscheln zusammen mit der geschälten Knoblauchzehe und dem Wasser in eine große Pfanne geben. Den Deckel aufsetzen und ca. 5 Minuten kochen, bis die Schalen sich geöffnet haben. Alle Muscheln, die sich nicht geöffnet haben, wegwerfen. Die übrigen abtropfen lassen, dabei den Sud auffangen.

Die Zitrone schälen, dann in einzelne Spalten teilen, dabei die Kerne entfernen. Die Muscheln und den Muschelsud in eine saubere Pfanne geben, Petersilie und Zitronenspalten hinzufügen und reichlich mit Pfeffer bestreuen. Alles weitere 5 Minuten köcheln lassen und anschließend sofort servieren.

Acciughe in cotoletta; Sgombri alla barese; Polpi in umido; 'Mpepata di cozze

Apulien & Basilikata

SGOMBRI ALLA BARESE

Marinierte Makrelen mit Kräutern

Für 4 Personen
4 Makrelen von je etwa 250 g
¼ l Weißweinessig
Salz und frisch gemahlener schwarzer Pfeffer
gut ⅛ l Olivenöl
3 Knoblauchzehen
1 EL gehackte Petersilie
6 Minzeblätter
einige Minzezweige zum Garnieren

Die Fische säubern, in eine große Kasserolle legen und soviel Wasser hinzugießen, daß die Fische knapp bedeckt sind. Dann langsam zum Kochen bringen und bei geschlossenem Deckel 10 Minuten leise köcheln lassen. Die Makrelen aus dem Sud nehmen, abtropfen lassen und kalt stellen.

Anschließend die Makrelen enthäuten, jeden Fisch in vier Filets teilen und diese in einer flachen Schüssel, mit dem Essig übergießen und mit wenig Salz und Pfeffer bestreut 30 Minuten lang ziehen lassen.

Die Knoblauchzehen schälen und feinhacken, Minzeblätter ebenfalls hacken und mit Öl, Petersilie und einer Prise Salz gut vermischen. Die Makrelen aus dem Essig nehmen, abtropfen lassen, wieder in die Schüssel geben und mit der Öl-Kräuter-Marinade abgießen. Die Filets mit Minzezweigen garnieren und kalt servieren.

Apulien & Basilikata

POLPI IN UMIDO

Tintenfisch in Tomatensauce

Für 4 Personen
750 g Tintenfische
4 EL Olivenöl
4 EL trockener Weißwein
500 g Tomaten
Salz und frisch gemahlener schwarzer Pfeffer
1 Knoblauchzehe
1 EL gehackte Petersilie

Die Tintenfische säubern und in 2 ½ cm große Stücke schneiden. Das Öl in einer feuerfesten Kasserolle erhitzen, die Tintenfischstücke hineingeben und bei mäßiger Hitze unter häufigem Wenden 10 Minuten braten. Wein hinzufügen und so lange köcheln lassen, bis er verdunstet ist. Die Tomaten enthäuten und feingewürfelt zum Fisch geben. Mit Salz und Pfeffer würzen. Die Temperatur herunterstellen, den Deckel aufsetzen und das Gericht etwa 45 Minuten lang schmoren, bis die Fischstücke gar sind.

Mit der geschälten, feingehackten Knoblauchzehe und gehackter Petersilie bestreuen und heiß servieren.

Sizilien

SARDE A BECCAFICO

Fritierte Sardinen mit Käsefüllung

Für 4–6 Personen
750 g frische Sardinen
knapp ¼ l Weißweinessig
75 geriebener Pecorino-Käse
3 Knoblauchzehen
1 EL gehackte Petersilie oder Basilikum
Salz und frisch gemahlener schwarzer Pfeffer
2 Eier
Semmelbrösel für die Panade
Pflanzenöl zum Fritieren
einige Basilikum- oder Petersilienzweige zum Garnieren

Die Sardinen an einer Seite aufschneiden und gründlich säubern; dabei die Rückengräten entfernen, Kopf und Schwanz jedoch daran lassen. Die Fische auseinanderklappen und in eine flache Schüssel legen, mit dem Essig übergießen und 2 Stunden lang ziehen lassen. Dabei gelegentlich umdrehen.

Die Fische abtropfen lassen. Pecorino mit den zerdrückten Knoblauchzehen und der Petersilie (oder Basilikum) vermischen, mit Salz und Pfeffer würzen und diese Würzmischung auf den Innenseiten der Sardinen verteilen. Die Fische wieder zusammenklappen und anschließend in den verquirlten Eiern und in Semmelbröseln wenden.

Das Öl in eine Bratpfanne gießen (der Pfannenboden sollte etwa 5 mm hoch damit bedeckt sein) und erhitzen. Die Sardinen darin bei mäßiger Hitze von beiden Seiten knusprig-braun braten. Zum Abtropfen auf Küchenpapier legen und mit Basilikum- oder Petersilienzweigen garniert sofort servieren.

Apulien & Basilikata

COZZE ALLA PUGLIESE

Muscheln apulische Art

Für 4 Personen
1 kg Miesmuscheln
4 EL Olivenöl
2 Knoblauchzehen
7 EL trockener Weißwein
2 EL Tomatenmark
4 EL Wasser
Salz und frisch gemahlener schwarer Pfeffer
25 g Butter
25 g Mehl
¼ l Milch
2 EL geriebener Parmesan
3 EL Semmelbrösel

Die Muscheln unter fließendem kalten Wasser gründlich abbürsten, dann 30 Minuten lang in kaltes Wasser legen. Abtropfen lassen und alle Muscheln, deren Schalen sich geöffnet haben, wegwerfen.

Nun die Muscheln mit der Hälfte des Öls in eine Pfanne geben und bei starker Hitze 5 Minuten kochen, bis sie geöffnet sind (alle nicht geöffneten entfernen). Den Kochsud durch ein Sieb gießen und beiseite stellen. Die etwas abgekühlten Muscheln aus der Schale lösen.

Das restliche Öl in einer Pfanne erhitzen, die zerdrückten Knoblauchzehen hineingeben und goldbraun braten. Wein und Muschelsud hinzufügen und 5 Minuten leise köcheln lassen. Das mit Wasser verdünnte Tomatenmark unter den Sud rühren, mit Salz und Pfeffer abschmecken und weitere 5 Minuten köcheln lassen.

Inzwischen die Butter in einer kleinen Pfanne

Sarde a beccafico; Agghiotta di pesce spada

Das Gericht *Sarde a beccafico* ist nach den winzigen sizilianischen Vögeln benannt, die als *beccafichi* oder Feigenspechte bekannt sind. Sie gelten, ebenso wie andere kleine Vogelarten, als große Delikatesse in Italien und werden meistens am Spieß gegrillt. Wenn die Sardinen gefüllt und fritiert sind, kann man sich gut vorstellen, warum dieses Rezept so heißt – die Sardinen haben dann tatsächlich eine verblüffende Ähnlichkeit mit kleinen Vögeln.

schmelzen, das Mehl hinzufügen und unter ständigem Rühren 5 Minuten goldgelb anschwitzen lassen. Nach und nach die Milch mit einem Schneebesen unterrühren und bei schwacher Hitze unter ständigem Rühren kochen, bis eine dickliche weiße Sauce entstanden ist.

Die Muscheln mit der Tomatensauce in einer flachen, feuerfesten Form mischen. Die weiße Sauce darüber gießen und mit Parmesan und Semmelbröseln bestreut im vorgeheizten Backofen bei mäßiger Hitze (190°) 15 Minuten lang backen und sofort heiß servieren.

Sizilien

COTOLETTE DI TONNO

Gegrillte Thunfisch-Koteletts

Für 4 Personen
4 Thunfischkoteletts von je etwa 175 g
2 Knoblauchzehen
1 Rosmarinzweig
Salz und frisch gemahlener schwarzer Pfeffer
knapp ¼ l trockener Weißwein
4 EL Olivenöl
25 g Semmelbrösel
Saft einer Zitrone

Die Fischkoteletts in eine tiefe Schüssel legen, mit den gehackten Knoblauchzehen, dem gehackten Rosmarinnadeln, Salz und Pfeffer bestreuen. Den Wein über den Fisch gießen und unter gelegentlichem Wenden darin eine Stunde ziehen lassen.

Dann die Fischstücke abtropfen lassen und trockentupfen; die Marinade aufheben. Die Koteletts mit etwas Öl bepinseln und von jeder Seite 7–8 Minuten unter dem vorgeheizten Grill bei mäßiger Hitze grillen; dabei von Zeit zu Zeit mit der Marinade bestreichen. Nun die Semmelbösel über die Koteletts streuen und weitere 5 Minuten grillen.

Das restliche Öl mit Zitronensaft vermischen und mit Salz und Pfeffer abschmecken. Die Filets auf einer angewärmten Platte anrichten, mit dem Zitronenöl beträufeln und sofort servieren.

Anmerkung: Anstelle von Thunfisch kann man auch Koteletts vom Lachs verwenden.

Sizilien

AGGHIOTTA DI PESCE SPADA

Schwertfisch oder Lachs mit Tomaten und Oliven

Für 4 Personen
4 Schwertfisch- oder Lachsscheiben von je ca. 175 g
Mehl für die Panade
4 EL Olivenöl
Salz und frisch gemahlener schwarzer Pfeffer
1 kleine Zwiebel
1 Stange Staudensellerie
2 Knoblauchzehen
500 g Tomaten
25 g kernlose Rosinen
25 g Pinienkerne
1 EL Kapern
100 g grüne Oliven
2 Lorbeerblätter

Die Fischscheiben in Mehl wenden und leicht abklopfen. Öl in einer feuerfesten Kasserolle erhitzen, die Fischscheiben hineingeben und von beiden Seiten goldbraun braten, dann zum Abtropfen auf Küchenpapier legen. Mit Salz und Pfeffer würzen.

Die geschälte Zwiebel und die gewaschene Selleriestange fein hacken und zusammen mit den zerdrückten Knoblauchzehen in die Kasserolle geben und 5 Minuten dünsten. Inzwischen die Tomaten enthäuten, zu Brei zerstampfen und mit Salz und Pfeffer würzen, dann ebenfalls in den Topf geben und 15 Minuten mitköcheln lassen.

Die Rosinen 15 Minuten lang in lauwarmem Wasser einweichen, anschließend trockentupfen. Danach zusammen mit den Pinienkernen, Kapern und den halbierten und entkernten Oliven unter den Tomatenbrei rühren und weitere 5 Minuten kochen.

Nun die Fischscheiben wieder in die Kasserolle geben, Lorbeerblätter und soviel Wasser hinzufügen, daß der Fisch knapp bedeckt ist. Den Deckel aufsetzen und das Gericht im vorgeheizten Backofen bei mäßiger Hitze (180°) ca. 15–20 Minuten lang garen lassen, bis der Fisch zart und weich ist. Die Lorbeerblätter entfernen und den Fisch heiß servieren.

Oben: *Naselli alla palermitana; Calamari ripieni al forno*
Rechts: *Cassola*

Sizilien

PESCE ALLA MESSINESE

Fischauflauf mit Wein

Für 4 Personen
750 g Schwertfisch oder Seebarsch, Kabeljau etc.
500 g Kartoffeln
Salz
5 EL Olivenöl
1 Zwiebel
1 Knoblauchzehe
gut 1/8 l trockener Weißwein
600 g Tomaten
frisch gemahlener schwarzer Pfeffer
250 g schwarze Oliven
25 g Kapern

Den Fisch von Haut und Gräten befreien und in mundgerechte Stücke schneiden. Die geschälten Kartoffeln 10 Minuten in Salzwasser kochen, dann abgießen und in Scheiben schneiden.

Das Öl in einer feuerfesten Kasserolle erhitzen, die gehackte Zwiebel und Knoblauchzehe hineingeben und 5 Minuten dünsten. Die Fischstücke hinzufügen und unter öfterem Wenden 2–3 Minuten braten. Den Wein hinzugießen und alles einige Minuten köcheln lassen. Die Tomaten enthäuten und in Würfel geschnitten ebenfalls unterrühren; mit Salz und Pfeffer abschmecken.

Die Kartoffeln, Oliven und Kapern in die Kasserolle geben, dann den Deckel aufsetzen und den Auflauf im vorgeheizten Backofen bei mäßiger Hitze (180°) 20 Minuten bzw. so lange backen, bis Fisch und Kartoffeln gar sind. Heiß servieren.

Sizilien

NASELLI ALLA PALERMITANA

Seehecht mit Rosmarin und Anchovis

Für 4 Personen
1 küchenfertiger Seehecht von ca. 1 kg
Salz und frisch gemahlener schwarzer Pfeffer
10–12 Rosmarinzweige
3 EL Olivenöl
6 Anchovisfilets aus der Dose
etwas Milch
50 g Semmelbrösel
1 Zitronenscheibe zum Garnieren

Den Fisch waschen und innen und außen abtrocknen, dann mit Salz und Pfeffer bestreuen. Die Hälfte der Rosmarinzweige in Öl tauchen und in einer feuerfesten Kasserolle verteilen. Den Fisch darauf legen.

Anchovis in Milch einweichen, abtropfen lassen und in Würfel schneiden. Das restliche Öl in einer kleinen Pfanne erhitzen, die Anchoviswürfel hinzufügen und so lange köcheln lassen, bis sie sich aufgelöst haben; dabei mit einer Gabel zu Brei zerdrücken. Diese Mischung über den Fisch gießen und die Semmelbrösel darüberstreuen. Den Fisch im vorgeheizten Backofen bei mäßiger Hitze (180°) 30 Minuten bzw. so lange backen, bis er gar ist. Vor dem Servieren den Fisch mit den restlichen Rosmarinzweigen und der Zitronenscheibe garnieren.

Sardinien

CALAMARI RIPIENI AL FORNO

Gefüllte und gebackene Tintenfische

Für 4 Personen
750 g Tintenfisch
4 Sardellenfilets aus der Dose
1 Knoblauchzehe
1 EL Semmelbrösel
1 EL gehackte Petersilie
1 verquirltes Ei
Salz und frisch gemahlener schwarzer Pfeffer
3 EL Olivenöl
einige Fenchelzweige zum Garnieren

Die Tintenfische säubern; Köpfe, Tintensäcke und Rückengräten entfernen. Die Tentakel abschneiden und die Tintenfische beiseite stellen. Für die Füllung die Tentakel 10 Minuten in Salzwasser kochen, dann abtropfen lassen, klein hacken und in eine Schüssel geben. Mit den restlichen Zutaten – außer Öl – vermengen und mit Salz und Pfeffer abschmecken.

Die Tintenfische mit dieser Mischung füllen, die Öffnung mit Küchengarn zunähen und dann in eine feuerfeste Form legen und mit Öl beträufeln.

Die Fische im vorgeheizten Backofen bei mäßiger Hitze (180°) 1 Stunde backen, bis sie gar sind. Mit Fenchelblättern garniert sofort servieren.

Sardinien

CASSOLA

Gemischte Fisch-Kasserolle

Für 6 Personen
4 EL Olivenöl
1 Zwiebel
1 Knoblauchzehe
1 Stück eingelegte Pfefferschote
500 g Tomaten
4 EL Weißwein oder Wasser
Salz und frisch gemahlener schwarzer Pfeffer
1,25 kg verschiedene Fische (Tintenfisch, Seezunge, Heilbutt, Seebarbe, Aal etc.)
6 Scheiben Toastbrot

Die Hälfte des Öls in einer großen, feuerfesten Kasserolle erhitzen. Zwiebel, Knoblauchzehe und Pfefferschote fein hacken, in den Topf geben und 5 Minuten im Öl dünsten. Die Tomaten enthäuten und in Würfel schneiden und ebenso wie den Wein oder das Wasser hinzufügen. Mit Salz und Pfeffer abschmecken und alles langsam zu Kochen bringen.

Den Tintenfisch im restlichen Öl 4–5 Minuten braten, dann zu der Tomatenmischung geben und alles bei geschlossenem Deckel ca. 30 Minuten köcheln lassen.

In der Zwischenzeit die übrigen Fische säubern und filetieren (sollten die Filets zu groß sein, werden sie in Stücke geschnitten). Die Fischstücke ebenfalls in die Kasserolle geben und 15 Minuten bzw. so lange köcheln lassen, bis alle Fische weich und zart sind.

Sechs vorgewärmte Suppentassen bereit stellen, in jede eine Scheibe Toast legen und mit dem Fischeintopf übergießen. Sofort servieren.

Die Fischindustrie Sardiniens ist für die Insel beinahe von ebenso großer Bedeutung wie die Schafzucht. Sicher ist allgemein bekannt, daß die Sardine dieser Insel ihren Namen verdankt; doch die Küsten sind auch reich an vielen anderen Fischarten. Gute Fänge von Thun- und Schwertfisch lassen die Geschäfte der Fischer blühen; allerdings ist die Fischindustrie hier noch stark in der Vergangenheit verwurzelt – bis zum heutigen Tage verrichten die Fischer ihre Arbeit mit hölzernen Angelhaken und Harpunen.

Fleischgerichte

In früheren Zeiten gehörte Fleisch in Italien nicht zu den wesentlichen Nahrungsmitteln – Fisch, Teigwaren, Gemüse und Käse wurden weit mehr konsumiert. Heute jedoch ist der Fleischverbrauch der Italiener, besonders der von Kalb- und Schweinefleisch, ebenfalls recht beträchtlich.

Rindfleisch wird im Norden des Landes mehr gegessen als in den mittleren oder südlichen Regionen, denn auf den saftigen Weiden und Bergalmen gedeihen ausgezeichnete Rinder. Im großen und ganzen werden sie zwar mehr der Milch als des Fleisches wegen gehalten, aber ein gewisser Anteil guten Rindfleisches landet eben doch in den Küchen. Ochsen werden in Italien hauptsächlich als Arbeitstiere eingesetzt, und so ist das Fleisch dieser Tiere häufig kräftiger, aber auch zäher, als Nichtitaliener es gewohnt sind. In den wohlschmeckenden Eintöpfen mit den langen Kochzeiten, wie sie im Norden Italiens zubereitet werden, findet diese Fleischsorte jedoch auf das Beste Verwendung. Die Italiener bevorzugen gutes Rindfleisch in erster Linie als Steak zubereitet, das sie einfach braten oder auf Holzkohle grillen.

Kalbfleisch ist äußerst beliebt in Italien und wird auf unzählige Weise zubereitet. Zu den verschiedenen Kalbfleischsorten gehört *vitello da latte;* das ist Fleisch von ganz jungen Kälbern, die, nur wenige Wochen alt, geschlachtet werden und vorher nur mit Milch ernährt worden sind. Es ist das beste und teuerste Kalbfleisch und eignet sich besonders gut für Schnitzel. Das in Italien und auch in anderen Ländern meistverkaufte Kalbfleisch ist zweifellos *vitello,* das Fleisch von älteren, 6–9 Monate alten Kälbern. *Vitellone* dagegen ist weder Kalb- noch Rindfleisch; manche Fleischer nennen es »Baby-Rind«, das allerdings für Schnitzel nicht geeignet ist. Doch neben den zahllosen Zubereitungsarten des Kalbsschnitzels, wissen die Italiener auch andere Fleischstücke des Kalbs köstlich zu verwenden. So zum Beispiel in der Kasserolle *Ossibuchi alla milanese* (Rezept Seite 128) oder gebraten wie im Rezept *Cima alla genovese* (Seite 127) und *Arrosto di vitello al latte* (Rezept Seite 128).

Lamm- und Ziegenfleisch sind ebenfalls ein beliebter Braten, besonders in der Region um Rom. *Abbacchio* (ein am Spieß gebratenes ganzes Lamm) oder *capretto* (eine am Spieß gebratene ganze Ziege) sind hier keine Seltenheit. Auch gebratene Lammschulter, -keule oder -brust sind sehr geschätzt, ebenso eine herzhafte Lamm-Kasserolle oder ein Lammeintopf.

Schweinefleisch mögen die Italiener ebenso gern frisch wie auch in geräucherter Form als Schinken, Speck, Wurst und Salami. Auch *porchetta* oder *porceddu,* ein im ganzen gebratenes Ferkel, ist eine beliebte Spezialität.

Innereien werden ebenfalls viel verwendet. Da eine italienische Hausfrau fast nie etwas Eßbares wegwerfen würde, verwendet sie Innereien häufig zusammen mit Kalb-, Rind- oder Schweinefleisch für Würste, Pasteten, Aufläufe, Ragouts oder Füllungen.

Piemont & Aostatal

BRASATO DI BUE AL BAROLO

Rindfleischtopf mit Barolo

Für 4 Personen

1 kg Rindfleisch (Oberschale oder Hüfte)
2 Zwiebeln
2 Karotten
1 Stange Staudensellerie
1 Knoblauchzehe
1 Flasche Barolo oder ähnlicher Rotwein
1 Lorbeerblatt
1 Rosmarinzweig
1 Prise getrockneter Thymian
1 Zimtstange
2 Gewürznelken
4 EL Olivenöl
2 EL Tomatenmark
3–4 EL Rindfleischbrühe
Salz und frisch gemahlener schwarzer Pfeffer
1 kleines Glas Brandy

Das Fleisch in eine große Schüssel legen. Zwiebel, Karotte und Selleriestange putzen und klein hacken, die Knoblauchzehe in dünne Scheiben schneiden. Aus dem Wein, dem kleingeschnittenen Gemüse und sämtlichen Kräutern und Gewürzen eine Marinade bereiten, diese über das Fleisch gießen und an einem kühlen Platz 12 Stunden lang ziehen lassen.

Das Fleisch trockentupfen, die Marinade aufheben. Öl in einer Kasserolle erhitzen und das Fleisch darin von allen Seiten scharf anbraten. Die Marinade hinzufügen, 10 Minuten schmoren lassen, dann das Tomatenmark mit der Rindfleischbrühe vermischen und ebenfalls in den Topf geben. Nun mit Salz und Pfeffer würzen und bei geschlossenem Deckel 2–2½ Stunden bei schwacher Hitze schmoren.

Das Fleisch aus der Sauce nehmen und warm stellen. Den Bratfond mit dem Gemüse durch ein Sieb streichen oder im Mixer pürieren. Anschließend wieder in die Kasserolle geben, den Brandy unterrühren und alles gut durchkochen. Vor dem Servieren das Fleisch in Scheiben schneiden, auf einer vorgewärmten Platte anrichten und mit einem Teil der Sauce übergießen; den Rest getrennt reichen.

Brasato di bue al barolo

Piemont & Aostatal

CARBONATA VALDOSTANA

Rindfleischtopf mit Rotwein

Für 4 Personen
750 g Rinderschmorbraten
etwas Mehl für die Panade
40 g Bratenfett oder 3 EL Öl
1 Zwiebel
gut 1/4 l kräftiger Rotwein
Salz und frisch gemahlener schwarzer Pfeffer

Das Fleisch in Mehl wenden. Öl oder Bratenfett in einer Kasserolle erhitzen, das Fleisch hineingeben und scharf anbraten, bis es von allen Seiten braun ist. Anschließend herausnehmen und beiseite stellen.

Die Zwiebel fein hacken, in den Topf geben und 5 Minuten dünsten. Nun das Fleisch wieder in die Kasserolle geben, den Wein hinzufügen und mit Salz und Pfeffer würzen. Den Braten bei geschlossenem Deckel ca. 2 Stunden schmoren, bis er weich und mürbe ist. Falls nötig, während des Schmorens noch etwas Wasser unterrühren. Heiß zu Polenta (Rezept Seite 87) servieren.

Lombardei

COSTATA DI MANZO ALLA VALTELLINESE

Rinderrouladen Valtelliner Art

Für 4 Personen
4 große, möglichst dünne Scheiben Rindfleisch aus der Oberschale
Salz und frisch gemahlener schwarzer Pfeffer
350 g Champignons
8 Tomaten
100 g Butter
6–8 EL Rindfleischbrühe
500 g Perlzwiebeln

Die Fleischscheiben mit Salz und Pfeffer bestreuen. Die Pilze in feine Scheiben schneiden, die Tomaten enthäuten, würfeln und beides auf der Mitte jeder Fleischscheibe verteilen. Diese dann aufrollen und mit einem festen Faden umwickeln.

Die Butter in einer Kasserolle schmelzen, die Rouladen hineingeben und mit einem Löffel die heiße Butter und Fleischbrühe über die Rouladen gießen. Bei geschlossenem Deckel etwa 1 Stunde lang schmoren, dabei gelegentlich mit dem Bratfett begießen.

In der Zwischenzeit die Zwiebeln schälen und 10 Minuten in Salzwasser kochen. Abtropfen lassen, auch zum Fleisch geben und alles weitere 30 Minuten lang schmoren, bis Fleisch und Zwiebeln weich sind.

Die Fäden entfernen, Rouladen und Zwiebeln auf einer Platte anrichten, mit dem Bratfond übergießen und sofort servieren.

Mondeghili

<u>Lombardei</u>

MONDEGHILI

Gebratene Fleischbällchen

<u>Für 4 Personen</u>
1 frisches Brötchen
etwas Milch
500 g Hackfleisch vom Rind
1 EL gehackte Petersilie
abgeriebene Schale einer halben Zitrone
1 Prise Muskat
Salz und frisch gemahlener schwarzer Pfeffer
1 Ei
Semmelbrösel zum Panieren
Pflanzenöl zum Braten
einige Rosmarinzweige zum Garnieren

Das Brötchen in Milch einweichen, anschließend ausdrücken, zerrupfen und zusammen mit dem Fleisch, Petersilie, Zitronenschale, Muskat, Salz und Pfeffer in einer Schüssel gut durchkneten und soviel des verquirlten Eis untermengen, daß ein geschmeidiger Teig entsteht. Daraus zunächst kleine Bällchen, diese dann zu flachen Ovalen formen und in Semmelbröseln wenden. Das Öl in einer Bratpfanne sehr heiß werden lassen und die Fleischbällchen darin goldbraun braten. Auf Küchenpapier entfetten. Die Bällchen mit Rosmarinzweigen garniert servieren.

Eins der wohl seltsamsten Gerichte der italienischen Küche ist die »Elefantenplatte«, deren Ursprung man im Balkan vermutet. Die Legende sagt, daß im 16. Jahrhundert ein Elefant mit seinen Treibern durch Brixen kam. Er befand sich auf dem Weg von Portugal nach Österreich. Durch den Wintereinbruch waren die Alpen unpassierbar, und so verbrachten er und seine Führer den Winter in der Stadt. Sie wohnten im »Hotel zum Elefanten«, wo man noch heute die »Elefantenplatte« bestellen kann – ein Gericht aus Fleisch, Fisch, Käse, Eiern, Früchten, Gemüse und Bries.

Lombardei

INVOLTINI DI VERZA

Gefüllte Kohlrouladen

Für 4 Personen
8 große grüne Weißkohlblätter
100 g gekochte Luganega-Wurst (oder eine entsprechend gewürzte Bratwurst)
2 altbackene Brötchen
Milch zum Einweichen
350 g Rinderhackfleisch
100 g geriebener Parmesan
1 EL gehackte Petersilie
1 Knoblauchzehe
1 Prise Muskat
Salz und frisch gemahlener schwarzer Pfeffer
1 Ei
2 reife Tomaten
7 EL heiße Rindfleischbrühe

Die Kohlblätter in kochendem Wasser 30 Sekunden blanchieren. Gut abtropfen lassen, auf einer Arbeitsplatte ausbreiten und abkühlen lassen.

Die Wurstfülle in feine Würfel schneiden, die Brötchen in Milch einweichen und gut ausdrücken. Beides zusammen mit dem Hackfleisch, Parmesan, Petersilie, der zerdrückten Knoblauchzehe, Muskat, Salz und Pfeffer in eine Schüssel geben und gut durchkneten; dabei soviel des verquirlten Eis untermengen, daß ein geschmeidiger Teig entsteht. Diesen gleichmäßig auf den Kohlblättern verteilen, die dann aufgerollt und mit einem Küchenfaden umwickelt werden.

Die Rouladen nebeneinander in eine eingefettete feuerfeste Form setzen und im vorgeheizten Backofen bei mäßiger Hitze (180°) erst 10 Minuten schmoren lassen. Dann die enthäuteten, in Würfel geschnittenen Tomaten und die mit einer Prise Salz gewürzte Fleischbrühe hinzufügen. Den Ofen auf 140° herunterstellen und das Ganze weitere 30 Minuten garen. Dabei die Rouladen von Zeit zu Zeit mit dem Bratfond begießen. Heiß servieren.

Emilia-Romagna

COTECHINO IN GALERA

Gefüllter Rinderbraten

Für 4 Personen
700 g Cotechino-Wurst
1 Scheibe Rindfleisch aus der Oberschale von etwa 500 g (ca. 1 cm dick)
2 große Scheiben gekochter oder geräucherter Schinken
4 EL Olivenöl
1 Zwiebel
gut ¼ l Rotwein
gut ¼ l heiße Rindfleischbrühe
Salz und frisch gemahlener schwarzer Pfeffer

Die Wurst mehrmals einstechen, dann in ein Tuch wickeln und in eine große Pfanne legen. Die Wurst mit Wasser bedeckt zum Kochen bringen und ca. 1 Stunde leise köcheln lassen. Anschließend herausnehmen, abtropfen lassen, dann das Tuch entfernen, die Wurst enthäuten und abkühlen lassen.

Die Fleischscheibe mit dem Fleischklopfer flach klopfen. Die Schinkenscheiben nebeneinander darauf legen und die Wurst in die Mitte setzen. Das Ganze einrollen und mit einem festen Faden gut umwickeln.

Das Öl in einer Kasserolle erhitzen, die gehackte Zwiebel hineingeben und 5 Minuten dünsten. Nun die Fleischrolle hinzufügen und von allen Seiten gleichmäßig braun anbraten. Wein und Fleischbrühe angießen, mit Salz und Pfeffer würzen und bei geschlossenem Deckel 1 Stunde bzw. so lange schmoren, bis das Fleisch weich ist.

Die Fleischrolle herausnehmen, 1–2 Minuten abkühlen lassen, dann den Faden entfernen und vorsichtig in Scheiben geschnitten auf einer vorgewärmten Platte anrichten. Mit dem Bratfond übergießen und sofort servieren.

Emilia-Romagna

STUFATO AL LATTE ALLA RAVENNATE

Rindfleischtopf mit Rum und Milch

Für 4–6 Personen
50 g Schweineschmalz
1 kg Rinderschmorbraten
1 EL Rum
gut ¼ l Milch
1 Zwiebel
1 Karotte
1 Stange Staudensellerie
2 fein gehackte Basilikumblätter
2 EL Tomatenmark
Salz und frisch gemahlener schwarzer Pfeffer
50 g Butter
350 g Perlzwiebeln

Das Schmalz in einer Kasserolle erhitzen, das Fleisch hineingeben und rundum anbraten. Rum und Milch angießen. Zwiebel und Karotte schälen und kleinschneiden, Sellerie putzen und ebenfalls kleinschneiden. Anschließend zusammen mit Basilikum und Tomatenmark in den Topf geben, mit Salz und Pfeffer würzen. Das Fleisch 2–2½ Stunden lang bei geschlossenem Deckel schmoren, bis es fast weich ist.

Inzwischen die Butter in einer Pfanne schmelzen, die geschälten Perlzwiebeln hinzufügen, goldgelb dünsten und anschließend in die Fleischkasserolle geben. Das ganze zum Kochen bringen, dann die Hitze reduzieren und bei geschlossenem Deckel weitere 30 Minuten schmoren, bis Fleisch und Zwiebeln gar sind. Heiß servieren.

Toskana

POLPETTE ALLA FIORENTINA

Hacksteaks Florentiner Art

Für 4 Personen
350 g gehacktes Rindfleisch
2 Knoblauchzehen
2 gekochte Kartoffeln
1 EL gehackte Petersilie
75 g geriebener Parmesan
1 altbackenes Brötchen
etwas Milch
Salz und frisch gemahlener schwarzer Pfeffer
1–2 Eier
Semmelbrösel zum Panieren
Pflanzenöl zum Braten
einige Petersilienzweige zum Garnieren

Das Hackfleisch zusammen mit den zerdrückten Knoblauchzehen, den zerstampften Kartoffeln, Petersilie, Parmesan und dem in Milch eingeweichten, ausgedrückten und zerpflückten Brötchen sowie Salz und Pfeffer in eine Schüssel geben. Die Masse gut durchkneten, dabei soviel des verquirlten Eis untermengen, daß ein geschmeidiger Teig entsteht. Daraus ovale Steaks formen und diese in Semmelbröseln wälzen.

Das Öl in einer Bratpfanne erhitzen, die Hacksteaks hineingeben und bei mäßiger Hitze rundum goldbraun braten. Dann auf Küchenpapier zum Abtropfen legen und mit Petersilie garniert sofort servieren.

Die Rinder der Toskana gehören zu den besten der Welt, und *Bestecca alla fiorentina*, ein auf dem Holzkohlengrill gebratenes Steak, ist eines der berühmtesten italienischen Gerichte. In der Toskana wird für dieses Gericht nur Fleisch von den Chianina-Rindern verwendet. Es ist ein riesiges Rippensteak, das stets »natur« serviert wird – eine Sauce oder Beilage würde nur von dem vorzüglichen Geschmack und der zarten Beschaffenheit des Fleisches ablenken. Die Chianina-Rinder genießen den Ruf, die älteste Rinderart der Welt zu sein, und wahrscheinlich auch die größte und schwerste. Sie sind bekannt für ihr schnelles Wachstum – bis ein anderes Rind die dem Chianinas vergleichbare Größe erreicht, wäre sein Fleisch bereits sehnig und zäh.

Bistecchine alla napoletana; Polpette alla fiorentina; Stufato di manzo alla fiorentina

Toskana

STUFATO DI MANZO ALLA FIORENTINA

Geschmortes Rindfleisch Florentiner Art

Für 4 Personen
3–4 EL Olivenöl
2 Knoblauchzehen
1 TL gehacktes Rosmarin
750 g Rinderschmorbraten
1 Prise Würzmischung
Salz und frisch gemahlener schwarzer Pfeffer
7 EL Rotwein
5 EL Tomatenmark
einige Rosmarinzweige zum Garnieren

Das Öl in einer Kasserolle erhitzen, die zerdrückten Knoblauchzehen und das Rosmarin hinzufügen und 5 Minuten bräunen. Das in gleichgroße Stücke geschnittene Fleisch in den Topf geben, mit etwas Würzmischung, Salz und Pfeffer bestreuen und von allen Seiten braun anbraten.

Den Wein hinzufügen, ein wenig einkochen lassen. Das in wenig Wasser glattgerührte Tomatenmark unterrühren und unter ständigem Rühren 3 Minuten köcheln lassen. Dann soviel Wasser angießen, daß das Fleisch bedeckt ist.

Nun den Topfinhalt zum Kochen bringen, den Deckel aufsetzen und bei mäßiger Hitze 2 Stunden bzw. so lange schmoren, bis das Fleisch weich und zart ist. Dabei von Zeit zu Zeit umrühren und, falls nötig, noch etwas Wasser hinzufügen. Das fertige Gericht mit Rosmarinzweigen garnieren und heiß servieren.

Latium

STUFATO DI MANZO

Rinderschmorbraten

Für 4–6 Personen
25 g Schweineschmalz
50 g roher Schinken oder Speck
eine halbe Zwiebel
1 Knoblauchzehe
1 kg Rinderschmorbraten
1 Prise getrockneter Majoran
Salz und frisch gemahlener schwarzer Pfeffer
7 EL trockener Weißwein
2 EL Tomatenmark

Das Schmalz in einer Kasserolle schmelzen, den in Würfel geschnittenen Schinken (oder Speck), die gehackte Zwiebel und die zerdrückte Knoblauchzehe hineingeben und bei mäßiger Hitze braun braten. Das in Scheiben geschnittene Fleisch hinzufügen und mit Majoran, Pfeffer und Salz würzen. Von allen Seiten braun anbraten.

Den Wein hinzufügen und ein wenig einkochen lassen. Dann das in wenig Wasser glatt gerührte Tomatenmark unterrühren und unter häufigem Umrühren 3 Minuten köcheln lassen. Soviel Wasser zugießen, daß das Fleisch bedeckt ist und alles zum Kochen bringen.

Die Hitze reduzieren und das Fleisch bei geschlossenem Deckel 2 Stunden bzw. so lange schmoren, bis es weich ist. Dabei gelegentlich umrühren und, falls nötig, noch etwas Wasser hinzufügen. Das Gericht heiß servieren.

Kampanien

BISTECCHINE ALLA NAPOLETANA

Filetsteak mit Schinken und Champignons

Für 4 Personen
3 EL Olivenöl
100 g Parma- oder einen ähnlich geräucherten Schinken
250 g Champignons
Salz und frisch gemahlener schwarzer Pfeffer
1 EL gehackte Petersilie
8 Scheiben Rinderfilet von je 50 g
Saft einer halben Zitrone

Die Hälfte des Öls in einer feuerfesten Kasserolle erhitzen, den gewürfelten Schinken und die in Scheiben geschnittenen Champignons hinzufügen, mit Salz und Pfeffer würzen und alles 5 Minuten dünsten; anschließend die Petersilie darüber streuen.

Die Filets darauflegen, mit Zitronensaft und dem restlichen Öl beträufeln und das Fleisch im vorgeheizten Backofen bei mäßiger Hitze (180°) 20 Minuten schmoren. Dabei die Filets einmal wenden und nach der Hälfte der Garzeit mit dem Bratensaft übergießen und mit etwas Salz würzen. Sofort servieren.

Es gibt nur wenige berühmte, aus Sizilien stammende Fleischgerichte, und das aus dem einfachen Grund, weil die Sizilianer notgedrungen keine großen Fleischesser sind. Die zerklüftete Insellandschaft bietet kaum große Weideflächen, und in den Bergen grasen hauptsächlich Schafe und Ziegen. Die auf dieser Seite aufgeführten Rezepte für Rindfleisch verdeutlichen jedoch, wie die Sizilianer eine relativ kleine Fleischmenge durch andere Zutaten »strecken«.

Apulien & Basilikata

INVOLTINI ALLA BARESE

Rinderrouladen

Für 4 Personen
2 Knoblauchzehen
2 TL gehackte Petersilie
2 TL gehacktes Basilikum
50 g geriebener Pecorino-Käse
4 Scheiben Rindfleisch aus der Hüfte von je etwa 100 g
4 dünne Scheiben gekochter Schinken
Salz und frisch gemahlener schwarzer Pfeffer
3 EL Olivenöl
½ Zwiebel
6 EL trockenen Weißwein
6–8 EL heiße Rindfleischbrühe
400 g Tomaten

Die zerdrückten Knoblauchzehen, Petersilie, Basilikum und Pecorino in eine Schüssel geben und gut miteinander vermischen. Die Rindfleischscheiben mit dem Fleischklopfer flach klopfen, auf jede eine Scheibe Schinken legen, mit der Käse-Kräuter-Mischung bestreuen und mit Salz und Pfeffer würzen. Die Fleischscheiben aufrollen und mit Küchengarn umwickeln.

Das Öl in einer Kasserolle erhitzen, die in Scheiben geschnittene Zwiebel hineingeben und 5 Minuten dünsten. Die Rouladen hinzufügen, rundum anbraten, dann Wein, Rindfleischbrühe, die enthäuteten, in Würfel geschnittenen Tomaten ebenfalls in den Topf geben und alles mit Salz und Pfeffer würzen.

Die Hitze reduzieren und die Rouladen bei geschlossenem Deckel 45 Minuten schmoren, bis sie weich sind; dabei die Rouladen von Zeit zu Zeit wenden und, falls nötig, noch etwas Fleischbrühe zugießen.

Die Rouladen aus dem Topf nehmen, die Fäden entfernen und auf einer vorgewärmten Platte anrichten. Mit dem Bratensaft übergossen servieren.

Sizilien

FARSUMAGRU

Gefüllter Rinder- oder Kalbsrollbraten

Für 4–6 Personen
100 g Schinken oder Speck
175 g Salsiccia casalinga (hausgemachte Schweinswurst)
100 g Gruyère-Käse
2 Knoblauchzehen
1 EL gehackte Petersilie
1 Ei
Salz und frisch gemahlener schwarzer Pfeffer
1 große Scheibe Rindfleisch aus der Oberschale oder Kalbfleisch von ca. 600 g
2 hartgekochte Eier
4 EL Olivenöl
1 Prise getrockneter Majoran
1 kleine Zwiebel
½ Karotte
1 Lorbeerblatt
⅛ l Rindfleischbrühe
3–4 EL Rotwein

Den in Würfel geschnittenen Schinken mit der enthäuteten gewürfelten Wurst in eine Schüssel geben. Den ebenfalls in Würfel geschnittenen Käse, die Hälfte der zerdrückten Knoblauchzehen, Petersilie und das verquirlte Ei hinzufügen, alles salzen und pfeffern und gut vermischen.

Das Fleisch mit dem Fleischklopfer flach klopfen und mit der Füllung bestreichen. Obenauf die in Scheiben geschnittenen Eier legen. Das Fleisch aufrollen und mit Küchengarn fest umwickeln.

Das Öl in einer feuerfesten Kasserolle erhitzen, das Fleisch hineingeben und mit Majoran bestreuen. Die in Scheiben geschnittene Zwiebel, die geputzte und gewürfelte Karotte, das Lorbeerblatt und den restlichen Knoblauch hinzufügen und dabei die Fleischrolle von allen Seiten braun braten.

Die Hälfte der Rindfleischbrühe angießen, die Kasserolle zudecken und das Fleisch im vorgeheizten Backofen bei mäßiger Hitze (180°) 1–1½ Stunden schmoren, bis es weich ist. Dabei des öfteren mit dem Bratensaft übergießen und, falls nötig, noch etwas Brühe nachgießen.

Das Fleisch auf eine vorgewärmte Platte legen und warm halten. Die Kasserolle wieder auf den Ofen stellen, den Wein hinzufügen und köcheln lassen, bis die Flüssigkeit auf die Hälfte eingekocht ist; das Lorbeerblatt herausnehmen. Die Fleischrolle in Scheiben schneiden, auf einer vorgewärmten Platte anrichten und mit dem Bratensaft übergossen sofort servieren.

Involtini coi carciofi

Sizilien

INVOLTINI COI CARCIOFI

Rinderrouladen mit Artischocken

Für 4 Personen
2 junge Artischocken
Saft einer Zitrone
8 Scheiben Rindfleisch aus der Oberschale von je ca. 50 g
100 g Parma- oder einen ähnlichen rohen geräucherten Schinken
50 g Butter
2 EL Olivenöl
1 kleine Zwiebel
Mehl zum Panieren
4–5 EL trockener Weißwein
Salz und frisch gemahlener schwarzer Pfeffer
6–8 EL heiße Rindfleischbrühe

Die äußeren Blätter, die Blattspitzen und die Strünke der Artischocken abschneiden und diese in reichlich kochendem, mit Zitronensaft versetztem Salzwasser 20 Minuten kochen, dann abtropfen lassen und jede Artischocke in 8 Teile schneiden.

Die Fleischscheiben mit dem Fleischklopfer flach klopfen. Den in kleine Würfel geschnittenen Schinken mit einem Drittel der Butter vermischt auf den Fleischscheiben verteilen. Auf jede Fleischscheibe zwei Artischockenstücke legen, dann die Scheiben aufrollen und mit Garn umwickeln.

Die restliche Butter in einer Kasserolle erhitzen, die gehackte Zwiebel hineingeben und 5 Minuten andünsten. Die Rouladen in Mehl wälzen, in die Kasserolle geben und von allen Seiten braun braten.

Nun Wein hinzufügen, mit Salz und Pfeffer würzen. Die Hitze reduzieren und die Rouladen bei geschlossenem Deckel etwa 45 Minuten bzw. so lange schmoren, bis sie weich sind. Dabei die Rouladen von Zeit zu Zeit wenden und, falls nötig, etwas Fleischbrühe hinzugießen, um ein Hängenbleiben des Fleisches zu vermeiden.

Die Rouladen herausnehmen, Fäden entfernen und auf einer vorgewärmten Platte, mit Bratensaft übergossen, sofort servieren.

Farsumagru

Die Italiener waren schon immer große Kalbfleisch-Liebhaber – ein Blick auf die Speisekarte eines italienischen Restaurants wird das bestätigen –, und es gibt eine ganze Reihe exzellenter, klassischer italienischer Kalbfleischgerichte. Sie verwenden stets Fleisch ganz junger Kälber von bester Qualität, insbesondere für die Zubereitung von Kalbsschnitzeln. Das Fasergewebe des Fleisches ist so fein, daß es in Minutenschnelle gar ist.

Piemont & Aostatal

SUBRICS

Kalbfleischröllchen mit Äpfeln

Für 4 Personen
2 säuerliche Äpfel
500 g rohes oder gekochtes Hackfleisch vom Kalb
1 Ei
1 ½ TL Zucker
Salz und frisch gemahlener schwarzer Pfeffer
50 g Mehl
65 g Butter
4 EL Rotwein

Die Äpfel schälen, das Kerngehäuse entfernen und das Fruchtfleisch fein hacken. Zusammen mit dem Hackfleisch in eine Schüssel geben, das verquirlte Ei hinzufügen, alles mit Zucker, Salz und Pfeffer würzen und gut miteinander vermischen; dabei soviel Mehl untermengen, daß ein geschmeidiger Teig entsteht. Daraus längliche Röllchen formen und diese in Mehl wälzen.

Die Butter in einer großen Bratpfanne schmelzen und darin die Fleischröllchen bei mäßiger Hitze von allen Seiten braun anbraten. Den Wein hinzufügen und bei geschlossenem Deckel weitere 15 Minuten braten. Heiß servieren.

Piemont & Aostatal

COSTOLETTE ALLA VALDOSTANA

Kalbsschnitzel Aostatal

Für 4 Personen
4 Kalbsschnitzel
4 Scheiben Fontina-Käse
Salz und frisch gemahlener schwarzer Pfeffer
Mehl zum Panieren
1–2 Eier
100 g Semmelbrösel
75 g Butter

In die Schnitzel quer eine Tasche einschneiden. In diesen Einschnitt je eine Scheibe Käse stecken und gut zusammendrücken. Das Fleisch auf beiden Seiten mit Salz und Pfeffer würzen, dann zuerst in Mehl, anschließend in den verquirlten Eiern und zuletzt in Semmelbröseln wenden.

Die Butter in einer großen Bratpfanne schmelzen lassen und die Schnitzel von beiden Seiten bei mäßiger Hitze etwa 8 Minuten braten, bis sie weich und goldbraun sind. Die fertigen Schnitzel auf Küchenpapier entfetten und mit Zitronenachteln anrichten.

Costolette alla valdostana; Vitello all'uccelletto; Subrics

Ligurien

VITELLO ALL' UCCELETTO

Gedünstetes Kalbfleisch in Weißwein

Für 4 Personen
25 g Butter
2 EL Olivenöl
2 Lorbeerblätter
600 g Kalbsschnitzelfleisch
7 EL trockener Weißwein
Salz und frisch gemahlener schwarzer Pfeffer

Butter und Öl in einer Kasserolle schmelzen, die Lorbeerblätter hinzufügen und einige Minuten dünsten. Die Temperatur erhöhen, das in feine Streifen geschnittene Fleisch hineingeben und von allen Seiten schnell anbraten. Den Wein zugießen und mit Salz und Pfeffer würzen. Den Wein ganz einkochen lassen, dann die Lorbeerblätter herausnehmen und das Kalbfleisch sofort servieren.

Ligurien

CIMA ALLA GENOVESE

Gefüllte Kalbsbrust (kalt)

Für 6 Personen
175 g Kalbsbries
350 g Schweinefilet
100 g durchwachsener Speck
2 Brötchen
Milch
250 g gekochte Erbsen
50 g geriebener Parmesan
50 g abgezogene Pistazien
2 TL gehackter Majoran
1 Prise Muskat
Salz und frisch gemahlener schwarzer Pfeffer
1 Ei
1,25 kg Kalbsbrust in einer Scheibe
3 hartgekochte Eier
1 Zwiebel
1 Karotte
½ Lorbeerblatt
einige schwarze Pfefferkörner

Das Kalbsbries 1 Stunde lang in kaltes Wasser legen und anschließend gründlich kalt abspülen. Dann 5 Minuten in kochendem Salzwasser kochen, enthäuten und in Würfel schneiden.

Das Schweinefleisch sehr fein hacken und mit dem ebenfalls fein gehackten Speck in eine Schüssel geben. Die Brötchen in Milch einweichen, gut ausdrücken und zerzupft zusammen mit den Erbsen, dem Parmesan, Pistazien und Majoran in die Schüssel geben. Mit Muskat, Salz und Pfeffer würzen und alles gut vermischen; dabei soviel verquirltes Eis hinzufügen, daß ein geschmeidiger Teig entsteht.

Ein Viertel dieser Mischung auf der Kalbsbrust verteilen, die in Scheiben geschnittenen Eier darauf legen und so schichtweise fortfahren, bis die Eierscheiben und Füllung verbraucht sind. Mit einer Lage Füllung enden. Nun das Fleisch aufrollen und mit Garn fest umwickeln.

Die Rolle in eine Kasserolle legen, mit Salz und Pfeffer bestreuen und mit kaltem Salzwasser bedekken. Gehackte Zwiebel, geputzte und ebenfalls gehackte Karotte, Lorbeerblatt und Pfefferkörner hinzufügen, alles zum Kochen bringen, die Hitze reduzieren und das Fleisch 1½–2 Stunden lang köcheln lassen, bis es weich ist.

Die Roulade herausnehmen, abtropfen lassen und auf eine passende Platte legen, eine zweite Platte darauf setzen und diese mit einem Gewicht beschweren. Die abgekühlte Kalbsbrust vorsichtig in Scheiben schneiden.

Rechte Seite: Ossibuchi alla milanese, angerichtet mit Risotto alla milanese; Costolette alla milanese

Ossibucchi alla milanese **ist eines der berühmtesten Gerichte der klassischen italienischen Küche. Streng genommen sollte es aus den Markknochen zarter junger Kälber zubereitet werden – das Mark wird dann mit Hilfe eines speziellen Marklöffels aus der Mitte jedes Knochens herausgehoben und verzehrt. Nach wie vor ist** ***ossibucci*** **für die Mailänder, die dieses Gericht kreierten, eine große Delikatesse, die jedoch ohne die traditionelle** ***gremolata*** **– einer Garnitur aus Knoblauch, Petersilie und abgeriebener Zitronenschale – und** ***Risotto alla milanese*** **(Rezept Seite 88) nicht vollkommen wäre.**

Lombardei

RUSTIN NEGAÀ

Kalbskoteletts mit Salbei und Rosmarin

Für 4 Personen
4 große Kalbskoteletts
Mehl zum Bestäuben
50 g Butter
75 g durchwachsener Speck
Salz und frisch gemahlener schwarzer Pfeffer
4 gehackte Salbeiblätter
1 TL gehackter Rosmarin
gut ¼ l trockener Weißwein
knapp ¼ l Rindfleischbrühe

Die Koteletts in Mehl wenden. Die Butter in einer Bratpfanne schmelzen lassen, den in Scheiben geschnittenen Speck hineingeben und bei mäßiger Hitze 5 Minuten braten. Die Koteletts hinzufügen, mit Salz und Pfeffer würzen und von beiden Seiten braun anbraten.

Salbei, Rosmarin und Wein hinzufügen und alles köcheln lassen, bis der Wein eingekocht ist. Nach und nach die Fleischbrühe unterrühren, die Hitze reduzieren und weitere 30 Minuten köcheln lassen.

Die Koteletts auf eine vorgewärmte Platte legen und warm stellen. Den Bratensaft durchkochen, bis er dicklich eingekocht ist. Dann über das Fleisch gießen. Dazu *Risotto alla milanese* (Rezept Seite 88) servieren.

Lombardei

ARROSTO DI VITELLO AL LATTE

Kalbfleisch in Milch

Für 4 Personen
750 g Kalbslende
75 g mageren Speck
Salz und frisch gemahlener schwarzer Pfeffer
etwas Mehl
75 g Butter
ca. 1 l Milch

Das Fleisch an der Oberseite mit tiefen Einschnitten versehen und in diese den in Streifen geschnittenen Speck hineinstecken, mit Salz und Pfeffer bestreuen und leicht mit Mehl bestäuben.

Die Butter in einer Kasserolle schmelzen, das Fleisch hineingeben und von allen Seiten bei mäßiger Hitze braun braten. Die Milch zum Kochen bringen und über das Fleisch gießen. Die Hitze reduzieren und das Fleisch ohne Deckel etwa 1½ Stunden köcheln, bis es weich ist; dabei von Zeit zu Zeit mit der Milch begießen.

Das Fleisch herausnehmen, in Scheiben schneiden und auf einer Platte anrichten. Die im Topf verbliebene Milch ein paar Minuten lang köcheln lassen, dabei kräftig mit dem Schneebesen durchschlagen, bis eine cremige Sauce entstanden ist. Die Sauce über das Fleisch gießen und sofort servieren.

Lombardei

OSSIBUCHI ALLA MILANESE

Geschmorte Kalbshaxe

Ossibuchi sind Kalbfleischscheiben von etwa 5 cm Dicke, die quer aus dem oberen Teil der Kalbshaxe mit dem Markknochen geschnitten werden.

Für 4 Personen
4 Kalbshaxenscheiben
etwas Mehl
65 g Butter
½ Zwiebel
⅛ l trockener Weißwein
350 g Tomaten
7 EL Brühe
Salz und frisch gemahlener schwarzer Pfeffer
1 Knoblauchzehe
1 kleiner Bund Petersilie
fein abgeriebene Schale einer halben Zitrone

Das Fleisch leicht mit Mehl bestäuben. Die Butter in einer Kasserolle schmelzen, die gehackte Zwiebel hinzufügen, 5 Minuten dünsten, dann aus dem Fett nehmen und beiseite stellen. Nun das Fleisch hineingeben und von allen Seiten braun anbraten, anschließend die Zwiebel wieder in den Topf geben.

Den Wein, die enthäuteten und in Scheiben geschnittenen Tomaten zum Fleisch geben und mit Salz und Pfeffer würzen. Die Fleischscheiben bei geschlossenem Deckel 1½ Stunden schmoren, dabei gelegentlich mit dem Bratensaft übergießen.

Inzwischen Knoblauch und Petersilie fein hacken, mit der abgeriebenen Zitronenschale vermischen, die *gremolata* über das Fleisch streuen und weitere 10 Minuten schmoren. Ossibuchi mit *Risotto alla milanese* (Rezept Seite 88) servieren.

Lombardei

COSTOLETTE ALLA MILANESE

Mailänder Kalbsschnitzel

Für 4 Personen
4 Kalbsschnitzel von je 100 g
1–2 Eier
Semmelbrösel für die Panade
75 g Butter
Salz und frisch gemahlener schwarzer Pfeffer
Zitronenscheiben und Petersilienzweige zum Garnieren.

Die Schnitzel mit dem Fleischklopfer ein wenig flach klopfen, dann in die verquirlten Eier tauchen und in Semmelbröseln wenden.

Die Butter in einer großen Bratpfanne schmelzen und die Schnitzel darin von jeder Seite 2–3 Minuten braten, bis sie goldbraun und innen mürbe sind. Die Schnitzel auf einer vorgewärmten Platte anrichten, mit etwas Salz und Pfeffer würzen und mit Zitronenscheiben und Petersilie garniert sofort servieren.

Emilia-Romagna

COTOLETTE ALLA BOLOGNESE

Kalbsschnitzel mit Schinken und Käse

Für 4 Personen
4 EL Olivenöl
½ Zwiebel
250 g Tomaten
Salz und frisch gemahlener schwarzer Pfeffer
4 Kalbsschnitzel von je 100 g
Mehl
2 Eier
Semmelbrösel zum Panieren
75 g Butter
4 Scheiben Prosciutto oder gekochter Schinken
4 Scheiben Gruyère-Käse

Das Öl in einer schweren Pfanne erhitzen, die gehackte Zwiebel hineingeben und 5 Minuten dünsten. Die Tomaten enthäuten, zu Püree zerstampfen und ebenfalls in die Pfanne geben; mit Salz und Pfeffer abschmecken, dann unter gelegentlichem Umrühren 20 Minuten köcheln lassen.

Inzwischen die Schnitzel ein wenig flach klopfen, leicht mit Mehl bestäuben, dann durch die verquirlten Eier ziehen und in Semmelbröseln wenden.

Zwei Drittel der Butter in einer großen Bratpfanne schmelzen, die Schnitzel hineingeben und schnell von beiden Seiten braun braten. Die Schnitzel in eine gebutterte, feuerfeste Form legen und auf jedes Schnitzel eine Scheibe Schinken und eine Scheibe Käse legen, mit Salz und Pfeffer bestreuen.

Die Form in den vorgeheizten Backofen stellen und die Schnitzel bei mäßiger Hitze (190°) 5–10 Minuten überbacken, bis der Käse geschmolzen ist. Auf einer vorgewärmten Platte anrichten, mit der heißen Tomatensauce übergießen und sofort servieren.

Cotolette alla bolognese; Arrosto di vitello ripieno; Saltimbocca alla romana

Emilia-Romagna

ARROSTO DI VITELLO RIPIENO

Kalbsrollbraten mit Spinat gefüllt

Für 4 Personen
2 Eier
75 g geriebener Parmesan
Salz und frisch gemahlener schwarzer Pfeffer
100 g Butter
500 g gekochter Spinat
100 g Speck ohne Schwarte
1 Scheibe Kalbfleisch aus der Keule von ca. 750 g
3 EL Olivenöl
⅛ l Rindfleischbrühe
einige Petersilienzweige zum Garnieren

Die Eier mit einem Drittel des Parmesan und je einer Prise Salz und Pfeffer in einer Schüssel gut verquirlen. Einen gehäuften Eßlöffel Butter in einer Bratpfanne schmelzen, die Ei-Käse-Mischung hineingeben und zu einem Omelett (einmal wenden) backen, aus der Pfanne nehmen und beiseite stellen.

Nun 1½ Eßlöffel Butter in einer schweren Pfanne schmelzen, den restlichen Parmesan und den gut abgetropften, gehackten Spinat hinzufügen und unter Rühren einige Minuten kochen lassen. Mit Salz und Pfeffer abschmecken, von der Kochstelle nehmen und abkühlen lassen.

Den in dünne Scheiben geschnittenen Speck auf dem Fleisch verteilen, das Omelett darauf legen und dieses mit dem Spinat bestreichen. Das Fleisch aufrollen und mit Garn sorgfältig verschnüren.

Das Öl und die restliche Butter in einer Kasserolle erhitzen, die Fleischrolle hineingeben und von allen Seiten braun anbraten. Mit Salz und Pfeffer würzen, die Fleischbrühe zugießen und die Fleischrolle bei geschlossenem Deckel 1½ Stunden bzw. so lange schmoren, bis sie zart und weich ist. Dabei von Zeit zu Zeit mit dem Bratensaft übergießen.

Die Verschnürung entfernen, den Braten in dickere Scheiben schneiden und mit Petersilie garniert sofort servieren.

Emilia-Romagna

OSSIBUCHI ALLA REGGIANA

Kalbshaxe römische Art

Für 4 Personen
50 g Butter
1 kleine Zwiebel
1 Knoblauchzehe
4 Scheiben Kalbshaxe (siehe Ossibuchi alla milanese Seite 128)
1 Prise Würzmischung
Salz und frisch gemahlener schwarzer Pfeffer
7 EL trockener Marsala-Wein
500 g Tomaten
Risotto alla parmigiana (Rezept Seite 91) als Beilage

Die Butter in einer Kasserolle schmelzen, die fein gehackte Zwiebel und die zerdrückte Knoblauchzehe hineingeben und 5 Minuten dünsten. Das Fleisch hinzufügen, mit der Würzmischung, Salz und Pfeffer bestreuen und von allen Seiten braun anbraten. Marsala angießen und alles köcheln lassen, bis die Flüssigkeit verdunstet ist. Die enthäuteten Tomaten zu Brei zerstampfen und ebenfalls in den Topf geben. Soviel Wasser auffüllen, daß die Fleischstücke damit bedeckt sind. Das Gericht bei geschlossenem Deckel 1½ Stunden schmoren, bis das Fleisch weich ist. Mit dem Risotto sofort anrichten.

Latium

SALTIMBOCCA ALLA ROMANA

Kalbsschnitzel mit Schinken und Salbei

Für 4 Personen
8 Kalbsschnitzel von je 75 g
8 Scheiben roher Schinken
8–12 Salbeiblätter
50 g Butter
7 EL trockener Weißwein oder Marsala
Salz und frisch gemahlener schwarzer Pfeffer
einige Salbeiblätter zum Garnieren.

Auf jedes Schnitzel eine Scheibe Schinken und obenauf die Salbeiblätter legen. Mit Cocktailspießchen oder Zahstochern feststecken.

Die Butter in einer großen Bratpfanne schmelzen, die Schnitzel hineingeben und von beiden Seiten leicht anbraten. Den Wein zugießen, mit Salz und Pfeffer würzen und dann 6–8 Minuten köcheln lassen, bis das Fleisch weich ist.

Die Schnitzel auf einer vorgewärmten Platte anrichten, die Spießchen entfernen. Den Bratensaft mit einem Eßlöffel Wasser loskochen und die Sauce über das Fleisch gießen. Die Platte mit Salbeiblättern umlegt sofort auftragen.

Agnello al forno;
Involtini al sugo

Abruzzen & Molise

INVOLTINI AL SUGO

Gefüllte Kalbsrouladen in Tomatensauce

Für 4 Personen
4 EL Olivenöl
250 g Champignons
1 Knoblauchzehe
1 EL gehackte Petersilie
4–6 EL Rindfleischbrühe
Salz und frisch gemahlener schwarzer Pfeffer
250 g gekochtes Schweinefleisch
75 g geriebener Parmesan
1 Ei
1 eingelegte rote Pfefferschote
8 Kalbsschnitzel von je 50 g
350 g Tomaten

Die Hälfte des Öls in einer Kasserolle erhitzen, die gehackten Pilze, die zerdrückte Knoblauchzehe und die Petersilie hinzufügen und 15 Minuten dünsten. Dabei, falls nötig, ein wenig Fleischbrühe zugießen. Die Mischung mit Salz und Pfeffer würzen und in eine Schüssel geben. Das Schweinefleich fein hacken und untermengen, ebenso den Parmesan, das verquirlte Ei, die gehackte Pfefferschote. Alles gut vermengen und mit Salz abschmecken.

Die Schnitzel mit dem Fleischklopfer leicht flach klopfen, mit etwas Salz und Pfeffer bestreuen und mit der Füllung bestreichen, dann aufrollen und mit Garn umwickeln.

Das restliche Öl in einer Kasserolle erhitzen, die Rouladen hineingeben und bei mäßiger Hitze 5 Minuten braten, bis sie rundum braun sind. Die Tomaten enthäuten und fein gewürfelt ebenfalls in den Topf geben. Mit Salz und Pfeffer würzen, den Deckel aufsetzen und die Rouladen etwa 45 Minuten schmoren, bis sie weich sind. Die Rouladen während der Garzeit von Zeit zu Zeit wenden und, falls nötig, ein wenig Brühe zugießen.

Die Rouladen aus dem Topf nehmen und die Fäden entfernen. Auf einer vorgewärmten Platte anrichten und mit der Sauce übergossen sofort servieren.

Latium

ABBACCHIO ALLA ROMANA

Lammkeule römischer Art

Für 4 Personen
7 EL Olivenöl
2 geschälte Knoblauchzehen
1 kg Lammkeule
Salz und frisch gemahlener schwarzer Pfeffer
1 gehackter Rosmarinzweig
2 Anchovisfilets aus der Dose
etwas Milch
3–4 EL Weinessig

Die Hälfte des Öls in einer feuerfesten Kasserolle erhitzen, eine Knoblauchzehe hineingeben, braun braten und wieder herausnehmen. Nun das Fleisch in den Topf geben und bei mäßiger Hitze von allen Seiten braun braten. Mit Salz und Pfeffer würzen. Den Deckel aufsetzen und die Keule im vorgeheizten Backofen bei mäßiger Hitze (190°) 1½ Stunden bzw. so lange schmoren, bis sie weich ist. Dabei des öfteren umdrehen und mit dem Bratensaft übergießen. Rosmarin, die zweite Knoblauchzehe und die vorher in Milch eingeweichten, gut abgetropften Anchovis im Mörser zerstoßen und mit dem restlichen Öl und dem Essig verrühren. Das Fleisch auf einer vorgewärmten Platte zugedeckt ruhen lassen. Die Rosmarin-Mischung zum Bratfond in die Kasserolle geben und einkochen. Die Lammkeule tranchieren und mit der Sauce begossen sofort servieren.

Umbrien

AGNELLO IMBOTTITO

Gefüllte Lammbrust

Für 4 Personen
100 g Salami
100 g Provolone-Käse
25 g geriebener Parmesan
25 g Semmelbrösel
25 g gehackte Petersilie
Salz und frisch gemahlener schwarzer Pfeffer
1–2 Eier
1 kg Lammbrust oder -schulter ohne Knochen
1 Zwiebel
1 Karotte
1 Stange Staudensellerie
1 Knoblauchzehe
3–4 EL Olivenöl
gut ⅛ l trockener Weißwein

Salami und Provolone in Würfel schneiden und mit Parmesan, Semmelbröseln, Petersilie, Pfeffer und Salz in einer Schüssel gut vermischen und soviel verquirltes Ei untermengen, daß eine homogene Masse entsteht; diese 20 Minuten ruhen lassen.

Die Füllung auf dem Fleisch verteilen, dieses aufrollen und mit Garn fest umwickeln. Die Zwiebel fein hacken, die Karotte putzen und ebenso wie die Selleriestange in Würfel schneiden, die Knoblauchzehe zerdrücken. Das Öl in einer Kasserolle erhitzen und darin die Lammrolle bei mäßiger Hitze von allen Seiten braun anbraten, dann das Gemüse zugeben und alles mit Salz und Pfeffer würzen.

Den Wein und 2 Eßlöffel Wasser zugießen und das Fleisch bei geschlossenem Deckel ca. 1½ Stunden schmoren lassen. Dabei von Zeit zu Zeit wenden und, falls nötig, Wasser hinzufügen. Das Fleisch aus dem Topf nehmen, Faden entfernen und auf einer vorgewärmten Platte anrichten. Den Bratensaft loskochen und über das Fleisch gießen

Toskana

AGNELLO AL FORNO

Gebratene Lammkeule

Für 4 Personen
1 kg Lammkeule
100 g magere Speckwürfel
3 Knoblauchzehen
2 Rosmarinzweige
4 EL Olivenöl
Salz und frisch gemahlener schwarzer Pfeffer

Die Keule rundherum mit den Speckwürfeln, dem kleingeschnittenen Knoblauch und den Rosmarinnadeln spicken. Eine Bratpfanne mit der Hälfte des Öls ausfetten und das Fleisch hineinlegen.

Die Keule mit Salz und Pfeffer bestreuen und mit dem restlichen Öl beträufelt im vorgeheizten Backofen bei mäßiger Hitze (190°) in ca. 1½ Stunden knusprig braun braten. Dabei gelegentlich mit dem Bratensaft beschöpfen. Die Keule vor dem Tranchieren etwas ruhen lassen.

Agnello ist der italienische Ausdruck für Lamm, _abbacchio_ eine Lammart, die hauptsächlich in der Region Latium anzutreffen ist. Die Römer schätzen sie sehr, besonders in der Osterzeit, wo sie im Freien ganze Lämmer am Spieß braten. _Abbacchio_ ist ein ausschließlich mit Muttermilch ernährtes Lamm, das noch kein Gras gefressen hat (wie das ganz junge Kalb _vitello da latte_); sein Fleisch ist daher besonders zart und aromatisch. Um diese geschmackliche Eigenschaft des Fleisches noch zu verstärken, bereiten die Römer es gern mit frischem Rosmarin zu.

Agnello imbottito

Abruzzen & Molise

AGNELLO CASCE E OVA

Lamm in Eier-Käse-Sauce

Für 4–6 Personen
1 kg entbeinte Lammkeule oder -schulter
5 EL Olivenöl
1 gehackter Rosmarinzweig
2 Knoblauchzehen
1 eingelegte Pfefferschote
gut ¼ l Hühnerbrühe
Salz frisch gemahlener schwarzer Pfeffer
3 Eier
50 g geriebener Pecorino-Käse
50 g geriebener Parmesan

Das Fleisch in Würfel schneiden. Das Öl in einer feuerfesten Kasserolle erhitzen, Fleischwürfel, Rosmarin, in Scheiben geschnittenen Knoblauch und gehackte Pfefferschote hineingeben und bei geringer Hitze gleichmäßig braun braten. Die Hühnerbrühe zugießen und mit Salz und Pfeffer würzen.

Den Deckel aufsetzen und das Fleich im vorgeheizten Backofen bei mäßiger Hitze (180°) etwa 1 Stunde schmoren. Dabei von Zeit zu Zeit umrühren.

Die Eier mit beiden Käsesorten verquirlen und über das Fleisch gießen. Alles gut durchrühren, dann die Kasserolle auf die Kochplatte stellen und das Ganze bei mäßiger Hitze unter ständigem Rühren so lange erhitzen, bis die Sauce angedickt ist. Sie darf jedoch nicht kochen. Das Gericht sofort servieren.

Latium

ABBACCHIO BRODETTATO

Lamm in Eier-Zitronen-Sauce

Für 4–6 Personen
50 g Schweineschmalz
½ Zwiebel
50 roher Schinken oder Speck
1 kg Lammschulter ohne Knochen
1 Prise Muskat
Salz und frisch gemahlener schwarzer Pfeffer
4 EL trockener Weißwein
½ l Hühnerbrühe
2 Eigelb
Saft einer halben Zitrone
25 g geriebener Parmesan
1 Knoblauchzehe
1 EL gehackte Petersilie

Das Schmalz in einer Kasserolle schmelzen, die fein gehackte Zwiebel und den in kleine Würfel geschnittenen Schinken hineingeben und 5 Minuten andünsten. Das vorher in Würfel geschnittene Fleisch hinzufügen, mit Muskat, Pfeffer und Salz würzen und bei mäßiger Hitze von allen Seiten braun braten. Den Wein angießen und fast ganz einkochen lassen. Die Hühnerbrühe zugießen und das Fleisch bei geschlossenem Deckel ca. 1 Stunde bzw. so lange schmoren, bis es durch ist.

Eigelb zusammen mit Zitronensaft und Parmesan in eine Schüssel geben und kräftig verquirlen, dann ein wenig heißen Bratensaft unterrühren. Die zerdrückte Knoblauchzehe und die Petersilie zum Fleisch geben und nach und nach die Eimischung unterrühren. Unter ständigem Rühren köcheln lassen, bis die Sauce dicklich ist; sie darf jedoch nicht kochen, da sie sonst gerinnt. Sofort servieren.

Abbacchio brodettato; Agnello coi funghi; Cutturiddi

Apulien & Basilikata

AGNELLO COI FUNGHI

Lammtopf mit Champignons und Wein

Für 4 Personen
3 EL Olivenöl
1 kg Lammkeule oder -schulter ohne Knochen
500 g kleine Champignons
1/8 l trockener Weißwein
Salz und frisch gemahlener schwarzer Pfeffer
etwas gehackte Petersilie zum Garnieren

Das Öl in einer feuerfesten Kasserolle erhitzen, das vorher in mundgerechte Stücke geschnittene Fleisch hineingeben und von allen Seiten braun anbraten. Geputzte Champignons, Wein und soviel Wasser hinzufügen, daß das Fleisch knapp bedeckt ist. Mit Salz und Pfeffer würzen.

Die Kasserolle zudecken und das Fleisch im vorgeheizten Backofen bei mäßiger Hitze (190°) ca. 1 Stunde bzw. so lange schmoren lassen, bis es gar ist; dabei gelegentlich umrühren. Das Gericht mit Petersilie bestreut anrichten.

Apulien & Basilikata

CUTTURIDDI

Lamm mit Sellerie und Zwiebeln

Für 4 Personen
1 kg Lammkeule oder -schulter ohne Knochen
2 Stangen Staudensellerie
350 kleine Zwiebeln oder Schalotten
3 EL Olivenöl
2-3 Rosmarinzweige
2 Lorbeerblätter
Salz und frisch gemahlener schwarzer Pfeffer
1/2 l Hühnerbrühe

Das Fleisch in mundgerechte Würfel, geputzten Sellerie in Stücke schneiden, die Zwiebeln schälen. Das Öl in einer Kasserolle erhitzen, das Fleisch kurz darin anbraten, dann Sellerie und Zwiebeln dazugeben und anschmoren lassen. Die Hälfte der Rosmarinzweige und die Lorbeerblätter in den Topf geben, mit Salz und Pfeffer würzen. Hühnerbrühe und soviel Wasser zugeben, daß das Fleisch knapp bedeckt ist.

Den Topf verschließen und das Fleisch in etwa 1 Stunde weich schmoren. Vor dem Servieren Rosmarin und Lorbeerblätter entfernen. Das Gericht mit dem restlichen Rosmarin garniert auftragen.

Schafzucht ist für die Bauern der Abruzzen & Molise heute noch von ebenso großer Bedeutung wie vor Hunderten von Jahren, und die alten überlieferten Methoden der Schafzucht haben sich bis in die heutige Zeit erhalten. Noch heute kann man Schäfer sehen, die ihre kleinen Herden auf den herrlich saftigen, kräuterbewachsenen Weiden hüten. Diese Region ist von der modernen Technologie noch relativ unberührt geblieben.

Apulien & Basilikata

AGNELLO ALLA LUCANA

Lammkeule mit Tomaten

Für 4 Personen
1 kg entbeinte Lammkeule
400 g Kartoffeln
250 g kleine Zwiebeln
250 g Tomaten
50 g Schweineschmalz
1 Prise getrockneter Majoran
50 g geriebener Pecorino-Käse
¾ l Hühnerbrühe
Salz und frisch gemahlener schwarzer Pfeffer

Das Lammfleisch würfeln, Kartoffeln schälen und in dünne Scheiben schneiden, die Zwiebeln schälen. Tomaten überbrühen, enthäuten und würfeln. Das Schmalz in einer feuerfesten Kasserolle erhitzen und darin die Fleischwürfel von allen Seiten gleichmäßig anbraten. Kartoffeln, Zwiebeln und Tomaten dazugeben, Majoran und Käse einstreuen und alles kurz durchschmoren. Die Hühnerbrühe angießen, mit Salz und Pfeffer würzen und den zugedeckten Topf in den vorgeheizten Backofen stellen. Das Gericht bei mäßiger Hitze (190°) ca. 1½ Stunden schmoren, bis Fleisch und Kartoffeln gar sind; dabei von Zeit zu Zeit umrühren. Anschließend heiß servieren.

Sardinien

AGNELLO COI FINOCCHIETTI

Lamm mit Fenchel und Tomaten

1 kg Lammkeule ohne Knochen
5 EL Olivenöl
1 Zwiebel
400 g Tomaten
Salz und frisch gemahlener schwarzer Pfeffer
750 g Fenchel

Das Lammfleisch in mundgerechte Stücke schneiden. Öl in einer Kasserolle erhitzen und das Fleisch darin von allen Seiten leicht anbraten. Die klein gehackte Zwiebel dazugeben und weitere 5 Minuten mitschmoren. Die Tomaten enthäuten, zu Brei zerstampfen und ebenfalls in den Topf geben. Mit Salz und Pfeffer abschmecken. Die Hitze reduzieren und alles im geschlossenen Topf 40 Minuten köcheln lassen; gegebenenfalls etwas Wasser hinzufügen.

Die Fenchelknollen putzen, in Viertel schneiden und anschließend ca. 15 Minuten in Salzwasser knapp garen. Fenchel aus dem Sud nehmen, abtropfen lassen und etwa ¼ l des Kochsuds aufheben.

Nun die Fenchelstücke und den Kochsud zum Fleisch geben und alles weitere 20 Minuten bzw. so lange schmoren, bis das Fleisch mürbe ist und sich in der Kasserolle kaum noch Bratensaft befindet. Das Gericht heiß servieren.

In ganz Mittel- und Süditalien ist es gebräuchlich, ganze junge Lämmer über dem Holzkohlenfeuer am Spieß zu braten. Die Bewohner Sardiniens hingegen haben eine recht ungewöhnliche Art, ein Lamm zu braten.

Das ganze, nicht ausgenommene Tier wird in ein mit Laub umsäumtes Loch auf den mit glühenden Kohlen bedeckten Boden gelegt. Das Lamm wird mit Erde bedeckt, obenauf ein Feuer angezündet und das Fleisch in mehreren Stunden langsam gebraten. Diese Methode wurde vor langer Zeit vor allem von Schafdieben angewandt, um ungesehen ihr Diebesgut braten zu können.

Agnello coi finocchietti; Impanadas; Agnello alla lucana

Apulien & Basilikata

AGNELLO AL VERDETTO

Lammtopf mit Erbsen

Für 4 Personen
1 kg Lammschulter ohne Knochen
4 EL Olivenöl
1 Zwiebel
etwa ¼ l trockener Weißwein
Salz und frisch gemahlener schwarzer Pfeffer
300 g frische oder tiefgekühlte Erbsen
3 Eier
je 50 g geriebener Parmesan- und Pecorino-Käse
1 EL gehackte Petersilie

Das Lammfleisch würfeln. Öl in einer feuerfesten Kasserolle erhitzen, die in Scheiben geschnittene Zwiebel hinzufügen und 5 Minuten dünsten. Dann das Fleisch ebenfalls in den Topf geben und von allen Seiten braun braten. Den Wein und ebensoviel Wasser zugießen und mit Salz und Pfeffer würzen.

Die Kasserolle mit geschlossenem Deckel in den vorgeheizten Backofen stellen und das Gericht bei mäßiger Hitze (180°) 1 Stunde lang schmoren. Die Erbsen hinzufügen und alles weitere 30 Minuten bzw. so lange garen, bis das Fleisch weich ist.

Nun die Eier mit dem Käse und der Petersilie verquirlen. Die Kasserolle aus dem Ofen nehmen, auf die Herdplatte stellen, das Fleisch mit den Eiern vermischen und alles bei geringer Hitze 5 Minuten köcheln lassen. Dabei nicht umrühren. Sofort servieren.

Sardinien

IMPANADAS

Fleischpasteten

Für 4 Personen
7 EL Olivenöl
1 Knoblauchzehe
750 g Hackfleisch vom Lamm oder Schwein
2 Tomaten
1 EL gehackte Petersilie
1 Prise Safran
Salz und frisch gemahlener schwarzer Pfeffer
300 g Vollweizenmehl
ca. 6 EL Wasser

Für die Füllung 2 Eßlöffel Öl in einer schweren Pfanne erhitzen, die klein gehackte Knoblauchzehe hinzufügen und langsam anbräunen. Das Hackfleisch und die enthäuteten, in Würfel geschnittenen Tomaten hinzufügen und unter ständigem Rühren 15 Minuten dünsten.

Anschließend die Masse in eine Schüssel geben mit Petersilie, Safran und Salz und Pfeffer würzen. Alles gut miteinander vermischen und abkühlen lassen.

Das Mehl mit dem restlichen Öl und einer Prise Salz vermischen und soviel Wasser unterrühren, daß ein geschmeidiger Teig entsteht. Gut durchkneten, dann zu einer dünnen Platte ausrollen. Aus der Teigplatte 8 Kreise ausschneiden, von denen vier 2,5 cm größer sein sollen als die anderen.

Die vier größeren Teigplatten auf ein eingefettetes Backblech legen, die Fleischmasse darauf verteilen und die Teigränder mit wenig Wasser bestreichen. Die kleineren Teigplatten darauf setzen, die Ränder gut zusammendrücken und in kleine Wellen formen.

Die Pasteten auf ein geöltes Blech legen und im vorgeheizten Backofen bei mäßiger Hitze (180°) 30 Minuten backen, bis sie aufgegangen und schön goldbraun sind. Impanadas schmecken heiß oder kalt.

Venetien

ARROSTO DI MAIALE AL LATTE

Schweinefleisch in Milch

Für 4 Personen
1 kg Schweinekeule
1 Knoblauchzehe
½ l trockener Weißwein
etwas Mehl
50 g Butter
1 gehackter Rosmarinzweig
¾ l Milch
Salz und frisch gemahlener schwarzer Pfeffer

Das Fleisch in eine große Schüssel legen, die in Scheiben geschnittene Knoblauchzehe dazugeben, den Wein darübergießen und das Fleisch zugedeckt zwei Tage lang im Kühlschrank ziehen lassen.

Die Keule herausnehmen, sorgfältig trockentupfen und leicht mit Mehl bestäuben. Die Butter in einer Kasserolle schmelzen, Fleisch und Rosmarin hineingeben und bei mäßiger Hitze von allen Seiten braun anbraten. Die Milch angießen und mit Salz und Pfeffer abschmecken. Den Topf schließen und das Fleisch 2 Stunden köcheln lassen, bis es weich ist.

Die gegarte Keule auf eine vorgewärmte Platte legen und warm stellen. Den Kochsud durchkochen, bis er eine cremige Konsistenz angenommen hat. Das Fleisch in Scheiben schneiden und mit der Sauce übergossen heiß servieren.

Venetien

POLENTA CON OSELETI SCAMPAI

Fleischspießchen auf Polenta

Für 4 Personen
1½ l Wasser
Salz
400 g Maismehl
250 g mageres Kalbfleisch
250 g mageres Schweinefleisch
100 g Kalbsleber
100 g Schweineleber
100 g durchwachsener Speck oder Bauchfleisch vom Schwein
12–16 Salbeiblätter
4 EL Olivenöl
frisch gemahlener schwarzer Pfeffer
7 EL trockener Weißwein
3–4 EL Rindfleischbrühe

Salzwasser in einem großen Topf zum Kochen bringen, das Mehl einrühren und unter häufigem Umrühren bei geringer Hitze 40 Minuten köcheln lassen, bis die Polenta glatt und angedickt ist.

In der Zwischenzeit Fleisch, Leber und Speck in 2 cm große Würfel schneiden. Abwechselnd auf Grillspieße stecken, dabei ab und zu ein Salbeiblatt dazwischenlegen. Die Spieße nebeneinander auf den Grillrost legen, mit Öl beträufeln und mit Pfeffer bestreuen und unter dem vorgeheizten Grill etwa 15 Minuten grillen; dabei die Spieße von Zeit zu Zeit wenden.

Anschließend die Spieße in eine tiefe Fettpfanne passender Größe legen, Wein und Fleischbrühe zugießen und weitere 20 Minuten im vorgeheizten Backofen bei 220° schmoren lassen.

Die Polenta auf eine vorgewärmte Platte geben, die Spieße darauf anrichten, leicht salzen und mit dem Bratensaft beträufelt sofort auftragen.

Polenta con oseleti scampai; Braciole di maiale alla romagnola

Emilia-Romagna

BRACIOLE DI MAIALE ALLE ROMAGNOLA

Schweinekoteletts mit Salbei und Rosmarin

Für 4 Personen
4 Schweinekoteletts
Salz und frisch gemahlener schwarzer Pfeffer
etwas Öl
1 Knoblauchzehe
1 gehackter Rosmarinzweig
ein paar gehackte Salbeiblätter
7 EL trockener Weißwein

Die Koteletts mit Salz und Pfeffer bestreut in die geölte Saftpfanne des Backofens legen. Mit der gehackten Knoblauchzehe, Rosmarin und Salbei bestreuen, den Wein und soviel Wasser zugießen, daß die Koteletts knapp bedeckt sind.

Das Fleisch im vorgeheizten Backofen bei mäßiger Hitze (200°) ungefähr 30 Minuten braten, bis es gar ist. Die fertigen Koteletts auf einer vorgewärmten Platte anrichten, mit dem Bratensaft übergießen und sofort servieren.

Toskana

BRACIOLE DI MAIALE UBRIACHE

Schweinekoteletts mit Fenchelsamen

Für 4 Personen
4 Schweinekoteletts
Salz und frisch gemahlener schwarzer Pfeffer
2 EL Olivenöl
1 Knoblauchzehe
1 EL gehackte Petersilie
1 Prise Fenchelsamen
1 EL trockener Rotwein

Die Koteletts flach klopfen und mit Salz und Pfeffer bestreuen. Das Öl in einer Pfanne erhitzen, die Koteletts von beiden Seiten scharf anbraten, dann die gehackte Knoblauchzehe, Petersilie und Fenchelsamen hineingeben und mitbraten. Den Wein zugießen, die Temperatur herunterstellen und die Koteletts bei geschlossenem Deckel in ca. 30 Minuten weichschmoren. Sofort auf einer vorgewärmten Platte servieren.

Toskana

ARISTA DI MAIALE ALLA FIORENTINA

Schweinelende mit Rosmarin

Für 6 Personen
1½ kg Schweinelende
1 Knoblauchzehe
1 Rosmarinzweig
Salz und frisch gemahlener schwarzer Pfeffer
2 EL Bratenfett

Das Fleisch mehrmals mit einem scharfen Messer tief einschneiden. Knoblauch und Rosmarin fein hacken und mit Salz und Pfeffer gut vermischen. Diese Paste anschließend in die Einschnitte des Fleisches drücken.

Bratfett und Fleisch in eine Pfanne oder eine feuerfeste Form geben und im vorgeheizten Backofen bei mäßiger Hitze (200°) 30 Minuten braten. Anschließend die Temperatur auf 180° herunterstellen und das Fleisch weitere 1½ Stunden garen; dabei gelegentlich umdrehen und mit dem Bratensaft begießen.

Das Fleisch in Scheiben geschnitten und mit dem Bratensaft übergossen heiß servieren. Man kann es aber auch als kalten Braten reichen.

Friaul-Julisch-Venetien

MUSET E BROVADE

Schweinswurst mit weißen Rüben

Für 4 Personen
600 g junge weiße Rübchen
2 Knoblauchzehen
gut ¼ l Rindfleischbrühe
Salz und frisch gemahlener schwarzer Pfeffer
400 g Cotechino (Schweinswurst)
Petersilienzweige zum Garnieren

Die Rüben schälen, in Scheiben schneiden und zusammen mit der Rindfleischbrühe und der in feine Scheiben geschnittenen Knoblauchzehe in einen Topf geben. Mit Salz und Pfeffer würzen, dann die Rübchen im geschlossenen Topf ca. 20 Minuten dünsten.

Die Wurst gut eine Stunde lang in sprundelndem Wasser kochen. Dann abtropfen lassen und in Scheiben geschnitten mit den Rüben auf einer Platte anrichten. Mit Petersilienzweigen garniert servieren.

Emilia-Romagna

FRIZON ALLA MODENESE

Wursttopf

Für 4 Personen
500 g Zwiebeln
2 grüne Paprikaschoten
250 g Tomaten
3 EL Olivenöl
500 g Salamelle-Würstchen
Salz und frisch gemahlener schwarzer Pfeffer
etwas gehackte Petersilie zum Garnieren

Die Zwiebeln schälen und in Scheiben schneiden, Paprika waschen, entkernen und in Ringe schneiden. Die Tomaten enthäuten und zu Püree zerstampfen. Das Öl in einer Kasserolle erhitzen, sämtliche Zutaten hineingeben, gut durchrühren und zugedeckt 1 Stunde köcheln. Mit Petersilie garniert sehr heiß servieren.

Latium

SALSICCE CON BROCCOLETTI

Wurst mit Broccoli

Für 4 Personen
25 g Bratfett oder Schmalz
2 Knoblauchzehen
1 eingelegte Pfefferschote
500 g Salamelle-Würstchen
Salz und frisch gemahlener schwarzer Pfeffer
750 g Broccoli

Bratfett oder Schmalz in einer feuerfesten Kasserolle schmelzen lassen, die kleingehackten Knoblauchzehen hineingeben und langsam goldbraun braten. Pfefferschote und Würste hinzufügen, mit Salz und Pfeffer würzen. Alles bei geschlossenem Deckel im vorgeheizten Backofen bei mäßiger Hitze (190°) etwa 45 Minuten lang schmoren, bis die Würste gar sind.

In der Zwischenzeit den Broccoli in kochendem Salzwasser in ca. 15 Minuten knackig kochen, dann abtropfen lassen und auf einer vorgewärmten Platte anrichten. Die Würste darauf verteilen und sofort servieren.

Südtirol – Trentino

SALSICCE IN UMIDO

Schweinswürstchen in Kräutersauce

Für 4 Personen
500 g Salamelle-Würstchen
1 EL Olivenöl
25 g Butter
2 EL Mehl
3–4 EL trockener Weißwein
4 EL Essig
7 EL Rindfleischbrühe
Salz und frisch gemahlener schwarzer Pfeffer
3–4 Lorbeerblätter
2 Salbeiblätter

Die Würstchen 10 Minuten in kochendem Wasser vorkochen. Anschließend im Wasser abkühlen, dann abtropfen und 10 Minuten trocknen lassen. Die Würstchen in mundgerechte Stücke schneiden.

Öl und Butter in einer Kasserolle erhitzen, die Wurststücke hineingeben und bei mäßiger Hitze 2 Minuten braten. Das Mehl einrühren, Wein, Essig und Brühe hinzufügen und mit Salz und Pfeffer würzen.

Unter ständigem Rühren so lange köcheln lassen, bis die Sauce dicklich wird. Dann Lorbeerblätter und Salbei dazugeben und weitere 6–8 Minuten köcheln lassen; dabei des öfteren umrühren. Die Kräuter vor dem Anrichten wieder herausnehmen. Die Würstchen heiß mit Polenta (Rezept Seite 87) servieren.

Oben: Muset e brovade; Frizon alla modenese; Braciole di maiale in salsa
Links: Salsicce con broccoletti

Kalabrien

BRACIOLE DI MAIALE IN SALSA

Schweinekoteletts mit Artischocken-Tomaten-Sauce

Für 4 Personen
200 g Tomaten
4 eingelegte Artischocken
100 g Champignons
5 EL Olivenöl
6 gehackte Basilikumblätter
Salz und frisch gemahlener schwarzer Pfeffer
4 Schweinekoteletts

Die Tomaten enthäuten und in Würfel, Artischocken und Pilze in Scheiben schneiden. Die Hälfte des Öls in einer Pfanne erhitzen, Tomaten, Artischocken, Pilze und Basilikum hineingeben, mit Salz und Pfeffer würzen und alles unter ständigem Rühren einige Minuten anschmoren, dann bei geschlossenem Deckel etwa 10 Minuten köcheln lassen.

Inzwischen die Koteletts mit dem restlichen Öl bepinseln und unter dem heißen Grill von jeder Seite 8–10 Minuten grillen. Die Koteletts auf einer vorgewärmten Platte anrichten und mit der Sauce übergossen sofort servieren.

Sardinien

FAVATA

Bohnen-Wurst-Eintopf

Für 4–6 Personen
300 g getrocknete Cannellini- oder weiße Bohnen
400 g Schweinebauch
400 g Salsiccia-Wurst
100 g Speck
1 eingelegte Pfefferschote
2 geschälte Knoblauchzehen
Salz
8 kleine Scheiben altbackenes Brot

Die Bohnen über Nacht in lauwarmem Wasser einweichen. Abtropfen lassen, in eine Kasserolle füllen, mit kaltem Wasser bedeckt zum Kochen bringen und bei mäßiger Hitze 40 Minuten köcheln lassen.

Inzwischen Bauchfleisch, Wurst und Speck in Scheiben schneiden und zusammen mit den übrigen Zutaten – außer dem Brot – zu den Bohnen geben und alles bei geschlossenem Deckel weitere 2 Stunden köcheln lassen; dabei des öfteren umrühren.

Vor dem Anrichten Pfefferschote und Knoblauchzehen aus dem Eintopf entfernen. Je 2 Brotscheiben in eine Suppentasse legen und mit dem Bohneneintopf übergießen. Dann sofort servieren.

Das Borstenvieh wird in Italien schon seit Jahrhunderten gezüchtet. Um die Wende des 16. Jahrhunderts mußte Papst Clemens VIII. sogar ein besonderes Gesetz erlassen, das die Stadt Rom von den »widerlichen« Tieren befreien sollte. Dieses Gesetz ermächtigte damals jeden, dem in den Straßen Roms ein Schwein über den Weg lief, es mit nach Hause zu nehmen und zu verspeisen.

In den Regionen Umbrien und Emila-Romagna gibt es Italiens größte Schweinezucht; große Fleischmengen werden dort in erster Linie zu Wurst, Schinken und Speck verarbeitet. Aus diesem Grund essen die Italiener auch relativ wenig Schweinefleisch, obwohl Schweinekoteletts mit Kräutern oder Saucen sehr beliebt sind.

Rechte Seite: Fritto misto; Fegato di vitello alla paesana

Die Zubereitungsmöglichkeiten von *fritto misto* reichen von den einfachen, hauptsächlich auf Innereien basierenden Rezepten, wie dem auf Seite 146, bis zu den reichhaltigeren und aufwendigeren, die auf dieser Seite beschrieben werden. Hauptbestandteil der meisten *fritto misto* sind Innereien, doch auch Kalbsschnitzel, kleine Lamm- oder Schweinekoteletts und sogar Hühnerbrust finden Verwendung. Zarte junge Gemüse sind unerläßlicher Bestandteil eines guten *fritto misto*. Zwei ungewöhnlichere Zutaten sind eine Art süßer Grießpudding und Makronen, die jedoch nach Belieben auch weggelassen werden können; dem aus Piemont stammenden *fritto misto* jedoch geben sie den charakteristischen Geschmack.

Piemont & Aostatal

FRITTO MISTO

Fritiertes Fleisch und Gemüse

Für 4 Personen
ca. ¾ l Milch
fein abgeriebene Schale einer Zitrone
75 g Zucker
einige Tropfen Vanille-Essenz
100 g Hartweizengrieß
8 Suppenmakronen
100 g Kalbshirn
100 g Kalbsbries
100 g Schweineleber
4 kleine Lammkoteletts ohne Knochen
4 kleine Kalbsschnitzel
100 g Champignons
1 Zucchini
1 Aubergine
Salz
1 Apfel
4 Eier
frisch gemahlener schwarzer Pfeffer
Mehl und Semmelbrösel zum Panieren
Pflanzenöl zum Fritieren
Zitronenviertel zum Garnieren

½ l Milch in eine Gußeisenpfanne gießen, die Zitronenschale, Zucker und Vanille-Essenz hinzufügen, die Milch aufkochen lassen und nun den Grieß einrieseln lassen. Unter ständigem Rühren köcheln. Sobald die Masse fest ist (nach ca. 5 Minuten), die Pfanne vom Herd nehmen, den Grießbrei flachdrücken und abkühlen lassen. Anschließend wahlnußgroße Bällchen daraus formen. Die Makronen in der restlichen Milch einweichen, dann gut ausdrücken und ebenfalls zu Bällchen formen.

Hirn und Bries säubern und in mundgerechte Stükke, die Leber in Scheiben schneiden. Koteletts und Schnitzel flachklopfen. Zucchini waschen und der Länge nach in Scheiben schneiden, die gewaschene Aubergine quer in Scheiben schneiden und beides leicht salzen. Den Apfel schälen, das Kernhaus ausstechen und in Ringe schneiden. Die Eier mit Salz und Pfeffer verquirlen und nun die Grieß- und Makronenbällchen sowie alle Fleisch- und Gemüsestücke mit Mehl bestäuben, dann in die Eier tauchen und in Semmelbröseln wälzen.

Das Öl in einer Friteuse sehr stark erhitzen und nacheinander die panierten Zutaten darin ausbacken, bis sie gar sind und eine goldbraune Farbe angenommen haben. Die jeweils fertigen Stücke auf Küchenpapier entfetten und warmhalten, bis alle Teile fritiert sind.

Alles auf einer Platte anrichten und mit Zitronenvierteln garniert sofort servieren.

Piemont & Aostatal

RUSTIDA

Gemischte Fleischkasserolle

Für 4 Personen
250 g Schweinelende
100 g Salsiccia (Schweinswurst)
100 g Kalbsbries
500 g Tomaten
50 g Butter
1 große Zwiebel
knapp ¼ l Rindfleischbrühe
Salz und frisch gemahlener schwarzer Pfeffer

Schweinelende, Salsiccia und das gesäuberte Kalbsbries in dünne Scheiben schneiden. Die Tomaten überbrühen, enthäuten und würfeln.

Die Butter in einer Kasserolle schmelzen lassen und darin die in Scheiben geschnittene Zwiebel ca. 5 Minuten andünsten. Dann die Hitze erhöhen und Fleisch-, Wurst- und Briesscheiben in der Butter rundum anbraten.

Nun die Tomatenwürfel dazugeben, kurz schmoren lassen, und die Brühe angießen. Alles mit Salz und Pfeffer würzen und bei geschlossenem Deckel 20 Minuten dünsten, bis das Fleisch gar ist und die Sauce eine dickliche Konsistenz angenommen hat.

Mit Polenta (Rezept Seite 87) servieren.

Piemont & Aostatal

FEGATO DI VITELLO ALLA PAESANA

Kalbsleber nach Bauernart

Für 4 Personen
50 g Butter
50 g durchwachsener Speck
2 Knoblauchzehen
1 EL gehackte Petersilie
2 Zwiebeln
500 g Kalbsleberscheiben
Mehl zum Bestäuben
7 EL Rotwein
Salz und frischgemahlener Pfeffer

Die Hälfte der Butter in einer Pfanne schmelzen lassen, den gewürfelten Speck, die fein gehackten Knoblauchzehen und die Hälfte der Petersilie hineingeben und 5 Minuten dünsten. Nun die in Scheiben geschnittenen Zwiebeln dazugeben und alles unter häufigem Umrühren weitere 5 Minuten dünsten.

Die Leberscheiben in Mehl wenden. Die restliche Butter in einer zweiten Pfanne erhitzen und darin die Leber von allen Seiten leicht braun braten. Nun die Speck-Zwiebel-Mischung dazugeben, den Wein angießen und alles leicht pfeffern. Weitere 5–6 Minuten köcheln lassen, dann mit Salz abschmecken.

Leber und Gemüse auf eine vorgewärmte Platte geben und mit der restlichen gehackten Petersilie bestreut sofort servieren.

Lombardei

ANIMELLA DI VITELLO IN AGRODOLCE

Kalbsbries süß-sauer

Für 4 Personen
500 g Kalbsbries
1 Zwiebel
½ Karotte
1 kleine Stange Staudensellerie
25 g durchwachsener Speck
25 g Butter
1 Prise getrockneter Thymian
½ Lorbeerblatt
Salz und frisch gemahlener schwarzer Pfeffer
3–4 EL Essig
25 g Zucker
3–5 EL Olivenöl
25 g Kapern

Das Bries säubern und in Scheiben schneiden. Zwiebel, Karotte und Selleriestange putzen und grob hakken, den Speck würfeln. Die Butter in einer Kasserolle schmelzen lassen und darin das Gemüse und den Speck zusammen mit Thymian und dem zerbröselten Lorbeerblatt 10 Minuten dünsten. Nun die Kalbsbriesscheiben hinzufügen, mit Salz und Pfeffer würzen und alles 15–20 Minuten schmoren.

In der Zwischenzeit Essig, Zucker, Öl und Kapern in einem kleinen Topf vermischen und in ca. 5 Minuten heißrühren, jedoch nicht kochen lassen. Die Kalbsbries-Mischung in eine vorgewärmte Terrine füllen, mit der heißen Sauce übergießen und sofort servieren.

Ligurien

TRIPPA ALLA GENOVESE

Kutteln Genueser Art

Für 6 Personen
1 kg gesäuberte und in Streifen geschnittene Kutteln
1 Zwiebel
1 Karotte
1 Stange Staudensellerie
75 g Champignons
4 EL Olivenöl
25 g Butter
Salz und frisch gemahlener schwarzer Pfeffer
500 g Tomaten
500 g Kartoffeln

Die Kutteln 5 Minuten in kochendem Wasser kochen. Anschließend in kaltes Wasser tauchen und abtropfen lassen.

Zwiebel und Karotte schälen und in Würfel schneiden, Sellerie und Pilze putzen und klein hacken. Öl und Butter in einer Kasserolle erhitzen, die gehackten Gemüse hineingeben und 5 Minuten dünsten. Die Kutteln in den Topf geben. Mit Salz und Pfeffer würzen und unter häufigem Umrühren 15 Minuten schmoren.

Inzwischen die Tomaten enthäuten und zu Brei zerstampfen. Zusammen mit 7 Eßlöffeln warmem Wasser zu den Kutteln in die Kasserolle geben und alles bei geschlossenem Deckel 30 Minuten köcheln lassen. Die Kartoffeln schälen und in Stücke schneiden. Ebenfalls in den Topf geben und unter gelegentlichem Umrühren weitere 30 Minuten schmoren.

Fegato di vitello alla milanese; Animella di vitello in agrodolce; Fegato alla tirolese

Lombardei

FEGATO DI VITELLO ALLA MILANESE

Kalbsleber nach Mailänder Art

Für 4 Personen
500 g Kalbsleber
1 EL gehackte Petersilie
frisch gemahlener schwarzer Pfeffer
4 EL Olivenöl
etwas Mehl
2 Eier
Salz
Semmelbrösel zum Panieren
75 g Butter
Zitronenscheiben und Petersilie zum Garnieren

Die Leber in vier gleichdicke Scheiben schneiden, diese in eine flache Schüssel legen, mit Petersilie und Pfeffer bestreuen und mit 2 Eßlöffeln Öl beträufeln. 2 Stunden marinieren, dabei gelegentlich wenden.

Die Leberscheiben trocken tupfen, in Mehl wälzen und in die mit Salz verquirlten Eier tauchen. Anschließend mit Semmelbröseln panieren. Das restliche Öl und die Butter in einer Bratpfanne erhitzen, die Leberscheiben hineingeben und bei starker Hitze auf jeder Seite 4–5 Minuten braten, bis sie goldgelb und knusprig sind. Dann auf Küchenpapier abtropfen lassen und mit Zitronenscheiben und Petersilie garniert servieren.

Südtirol – Trentino

FEGATO ALLA TIROLESE

Leber nach Tiroler Art

Für 4 Personen
500 g Kalbsleber
¼ l Milch
50 g Butter
½ Zwiebel
50 g durchwachsener Speck
25 g Mehl
3 EL Fleischbrühe
¼ l süße Sahne
1 EL gehackte Kapern
Salz und frisch gemahlener schwarzer Pfeffer
einige Salbeiblätter zum Garnieren

Die Leber in dünne Scheiben schneiden und mit Milch übergossen 1 Stunde stehen lassen.

Die Butter in einer Bratpfanne schmelzen, die in Würfel geschnittene Zwiebel und den ebenfalls gewürfelten Speck hineingeben und 5 Minuten leicht anbraten. Dann die abgetrocknete Leber in die Pfanne geben und 7–8 Minuten braten.

Die Leber anschließend auf eine Platte legen und warm stellen. Mehl und Brühe klümpchenfrei verrühren und zusammen mit der Sahne in die Pfanne einrühren und 10 Minuten unter häufigem Umrühren leise köcheln lassen, die Kapern hinzufügen, mit Salz und Pfeffer abschmecken. Die Sauce über die Leberscheiben gießen und mit Salbei garniert servieren.

Kalbskutteln sind in Italien sehr beliebt; sie schmecken aromatisch und zarter als Kutteln von anderen Tieren. Das gleiche trifft auch auf Kalbsleber zu, die in Italien sogar als Delikatesse gilt. Ersatzweise kann man natürlich auch Kutteln anderer Tiere verwenden, doch muß bei ihrer Zubereitung wesentlich mehr Sorgfalt verwendet werden, wenn sie ebenso gut schmecken sollen. Ein gutes Hilfsmittel, um Innereien – insbesondere Leber – zarter zu machen, ist das Einweichen vor der Zubereitung in Milch.

Fegato di vitello alla veneziana

Venetien

FEGATO DI VITELLO ALLA VENEZIANA

Venezianische Kalbsleber

Für 4 Personen
3–4 EL Olivenöl
25 g Butter
500 g Zwiebeln
1 EL gehackte Petersilie
500 g Kalbsleber
4 EL Rindfleischbrühe
Salz und frisch gemahlener schwarzer Pfeffer

Öl und Butter in einer Bratpfanne erhitzen, die geschälten, in Scheiben geschnittenen Zwiebeln und die Petersilie dazugeben und bei geschlossenem Deckel in ca. 10 Minuten weichschmoren.

Leber in 4 gleich große Scheiben schneiden, zu den Zwiebeln in die Pfanne geben, die Temperatur erhöhen, Brühe angießen und alles 5 Minuten schmoren. Die Pfanne vom Herd nehmen, Leber mit Salz und Pfeffer würzen und sofort servieren, z. B. mit Polentascheiben (Rezept Seite 87) oder Toastbrot.

Emilia-Romagna

ROGNONE ALLA BOLOGNESE

Gebratene Nieren mit Zwiebeln

Für 4 Personen
2 Kalbsnieren
4 EL Olivenöl
3–4 EL Essig
50 g Butter
1 Zwiebel
1 Knoblauchzehe
1 EL gehackte Petersilie
3–4 EL Rindfleischbrühe
Salz und frisch gemahlener schwarzer Pfeffer

Nieren waschen, säubern und in dünne Scheiben schneiden. Das Öl in einer schweren Pfanne erhitzen und die Nierenscheiben darin 4–5 Minuten leicht anbraten. Die Hälfte des Essigs dazugeben, alles weitere 2 Minuten schmoren, dann die Nieren sofort abtropfen lassen und auf einer Platte warmhalten.

Nun die Butter in der gesäuberten Pfanne schmelzen, die gehackte Zwiebel und die Knoblauchzehe langsam anbraten, Petersilie einstreuen, alles etwas schmoren lassen, dann die Knoblauchzehe entfernen und die Nieren in die Pfanne geben.

Die Temperatur erhöhen und alles unter ständigem Rühren einige Minuten braten, bis alle Flüssigkeit verdunstet ist. Restlichen Essig und die Brühe zugießen und 5 Minuten leise köcheln lassen. Die Nieren mit Salz und Pfeffer abgeschmeckt sofort servieren.

Latium

FRITTO MISTO ALLA ROMANA

Fritierte Innereien römische Art

Für 4 Personen
4 Artischocken
je 300 g Kalbsbries und -nieren
etwas Mehl
2 Eier
Pflanzenöl zum Fritieren
Salz und frisch gemahlener schwarzer Pfeffer
2 Zitronen zum Garnieren

Die harten äußeren Blätter und den Strunk der Artischocken entfernen. Die Böden klein schneiden. Bries und Nieren säubern, in mundgerechte Stücke schneiden und in Mehl wälzen, ebenso die Artischockenböden; anschließend in die mit Salz verquirlten Eier tauchen.

Das Öl in einer Friteuse erhitzen und darin nach und nach die Innereien und Artischocken getrennt ausbakken, bis sie eine schöne goldbraune Farbe angenommen haben und gar sind. Auf Küchenpapier zum Abtropfen legen, salzen, pfeffern und warm stellen, bis alles fritiert ist. Mit Zitronenvierteln garniert servieren.

Emilia-Romagna

TRIPPA ALLA BOLOGNESE

Kutteln mit Eiern und Parmesan

Für 4 Personen
1 kg Kutteln
5 EL Olivenöl
100 g Speck
1 kleine Zwiebel
1 Knoblauchzehe
1 EL gehackte Petersilie
Salz und frisch gemahlener schwarzer Pfeffer
1 Brühwürfel
2 Eier
75 g geriebener Parmesan

Die Kutteln säubern, würfeln und in kochendem Wasser 5 Minuten blanchieren. Dann abtropfen lassen und kalt abschrecken.

Das Öl in einer schweren Pfanne erhitzen, den in Würfel geschnittenen Speck, die fein gehackte Zwiebel, die zerdrückte Knoblauchzehe und Petersilie hineingeben und 5 Minuten dünsten. Die Kutteln hinzufügen und mit Salz und Pfeffer würzen. Die in wenig warmem Wasser aufgelöste Würfelbrühe zugießen und alles unter häufigem Umrühren 1 Stunde dünsten.

Die Eier mit der Hälfte des Parmesan verquirlen, unter die Kuttel-Mischung rühren und weitere 5 Minuten dünsten. In eine vorgewärmte Schüssel füllen und mit dem restlichen Parmesan bestreut sofort servieren.

Latium

CODA ALLA VACCINARA

Ochsenschwanz-Eintopf

Für 8 Personen
2 kg Ochsenschwanz
2 Zwiebeln
2 Karotten
600 g Staudensellerie
2 Lorbeerblätter
Salz
1 EL Olivenöl
250 g magerer Speck
50 g roher Schinken
7 EL trockener Weißwein
500 g Tomaten
1 Prise Zimt
frisch gemahlener schwarzer Pfeffer

Den Ochsenschwanz in Stücke schneiden und zwei Stunden lang kalt wässern. Zwiebeln und Karotten schälen und je eine sowie eine Selleriestange und die Lorbeerblätter in einen großen Topf mit Salzwasser geben und dieses zum Kochen bringen. Die Ochsenschwanzstücke hinzufügen und 1 Stunde kochen. Dabei des öfteren das Fett abschöpfen. Anschließend abtropfen lassen, den Kochsud aufheben.

Coda alla vaccinara; Rognone alla bolognese

Die zweite Zwiebel und Karotte in Würfel schneiden. Das Öl in einer Pfanne erhitzen, Zwiebel, Karotte, den in Würfel geschnittenen Speck und ebenfalls gewürfelten Schinken sowie die Ochsenschwanzstükke hineingeben und bei mäßiger Hitze 10 Minuten braten, dann den Wein hinzufügen und köcheln lassen, bis er verdunstet ist. Inzwischen die Tomaten enthäuten, zu Brei zerstampfen und ebenfalls in die Pfanne geben. Bei geschlossenem Deckel alles 2½ Stunden köcheln lassen, dabei, falls nötig, von Zeit zu Zeit ein wenig Kochsud angießen.

Den restlichen Sellerie in 2 cm lange Stücke schneiden, in Salzwasser 10 Minuten kochen, dann abtropfen lassen und zum Ochsenschwanz-Eintopf geben. Weitere 30 Minuten kochen und vor dem Servieren mit Zimt und ein wenig Pfeffer abschmecken.

Geflügel & Wild

Ob Kapaun, Huhn, Ente, Gans oder Truthahn – Geflügel ist in ganz Italien beliebt und durchweg von guter Qualität.

So gibt es zahlreiche verschiedene Geflügelspezialitäten, die sowohl mit ganzen Tieren, als auch mit Teilen davon zubereitet werden. Hühnerbrust zum Beispiel wird mit Schinken, Käse oder Wein zubereitet oder in einer Tomatensauce oder einem scharf gewürzten Dressing *(alla diavola)* serviert. Ganze Hühner werden gern gefüllt gebraten, wobei die Hausfrau auch die Lebern und die anderen Innereien mit in der Füllung verarbeitet. Ältere Vögel oder Suppenhühner werden gewöhnlich mit Kräutern und Gewürzen gekocht und zur Herstellung von Suppen und Brühen verwendet.

Truthahn ist in ganz Italien beliebt; er ist das ganze Jahr über erhältlich, sowohl im Ganzen, als auch in Portionen oder dicken Steaks, die von italienischen Hausfrauen gerne wie Kalbsschnitzel zubereitet oder in Eintöpfen verwendet werden. Eigens für den Verkauf in Einzelportionen werden die Truthähne zu riesigen Größen herangezüchtet. Der Kapaun war stets das traditionelle Weihnachtsessen der Italiener, heute jedoch scheint der Truthahn mehr und mehr seinen Platz einzunehmen. Am häufigsten sind Geflügel-Füllungen aus Semmelbröseln, Wurstfülle, Geflügelleber, Kräutern und Gewürzen wie im Rezept *Cappone farcito al forno* (Seite 39), das jedoch auch ebenso gut mit Truthahn zubereitet werden kann. Ein anderes köstliches Truthahn-Gericht ist *Tacchinetta al melograno* (Rezept Seite 151), das mit einer Sauce aus Granatapfelsaft serviert wird.

Die Auswahl an Wild ist groß – sowohl an Wildgeflügel als auch an großen Tieren. Da es in Italien keine strengen Jagdbeschränkungen durch Schonzeiten o. ä. gibt, ist Wild das ganze Jahr über erhältlich. Zu großen Festen und anderen besonderen Gelegenheiten füllen z. B. die Bewohner Sardiniens gerne großes Wild mit kleinerem und braten diese dann über glühenden, mit Myrte bedeckten Kohlen. In anderen Regionen Italiens wird Wild auf konventionellere Weise zubereitet – sehr häufig in einer süßsauren Sauce *(agrodolce)* oder mariniert in Wein und Kräutern. Kaninchen und Hase sind wahrscheinlich das in Italien am häufigsten vorkommende Wild; man ißt sie gern mit süßsauren Saucen und Polenta-Scheiben.

Toskana

POLLO ALLO SPIEDO

Huhn am Spieß

Für 4 Personen
1 küchenfertiges Brathuhn von 1,5 kg
7 EL Olivenöl
einige gehackte Salbeiblätter
1 gehackter Rosmarinzweig
250 g roher Schinken oder Speck
2 Knoblauchzehen
Salz und frisch gemahlener schwarzer Pfeffer

Das Huhn mit Öl einpinseln und mit der Hälfte Salbei und Rosmarin bestreuen. 2–3 Stunden stehen lassen.

Schinken oder Speck in Scheiben schneiden, anschließend die Hälfte davon in Würfeln und diese mit dem gehackten Knoblauch und den restlichen Kräutern vermischen. Mit Salz und Pfeffer abschmecken, dann das Huhn damit füllen und die Öffnung gut zunähen.

Das Huhn in die Schinkenscheiben hüllen und mit Garn festbinden. Das Huhn auf einen Bratspieß stekken und 1¼ Stunden grillen, bis die Haut knusprigbraun und das Fleisch weich ist. Wer keinen Grill besitzt, kann das Huhn auch im Backofen bei 200° braten. Nach etwa 1½ Stunden sollte es weich sein. Sofort servieren.

Toskana

POLLO ALLA DIAVOLA

Huhn vom Holzkohlengrill

Für 4 Personen
1 bratfertiges Huhn von etwa 1,25 kg
7 EL Olivenöl
Salz und frisch gemahlener schwarzer Pfeffer
1 Zitrone

Das Huhn in zwei Hälften teilen und diese mit einem Küchenhammer leicht klopfen; dabei darauf achten, daß die Knochen nicht zerbrechen.

Die Huhnhälften mit Öl einreiben, mit Salz und Pfeffer bestreuen und etwa 40 Minuten über dem Holzkohlengrill braten, bis die Haut knusprig-braun ist.

Mit Zitronenscheiben garniert sofort servieren.

Marken

POLLO IN POTACCHIO

Brathuhn mit Zwiebeln und Pfefferschoten

Für 4 Personen
3–4 EL Olivenöl
1 kleine Zwiebel
2 Knoblauchzehen
1 bratfertiges Huhn von 1,25 kg
1 kleine eingelegte Pfefferschote
Salz und frisch gemahlener schwarzer Pfeffer
1 EL Tomatenmark
3–4 EL trockener Weißwein
einige Rosmarinzweige
6–8 EL Hühnerbrühe

Das Öl in einer Kasserolle erhitzen, die in Scheiben geschnittene Zwiebel und die zerdrückten Knoblauchzehen hineingeben und 15 Minuten dünsten. Das Huhn in Stücke schneiden und ebenfalls in den Topf geben. Die feingehackte Pfefferschote hinzufügen, mit Salz und Pfeffer würzen und das Huhn bei mäßiger Hitze von allen Seiten braun anbraten.

Das Tomatenmark mit wenig warmem Wasser verrühren und zusammen mit dem Wein in die Kasserolle einrühren. Die Temperatur herunter stellen und alles bei geschlossenem Topf 30 Minuten schmoren. Einen Rosmarinzweig klein hacken und über die Fleischstücke streuen. Das Huhn weitere 30 Minuten schmoren bzw. so lange, bis es gar ist; dabei gelegentlich ein wenig Brühe zugießen. Dann mit den restlichen Rosmarinzweigen garniert servieren.

Pollo in potacchio

Die qualitativ besten Hühner Italiens stammen aus der Toskana, insbesondere aus der Flußebene des Arno. Sie sind bekannt für ihr zartes, fettes Fleisch, das ein unbeschreiblich gutes Aroma besitzt. Nur selten bereiten die Toskaner Huhn in kunstvollen Saucen zu, und das aus dem einfachen Grund, weil Geflügel dort so gut ist, daß eine Sauce den Geschmack nur beeinträchtigen würde. Die beliebteste Art der Zubereitung ist das Braten am Spieß über dem Feuer oder auf dem Holzkohlengrill.

Anatra farcita alla novarese;
Gallina alla vernaccia

Sardinien

POLLO RIPIENO AL FORNO

Gefüllte Poularde

Für 6 Personen

1 bratfertiges Huhn von ca. 1,5 kg (mit Innereien)
25 g Butter
150 g Semmelbrösel
3 Tomaten
1 Ei
100 g geriebener Pecoriono-Käse
7 EL Milch
4 EL Sahne
Salz und frisch gemahlener schwarzer Pfeffer
1 hartgekochtes Ei
4 EL Olivenöl

Das Huhn waschen und abtrocknen, die Innereien säubern und kleinschneiden. Die Butter in einer schweren Pfanne erhitzen, die Innereien in die Pfanne geben. 10 Minuten dünsten. Die Semmelbrösel hinzufügen und bräunen, dann die enthäuteten, in Würfel geschnittenen Tomaten; alles 10 Minuten köcheln lassen. Die Pfanne von der Kochstelle nehmen und die Masse abkühlen lassen.

Das verquirlte Ei, Käse, Milch und Sahne unter die Füllung mengen, mit Salz und Pfeffer würzen und alles gut miteinander vermischen. Anschließend das Huhn mit der Masse füllen, wobei das hartgekochte Ei in die Mitte gelegt wird. Die Öffnung mit festem Garn gut zunähen.

Das Huhn in einen eingeölten Bräter oder in die Fettpfanne des Backofens legen, mit Pfeffer und Salz würzen und mit Öl beträufeln. Im vorgeheizten Backofen bei mäßiger Hitze (200°) ca. 1 ½ Stunden braten. Das fertige Huhn tranchieren und auf einer vorgewärmten Platte servieren. Dazu paßt Risotto oder Stangenweißbrot.

Vicenza ist das Zentrum der Truthahn-verarbeitenden Industrie in Italien. Die Stadt liegt nordöstlich von Verona in der Region Venetien. Hier serviert man gerne Granatäpfel zu Truthahn, wie im Gericht *Tacchinetta al melograno*. Ein anderer Brauch, der früher beim alljährlichen Jahrmarkt in Vicenza üblich war, ist inzwischen ausgestorben. Mit langen Stöcken schlugen Männer, deren Augen verbunden waren, auf die Köpfe der Truthähne ein. Glücklicherweise wird dieser grausame Sport heute nicht mehr betrieben.

Sardinien

GALLINA ALLA VERNACCIA

Huhn mit Knoblauch und Weißwein

Für 6 Personen
4 EL Olivenöl
3 Knoblauchzehen
1 bratfertiges, zerteiltes Huhn von 1,5 kg
Salz und frisch gemahlener schwarzer Pfeffer
½ l Vernaccia oder ein anderer trockener Weißwein
gehackte Petersilie zum Garnieren

Das Öl in einer Kasserolle erhitzen, die geschälten Knoblauchzehen hineingeben und langsam braun braten. Den Knoblauch wieder herausnehmen und die Hühnerteile in den Topf geben. Unter häufigem Wenden bei starker Hitze von allen Seiten anbraten. Mit Salz und Pfeffer würzen, den Wein zugießen, die Temperatur herunter stellen und das Huhn bei geschlossenem Deckel 1 Stunde schmoren, bis es gar ist. Mit Petersilie bestreut servieren.

Venetien

TACCHINETTA AL MELOGRANO

Truthahn mit Granatäpfeln

Für 8 Personen
1 bratfertiger Truthahn von 2 kg (mit Innereien)
Salz
50 g Butter
gut ⅛ l Olivenöl
4 Wacholderbeeren
1 Rosmarinzweig
knapp ¼ l trockener Weißwein
3 Granatäpfel
frisch gemahlener schwarzer Pfeffer
Saft einer halben Zitrone
4 EL Hühnerbrühe

Truthahn säubern und von innen und außen salzen. Ein Drittel der in Würfel geschnittenen Butter in die Höhlung legen, die Öffnung zunähen.

Den Truthahn in einen eingeölten Bräter oder in die Fettpfanne des Backofens legen. Die restlichen Butterwürfel darauf verteilen, mit 7 Eßlöffeln Öl beträufeln, zerdrückte Wacholderbeeren und Rosmarin darauf legen, zuletzt den Wein zugießen. Im vorgeheizten Backofen bei mäßiger Hitze (180°) 1 ½ Stunden braten, dabei den Truthahn von Zeit zu Zeit mit Wein und Bratensaft beschöpfen. Den Saft eines Granatapfels hinzufügen und den Truthahn eine weitere Stunde braten, bis er fast gar ist.

In der Zwischenzeit Leber und Magen des Truthahns fein hacken. Das restliche Öl in einer schweren Pfanne erhitzen, die Innereien hineingeben und braun braten. Anschließend von der Kochstelle nehmen.

Nun den Saft eines weiteren Granatapfels über den Truthahn gießen und mit Salz und Pfeffer bestreuen. Noch einmal 10 Minuten braten, dann den Truthahn herausnehmen und in Portionsstücke teilen. Diese in eine feuerfeste Form legen.

Den Bratfond entfetten und in einer Pfanne auf den Ofen stellen. Zitronensaft und Brühe hinzufügen und köcheln lassen, bis die Flüssigkeit auf die Hälfte reduziert ist. Durch ein Sieb passieren und unter die Innereien rühren. Die Sauce über die Fleischstücke gießen und mit den Kernen des letzten Granatapfels bestreut noch einmal 7–8 Minuten in den Ofen stellen. Anschließend sofort servieren.

Piemont & Aostatal

ANATRA FARCITA ALLA NOVARESE

Gefüllte Ente

Für 6 Personen
50 g Bratfett
50 g Speck
1 Zwiebel
250 g Rinderhackfleisch
250 g Schweinemett
100 g Salsiccia (frische Schweinewurst)
100 g Reis
Salz
3 Eier
1 Knoblauchzehe
1 EL gehackte Petersilie
1 Prise Muskat
frisch gemahlener schwarzer Pfeffer
1 bratfertige Ente von 1,5 kg (entbeint)
1–2 EL Olivenöl
1 Rosmarinzweig
6–8 EL Hühnerbrühe

Das Bratfett in einer schweren Pfanne schmelzen, den in Würfel geschnittenen Speck und die ebenfalls fein gewürfelte Zwiebel hineingeben und 5 Minuten dünsten. Beide Hackfleischsorten und die Wurstfülle hinzufügen und unter häufigem Umrühren weitere 10 Minuten dünsten. Anschließend von der Kochstelle nehmen.

Den Reis 10 Minuten in kochendem Salzwasser kochen, anschließend gut abtropfen lassen und unter die Fleischmischung rühren.

Die verquirlten Eier, die zerdrückte Knoblauchzehe, Petersilie und Muskat untermischen, mit Pfeffer und Salz abschmecken. Alles gut miteinander vermischen.

Die entbeinte Ente mit der Mischung füllen, dann die Öffnung zunähen. Das Öl in einer Bratpfanne erhitzen, die Ente hinein legen und von allen Seiten braun anbraten. Dann im vorgeheizten Backofen bei mäßiger Hitze (180°) 1 ½ bis 2 Stunden braten; dabei gelegentlich mit etwas Brühe begießen. Die Ente in Scheiben schneiden und, mit dem Bratensaft übergossen, heiß servieren. Die Ente schmeckt aber auch kalt sehr gut; dann sollte man sie zu frischem Salat servieren.

Rechte Seite: Lepre in salsa peverada; Anatra con tagliatelle; Oca conservata

Emilia-Romagna

ANATRA CON TAGLIATELLE

Enten-Kasserolle mit Tagliatelli

Für 6 Personen
75 g Butter
1 halbe Zwiebel
1 halbe Karotte
1 Stange Staudensellerie
1 Lorbeerblatt
1 bratfertige Ente von 1,5 kg
50 g Champignons
500 g Tomaten
gut ½ l Hühnerbrühe
Salz und frisch gemahlener schwarzer Pfeffer
300 g Tagliatelli
Zum Anrichten:
25 g Butter
65 g geriebener Parmesan

Die Butter in einer Kasserolle schmelzen, die geschälte und in Würfel geschnittene Zwiebel und Karotte, den klein gehackten Sellerie und das Lorbeerblatt hineingeben und 5 Minuten dünsten. Die Ente hinzufügen und von allen Seiten braun anbraten, dann die in Scheiben geschnittenen Champignons, die enthäuteten, zu Brei zerstampften Tomaten und die Brühe hinzufügen. Mit Salz und Pfeffer würzen. Zum Kochen bringen, die Temperatur herunterstellen und bei geschlossenem Deckel 1 ½ Stunden bzw. so lange schmoren, bis die Ente gar ist.

In der Zwischenzeit die Tagliatelli in kochendem Salzwasser *al dente* kochen. Gut abtropfen lassen und auf eine vorgewärmte Platte häufen. Mit ein wenig des Bratensaftes beträufeln, dann die geschmolzene Butter und den Parmesan untermengen. Die Ente in Portionsstücke teilen und diese auf den Tagliatelli anrichten. Warm stellen.

Den Bratensaft mit den Gemüsen anschließend kochen, bis er auf die Hälfte eingekocht ist und dann über die Entenstücke gießen. Sofort servieren.

Hase und Kaninchen sind das beliebteste Kleinwild in Italien, doch in den Bergen Norditaliens werden auch seltenere Wildarten für die Speisetafeln gejagt. Im Aostatal zum Beispiel gibt es auch weiße Hasen, Wildziegen, Gemsen und Wildschweine. Das Fleisch der Wildziegen hat einen ziemlich strengen Geschmack und ist nur etwas für Kenner. Gemsen hingegen besitzen ein zarteres Fleisch, das besonders köstlich schmeckt, wenn es in Rotwein geschmort wird.

Venetien

OCA CONSERVATA

Gänse-Pastete

Für 8 Personen
1 Gans von 2 kg
gut ⅛ l Olivenöl
2 Knoblauchzehen
1 Rosmarinzweig
Salz und frisch gemahlener schwarzer Pfeffer
einige Lorbeerblätter

Die Gans waschen und ausnehmen. Anschließend in eine große Kasserolle legen, mit 3 Eßlöffeln Öl beträufeln und mit den zerdrückten Knoblauchzehen, Rosmarin, Salz und Pfeffer bestreuen. Die Gans bei geschlossenem Deckel gut 3 Stunden schmoren, bis das Fleisch gar ist. Dann die Gans herausnehmen, abtropfen lassen (das Bratfett aufheben) und in Portionsstücke schneiden; dabei Haut und Knochen entfernen.

Den Boden eines gläsernen oder tönernen Gefäßes mit Gänsefett bedecken, darauf eine Schicht Gänsefleisch legen, darauf ein paar Lorbeerblätter und wiederum Gänsefett. Das Fleisch sollte völlig mit Fett bedeckt sein. Obenauf mit einigen Lorbeerblättern garnieren, dann das restliche Öl darüber gießen. Das Gefäß mit Folie abdecken, diese zusätzlich mit Garn umwickeln und bis zum Verbrauch in den Kühlschrank stellen. Die Pastete in Scheiben geschnitten servieren.

Venetien

LEPRE IN SALSA PEVERADA

Hasen-Kasserolle

Für 4 Personen
50 g Butter
100 g durchwachsener Speck
1 kleine Zwiebel
1 küchenfertiger Hase von 1,5 kg
gut ¼ l Hühnerbrühe
Salz und frisch gemahlener schwarzer Pfeffer
Für die Sauce:
5 EL Olivenöl
175 g Soppressata-Wurst (Preßwurst, Schwartenmagen)
1 Hasen- oder Hühnerleber
gut ¼ l Hühnerbrühe
25 g gehackte Petersilie
Saft einer halben Zitrone

Die Butter in einer Kasserolle erhitzen, den in Würfel geschnittenen Speck und die fein gehackte Zwiebel hineingeben und bei mäßiger Hitze 5 Minuten braten. Den gesäuberten Hasen in Portionsstücke schneiden, ebenfalls in die Kasserolle geben, die Brühe zugießen und mit Salz und Pfeffer würzen. Alles zum Kochen bringen, anschließend die Temperatur herunterstellen und 2 Stunden köcheln lassen.

In der Zwischenzeit die Sauce vorbereiten. Dafür das Öl in einer schweren Pfanne erhitzen, die in Würfel geschnittene Wurst und die ebenfalls gewürfelte Leber hinzufügen und 5 Minuten anbräunen. Brühe und Petersilie hinzufügen und mit Salz und Pfeffer abschmecken. 30 Minuten lang köcheln lassen, bis die Sauce dick zu werden beginnt. Den Zitronensaft unterrühren und die Sauce 10 Minuten vor Ende der Garzeit in die Hasen-Kasserolle rühren.

Ligurien

CONIGLIO CON LE OLIVE

Kaninchen mit Oliven

Für 4 Personen
1 küchenfertiges Kaninchen von ca. 1,25 kg
7 EL Olivenöl
2 Knoblauchzehen
1 gehackter Rosmarinzweig
etwa ¼ l Rotwein
Salz und frisch gemahlener schwarzer Pfeffer
6–8 EL Hühnerbrühe
2 Tomaten
150 g schwarze Oliven

Das ausgenommene Kaninchen säubern und in Portionsstücke schneiden. Das Öl in einer Kasserolle erhitzen, die Kaninchenstücke hineingeben und mit dem klein gehackten Knoblauch und Rosmarin bestreuen. Unter Wenden langsam von allen Seiten braun anbraten. Wein hinzugießen, mit Salz und Pfeffer würzen und das Kaninchen bei geschlossenem Deckel 30 Minuten köcheln lassen, dabei – falls nötig – von Zeit zu Zeit ein wenig Brühe hinzufügen.

Inzwischen die Tomaten enthäuten und zerstampfen, die Oliven halbieren und entkernen. Beides in die Kasserolle geben und weitere 40 Minuten schmoren, bis das Fleisch weich ist. Heiß servieren.

Emilia-Romagna

CONIGLIO ALLA REGGIANA

Kaninchen mit Kräutern

Für 4 Personen
1 küchenfertiges Kaninchen von 1,25 kg
1 Knoblauchzehe
1 Rosmarinzweig
4 Salbeiblätter
8 Wacholderbeeren
Salz und frisch gemahlener schwarzer Pfeffer
3–4 EL Essig
7 EL Olivenöl
6–8 EL Hühnerbrühe

Das Kaninchen säubern, in Portionsstücke schneiden und in eine Kasserolle legen. Die geschälte Knoblauchzehe zerdrücken, die Kräuter fein hacken und ebenso wie die Wacholderbeeren über das Fleisch streuen, mit Salz und Pfeffer würzen. Das Fleisch mit dem Essig und zwei Dritteln des Öls beträufeln und 3–4 Stunden ziehen lassen; dabei die Kaninchenstükke von Zeit zu Zeit umdrehen. Das restliche Öl hinzufügen, dann den Topf auf den Ofen setzen und das Fleisch zugedeckt 40 Minuten schmoren, dabei mit der Brühe begießen. Den Deckel herunternehmen und das Fleisch bei etwas stärkerer Hitze weitere 30 Minuten schmoren, bis es gar ist. Heiß servieren.

Marken

CONIGLIO IN PORCHETTA

Kaninchen-Topf mit Fenchel

Für 4 Personen
250 g Fenchel (nur die grünen Teile)
Salz
3 Knoblauchzehen
1 küchenfertiges Kaninchen von 1,25 kg (mit Lebern)
100 g Speck oder roher Schinken
7 EL Olivenöl
2 Brötchen
etwas Milch
frisch gemahlener schwarzer Pfeffer
einige Fenchelscheiben zum Garnieren

Den Fenchel putzen und in Viertel schneiden. In einen Topf geben, knapp mit Salzwasser bedecken, zwei geschälte Knoblauchzehen hinzufügen und 15 Minuten kochen. Den Fenchel anschließend gut abtropfen lassen. Die Kochflüssigkeit aufheben, die Knoblauchzehen jedoch herausnehmen. Den Fenchel in feine Würfel schneiden.

Die Kaninchenleber, Speck und die restliche Knoblauchzehe fein hacken und gut miteinander vermischen. 2 Eßlöffel Öl in einer Kasserolle erhitzen, Fenchel und die Lebermischung hinein geben und 10 Minuten dünsten. In der Zwischenzeit die Brötchen in etwas Milch einweichen, anschließend gut ausdrükken. Ebenfalls in den Topf geben, alles gut verrühren und mit Salz und Pfeffer würzen. Das gesäuberte Kaninchen mit dieser Masse füllen und die Öffnung mit Garn sorgfältig zunähen, dann in einen Bräter legen, mit dem restlichen Öl beträufeln und mit Salz und Pfeffer würzen. Mit Alufolie abdecken und das Fleisch im vorgeheizten Backofen bei mäßiger Hitze (180°) ca. 1 ½ Stunden braten, bis es weich ist; dabei gelegentlich mit dem Fenchelsud begießen.

Das Kaninchen auf einer Platte anrichten und mit Fenchelscheiben garniert sofort servieren.

Coniglio in porchetta;
Coniglio coi peperoni;
Coniglio con le olive

Piemont & Aostatal

CONIGLIO COI PEPERONI

Kaninchen mit Paprika

Für 4 Personen
50 g Butter
50 g fetter Schinken oder durchwachsener Speck
gehackter Rosmarinzweig
1 küchenfertiges Kaninchen von 1,25 kg
1 Lorbeerblatt
Salz und frisch gemahlener schwarzer Pfeffer
7 EL Hühnerbrühe
4 grüne Paprikaschoten
4 Anchovis aus der Dose
etwas Milch
2 EL Olivenöl
2 Knoblauchzehen
4 EL Weißweinessig

Die Hälfte der Butter in einer Kasserolle erhitzen, den in Würfel geschnittenen Schinken oder Speck und Rosmarin hinzufügen und 5 Minuten dünsten. Das ausgenommene Kaninchen säubern und in Portionsstücke schneiden. Ebenfalls in den Topf geben, das Lorbeerblatt hinzufügen, pfeffern und salzen und bei starker Hitze rundum gleichmäßig braun braten. Den Deckel aufsetzen und das Fleisch bei mittlerer Hitze 20 Minuten dünsten; häufig mit Brühe begießen.

In der Zwischenzeit Paprika in Streifen schneiden, die Kerne entfernen und waschen. Die Anchovis in Milch einweichen, gut abtropfen lassen und zu Brei zerdrücken. Die restliche Butter und das Öl in einer Pfanne schmelzen, Paprika, Anchovis und die geschälten, in Scheiben geschnittenen Knoblauchzehen hinzufügen. Mit Pfeffer und Salz abschmecken. 20 Minuten dünsten, dabei nach und nach den Essig zugießen.

Nun die Paprikamischung in die Kaninchenkasserolle geben und alles weitere 30 Minuten schmoren, bis das Fleisch gar ist. Das Lorbeerblatt herausnehmen und die Kasserolle heiß servieren.

Piemont & Aostatal

FAGIANO COL RISOTTO

Fasan mit Risotto

Für 4–6 Personen
1 küchenfertiger Fasan, ca. 1,25 kg schwer
Salz
4 dünne Speckscheiben ohne Schwarte
4 EL Olivenöl
1 Zwiebel
1 Karotte
1 Stange Staudensellerie
1 Lorbeerblatt
Hühnerbrühe
Für den Risotto:
50 g Butter
1 kleine Zwiebel
300 g Reis
3–4 EL trockener Weißwein
1 l Hühnerbrühe
50 g geriebener Parmesan
frisch gemahlener schwarzer Pfeffer

Den Fasan säubern und innen und außen mit Salz bestreuen. Mit den Speckscheiben umwickeln und diese mit Garn befestigen.

Fagiano arrosto; Fagiano col risotto

Das Öl in einer Kasserolle erhitzen, die geputzten und in Würfel geschnittenen Gemüse und das Lorbeerblatt hineingeben und andünsten, bis sie ein wenig Farbe angenommen haben. Den Fasan in den Topf legen und von allen Seiten langsam braun anbraten. Die Temperatur herunterstellen und den Fasan bei geschlossenem Deckel ca. 40 Minuten schmoren; dabei von Zeit zu Zeit ein wenig Brühe zugießen, um ein Anhängen zu vermeiden.

In der Zwischenzeit den Risotto zubereiten. Dafür die Butter in einer schweren Pfanne schmelzen, die geschälte, feingewürfelte Zwiebel hineingeben und 5 Minuten dünsten. Den Reis hinzufügen und 2–3 Minuten unter ständigem Rühren langsam erhitzen. Dann den Wein zugießen und unter ständigem Rühren so lange kochen, bis er völlig eingekocht ist. Den Reis weitere 20 Minuten kochen lassen und dabei nach und nach tassenweise die heiße Brühe nachgießen, sobald die Flüssigkeit aufgesogen ist.

Den Reis von der Kochstelle nehmen, den Parmesan unterrühren und mit Salz und Pfeffer abschmekken; anschließend in eine vorgewärmte Schüssel füllen. Den Fasan aus dem Topf nehmen, Speck entfernen, in Portionsstücke schneiden und auf dem Risotto anrichten; das mitgeschmorte Gemüse darauf verteilen und mit der Bratflüssigkeit übergossen sofort servieren.

Venetien

TORRESANI IN TECIA

Tauben-Kasserolle mit Erbsen

Für 4 Personen
4 EL Olivenöl
200 g magerer Speck
1 Zwiebel
1 Karotte
1 Stange Staudensellerie
1 Knoblauchzehe
4 junge küchenfertige Tauben
7 EL trockener Weißwein
400 g frisch gepalte Erbsen
1 Prise Zimt
Salz und frisch gemahlener schwarzer Pfeffer
½ l Hühnerbrühe

Das Öl in einer Kasserolle erhitzen, den in Würfel geschnittenen Speck, die geputzten, ebenfalls gewürfelten Gemüse und die fein gehackte Knoblauchzehe hineingeben und 10 Minuten dünsten. Währenddessen die Tauben säubern und halbieren. Ebenfalls in den Topf geben und unter häufigem Wenden von allen Seiten braun anbraten. Den Wein angießen und vollständig einkochen lassen.

Nun die gepalten Erbsen hinzufügen, alles mit Salz und Pfeffer würzen und die Hühnerbrühe zugießen. Die Tauben im geschlossenen Topf in ca. 30 Minuten weich schmoren; dabei von Zeit zu Zeit mit dem Bratensaft begießen.

Die fertigen Tauben in der Kasserolle auftragen oder auf vorgewärmten Tellern anrichten.

Torresani in tecia

Toskana

FAGIANO ARROSTO

Fasan mit Salbeiblättern

Für 4 Personen
100 g roher Schinken
50 g Speck
einige Salbeiblätter
1 küchenfertiger Fasan, ca. 1,5 kg schwer
Salz und frisch gemahlener schwarzer Pfeffer
4 dünne Speckscheiben
Salbeiblätter zum Garnieren.

Schinken und Speck würfeln und mit den gehackten Salbeiblättern vermischen. Den Fasan säubern und innen salzen und pfeffern. Anschließend mit der Schinken-Speck-Mischung füllen und die Öffnung mit Küchengarn zunähen. Anschließend den Fasan mit den Speckscheiben belegen und diese mit Garn befestigen.

Den Fasan in einen geölten Bräter legen und im vorgeheizten Backofen bei mittlerer Hitze (190°) ca. 40 Minuten braten; dabei gelegentlich mit dem Bratensaft begießen.

Vor dem Servieren die Fäden entfernen, den Fasan auf eine vorgewärmte Platte setzen, mit Bratensaft beträufeln und mit den Salbeiblättern garniert sofort servieren.

Gemüse

Die Natur hat den Italienern eine Vielzahl ausgezeichneter Gemüse beschert; so ist es nicht verwunderlich, daß Gemüse eine wesentliche Rolle in der italienischen Küche spielt. Man findet es in Suppen und Vorspeisen oder als Beilage. Manche Gemüsesorten werden auch als Hauptgericht serviert.

Hervorragend schmecken mit Fleisch, Käse, Reis und anderen gut gewürzten Zutaten gefüllte Artischocken, Auberginen, Paprika, Zwiebeln, Pilze und Tomaten oder auch Kohl. Auch fritiert oder mit Käse oder einer herzhaften Sauce überbacken, kann Gemüse eine Delikatesse sein.

Eine beliebte, wenn auch recht ungewöhnliche Gemüseart ist *cardo*, eine eßbare weiße Distel, die stets mit *Bagna caôda* (Rezept Seite 46) serviert wird. Wie Spinat werden übrigens auch die grünen Blätter von Rüben und Mangold zubereitet. Eine der apartesten italienischen Gemüsearten ist Radicchio, der sowohl als Salat als auch als Gemüse gegessen wird. Seine roten bis blaßrosafarbenen Blätter sind von weißen Adern durchzogen. Manche Radicchio-Arten können ein wenig bitter schmecken, verleihen jedoch gerade dadurch vielen Salaten eine besonders aparte geschmackliche Note. Es lohnt sich in jedem Fall, in den Wintermonaten nach ihm Ausschau zu halten.

Eine andere beliebte Gemüseart ist – vorausgesetzt, man zählt Pilze zu den Gemüsen – die weiße Trüffel. Die Italiener sind in der glücklichen Lage, Trüffeln in großer Zahl züchten zu können, sowohl schwarze als auch weiße; die weißen jedoch sind ihr besonderer Stolz. Beide Trüffelarten werden hauptsächlich als Garnitur zu Kalbsschnitzeln, Hühner- oder Truthahnbrust serviert, aber auch zu Risotto und Teigwaren. Meist werden die Speisen erst kurz vor dem Servieren mit den rohen, in Scheiben geschnittenen Trüffeln garniert.

Die Italiener verzehren außergewöhnlich viel Pilze, im Vergleich zu uns jedoch weniger in Pilzkulturen gezogene als wildwachsende.

Der Steinpilz, in Italien *porcino* genannt, ist wohl die beliebteste Sorte. Sein herrlicher Geschmack übertrifft bei weitem alle gezüchteten Pilze. Steinpilze werden in Italien nicht nur frisch, sondern sehr häufig auch getrocknet verwendet (siehe auch »Getrocknete Pilze«, Seite 27).

Tomaten, Paprika, Zucchini und Auberginen spielen eine große Rolle in der Küche Süditaliens. Alle italienischen Tomaten besitzen ein volles, abgerundetes Aroma – sowohl die großen, tiefroten als auch die seltsam geformten grünen oder gelben, die roh für Salate und Vorspeisen verwendet werden, als auch die eierförmigen, die meist zur Herstellung von Saucen und Pürees dienen. In den Sommermonaten werden frische Tomaten in fast jedem Gericht verwendet, im Winter greifen die Italiener auf Tomaten aus der Dose oder Tomatensauce und -mark zurück.

Hülsenfrüchte werden in Italien meist als Beilage zu Fleischgerichten und in Suppen serviert, weniger jedoch als selbständiges Gericht (siehe »Hülsenfrüchte« Seite 26).

Piemont & Aostatal

CUORI DI CARCIOFI CON SPINACI

Artischockenherzen mit Spinat

Für 4 oder 8 Personen
1 kleine Zwiebel
1 Knoblauchzehe
4 Anchovis aus der Dose
1 kg Spinat
6 EL Olivenöl
25 g Mehl
Salz und frisch gemahlener schwarzer Pfeffer
8 junge Artischocken
50 g Semmelbrösel
50 g geriebener Parmesan

Die geschälte Zwiebel fein hacken, die Knoblauchzehe zerdrücken, Anchovis abtropfen lassen und zu Brei zerdrücken. Den Spinat waschen, abtropfen lassen und fein hacken. Die Hälfte des Öls in einer schweren Pfanne erhitzen und darin Zwiebel, Knoblauch und Anchovis 5 Minuten dünsten lassen, dann den Spinat dazugeben und 2 Minuten mitkochen. Das Mehl unterrühren und mit Salz und Pfeffer abschmekken. Alles bei geschlossenem Deckel 5 Minuten dünsten.

Inzwischen die Artischocken putzen und waschen. Die harten äußeren Blätter und Strunke entfernen. Dicht nebeneinander in eine feuerfeste Form setzen und den Spinat darüber verteilen. Mit dem restlichen Öl beträufeln, mit Semmelbröseln und dem Käse bestreuen und mit Pfeffer würzen. Das Gericht im vorgeheizten Backofen bei mäßiger Hitze (200°) ca. 20 Minuten backen. Sofort servieren.

Die Italiener bringen Gemüse meist als selbständiges Gericht auf den Tisch, seltener als Beilage zu Fleisch, Geflügel oder Fisch. Sehr beliebt ist gefülltes Gemüse, wie auf dieser Seite beschrieben, das meist als Vorspeise serviert wird.

Cipolle farcite; Cuori di carciofi con spinaci

Piemont & Aostatal

CIPOLLE FARCITE

Überbackene Zwiebeln

Für 6 Personen
6 mittelgroße Zwiebeln
100 g geriebener Parmesan
75 g Butter
3 Eier
Salz und frisch gemahlener schwarzer Pfeffer
3–4 EL Brandy

Die Zwiebeln schälen und 15 Minuten in Wasser kochen. Anschließend abtropfen lassen und quer halbieren. Zwei Drittel des Zwiebelfleisches mit einem Löffel herausnehmen, in Würfel schneiden und zusammen mit dem Parmesan, einem Drittel der Butter und den Eiern in eine Schüssel geben. Mit Pfeffer und Salz würzen. Alles gut miteinander vermischen und in die ausgehöhlten Zwiebelhälften füllen.

Die restliche Butter in einer feuerfesten Form erhitzen, die Zwiebeln hineinsetzen, mit Brandy beträufeln und im vorgeheizten Backofen bei mittlerer Hitze (200°) 30–40 Minuten backen. Sofort servieren.

Piemont & Aostatal

PEPERONI RIPIENI DI RISO

Gefüllte Paprikaschoten

Für 6 Personen
3 große grüne Paprikaschoten
200 g Reis
1 EL gehackte Petersilie
3 EL Olivenöl
Salz und frisch gemahlener schwarzer Pfeffer
1 mittelgroße Zwiebel
7 EL trockener Weißwein

Die Paprikaschoten der Länge nach halbieren, Kerne und Scheidewände entfernen und in kochendem Salzwasser 2–3 Minuten blanchieren. Anschließend abtropfen lassen und gründlich abtrocknen. Den Reis in kochendem Salzwasser 10 Minuten kochen, dann abtropfen lassen und mit der gehackten Petersilie und 1 Eßlöffel Öl vermischen. Mit Salz und Pfeffer würzen.

Die Zwiebel schälen, in Scheiben schneiden und auf dem Boden einer feuerfesten Form verteilen. Den Reis in die Paprikahälften füllen und diese in die Auflaufform setzen. Mit Wein und dem restlichen Öl beträufeln, den Deckel aufsetzen und im vorgeheizten Backofen bei mittlerer Hitze (200°) 30–40 Minuten backen. Schmeckt heiß oder kalt.

Ligurien

FUNGHI AL FUNGHETTO

Champignons in Majoransauce

Für 4–6 Personen
3 Knoblauchzehen
3–4 EL Olivenöl
2 TL gehackter Majoran
1 EL Tomatenmark
600 g Champignons
Salz und frisch gemahlener schwarzer Pfeffer

Die Knoblauchzehen schälen und eine davon fein hacken. Das Öl in einer schweren Pfanne erhitzen, die beiden ganzen und die gehackte Knoblauchzehe, Majoran und Tomatenmark hineingeben und 5 Minuten dünsten. Die geputzten, in Scheiben geschnittenen Champignons nun in die Pfanne geben. Mit Salz und Pfeffer abschmecken. Die Pilze unter gelegentlichem Umrühren 15 Minuten köcheln lassen, bis sie gar sind. Sie sollten jedoch noch »Biß« haben. Die ganzen Knoblauchzehen herausnehmen und Pilze sofort servieren.

Lombardei

FAGIOLI CON LE COTENNE

Bohnen-Tomaten-Eintopf mit Speck

Für 4 Personen
200 g getrocknete Cannellini-Bohnen
1 Rosmarinzweig
3 Knoblauchzehen
250 g durchwachsener Speck
½ Zwiebel
1 kleines Bund Petersilie
4 Basilikumblätter
2 EL Olivenöl
500 g Tomaten
Salz und frisch gemahlener schwarzer Pfeffer

Die Bohnen über Nacht in lauwarmem Wasser einweichen, anschließend abtropfen lassen und zusammen mit Rosmarin und 2 ganzen geschälten Knoblauchzehen in eine Pfanne geben. Mit kaltem Wasser bedecken und zum Kochen bringen. Die Temperatur herunter stellen und die Bohnen 45–60 Minuten köcheln lassen, bis sie fast weich sind.

In der Zwischenzeit die dritte Knoblauchzehe fein hacken und mit dem in Würfel geschnittenen Speck, der kleingehackten Zwiebel, der gehackten Petersilie und dem ebenfalls fein gehackten Basilikum vermischen. Das Öl in einer Kasserolle erhitzen, die Mischung hinein geben und langsam bräunen. Die enthäuteten Tomaten würfeln und ebenfalls in den Topf geben. Mit Salz und Pfeffer abschmecken. Alles bei geschlossenem Deckel 30 Minuten köcheln lassen.

Die Bohnen abgießen, Knoblauchzehen und Rosmarin entfernen. Anschließend die Bohnen zu den Tomaten in den Topf geben, alles gut verrühren, den Deckel aufsetzen und weitere 30 Minuten köcheln lassen. Heiß servieren.

Südtirol – Trentino

CAVOLO ROSSO ALLA BOLZANESE

Rotkohl nach Bozener Art

Für 4–6 Personen
1 großer Rotkohlkopf
75 g geräucherter Speck
50 g Butter
3 EL Olivenöl
½ Zwiebel
7 EL trockener Weißwein
Salz und frisch gemahlener schwarzer Pfeffer

Den Kohlkopf vierteln, Strunk entfernen, und anschließend grob hobeln. Den Speck in Würfel schneiden und 2–3 Minuten in Wasser blanchieren, dann abtropfen und abkühlen lassen.

Butter und Öl in einer schweren Pfanne erhitzen, die fein gehackte Zwiebel und den Speck hinzufügen und 5 Minuten braten. Wein und den Kohl in die Pfanne geben und zugedeckt 40 Minuten schmoren lassen; dabei gelegentlich umrühren. Den fertigen Kohl mit Salz und Pfeffer abschmecken.

Ligurien ist berühmt für seinen Pilzreichtum. Überhaupt verwenden die Italiener jeden eßbaren Pilz, den sie finden können – von den heiß begehrten *funghi porcini* (Steinpilze) bis zu den ein wenig seltsam aussehenden roten, gelben und grünen Pilzarten, die überall auf den Gemüsemärkten angeboten werden. *Funghi porcini* werden häufig auch für den Winter getrocknet – ein Zeichen, wie sehr die Italiener Steinpilze schätzen.

***Funghetti* wird auch jedes andere Gemüse bezeichnet, das man in kleine Stücke geschnitten mit der Schale brät. Es müssen also nicht unbedingt Pilze sein.**

Funghi al funghetto;
Asparagi alla milanese;
Cavolo rosso alla bolzanese

Lombardei

ASPARAGI ALLA MILANESE

Spargel auf Mailänder Art

Für 4 Personen
1 kg Spargel
Salz
50 g Butter
4 Eier
50 g geriebener Parmesan

Den Spargel schälen, die unteren holzigen Teile abschneiden, dann waschen und die Stangen in kleine Bündel fest zusammenbinden. Diese aufrecht in einen Topf mit kochendem Salzwasser stellen (die Spargelspitzen sollen noch etwas über das Wasser heraus stehen) und 20 Minuten kochen. Anschließend abtropfen lassen, die Fäden entfernen und den Spargel auf einer vorgewärmten Platte warmhalten.

Die Hälfte der Butter in einer großen Pfanne erhitzen und die Eier darin braten, bis das Eiweiß fest geworden ist, dann auf dem Spargel anrichten. Die restliche Butter in der Pfanne schmelzen und über den Spargel gießen. Den Parmesan darüber streuen und sofort servieren (eignet sich auch als Vorspeise).

Südtirol – Trentino

TORTA DI PATATE

Kartoffelkuchen

Für 6 Personen
600 g Kartoffeln
125 g Mehl
Salz und frisch gemahlener schwarzer Pfeffer
3 Eier
4 EL Olivenöl

Die geschälten Kartoffeln in eine Schüssel reiben. Das Mehl darüber sieben und mit ¼ Teelöffel Salz und einer Prise Pfeffer gut mit den Kartoffeln vermengen. Die vorher verquirlten Eier unterrühren und alles zu einem weichen, geschmeidigen Teig vermischen.

Das Öl in einer Bratpfanne erhitzen, den Kartoffelteig hineingeben, glattstreichen und auf jeder Seite etwa 7 Minuten goldbraun backen. Sofort servieren.

Asparagi in salsa; Radicchio alla trevisana

Venetien

ASPARAGI IN SALSA

Spargel mit Eier-Sauce

Für 4–6 Personen
1 kg Spargel
4 hartgekochte Eier
7 EL Olivenöl
2 EL Weinessig
Salz und frisch gemahlener schwarzer Pfeffer

Den Spargel schälen, die harten unteren Teile mit einem scharfen Messer abschneiden, dann waschen und zu kleinen Bündeln zusammenbinden. Diese aufrecht in einen Topf mit kochendem Salzwasser stellen, etwa 20 Minuten kochen, abtropfen lassen, Fäden entfernen und den Spargel abkühlen lassen.

Die Eier sehr fein hacken, in eine Schüssel geben und anschließend nach und nach Öl und Essig unterrühren. Mit Salz und Pfeffer abschmecken. Den Spargel auf einer Platte anrichten, mit der Sauce übergießen und kalt servieren.

Venetien

VERZA AFFOGATA

Kohl mit Speck

Für 4–6 Personen
1 mittelgroßer Wirsingkohl
100 g durchwachsener Speck
1 Knoblauchzehe
1 Rosmarinzweig
gut 1/8 l Hühnerbrühe
Salz und frisch gemahlener schwarzer Pfeffer

Die äußeren Blätter vom Kohlkopf entfernen, dann vierteln, den Strunk entfernen und die Kohlviertel hobeln. Den Speck in Würfel schneiden und zusammen mit der geschälten, fein gehackten Knoblauchzehe und Rosmarin in eine schwere Pfanne geben und bei starker Hitze in 5 Minuten kross braten.

Die Temperatur herunter stellen, den Wirsing hinzufügen, mit Salz und Pfeffer abschmecken und bei geschlossenem Deckel 40 Minuten dünsten; dabei des öfteren umrühren. Sofort servieren.

Venetien

RADICCHIO ALLA TREVISANA

Gegrillter Radicchio

Für 4–6 Personen
1 kg Radicchio
7 EL Olivenöl
Salz und frisch gemahlener schwarzer Pfeffer

Den Radicchio putzen und halbieren. Die Hälften mit Öl beträufeln und mit Salz und Pfeffer würzen, dann 10 Minuten unter den vorgeheizten Grill schieben; dabei des öfteren umdrehen. Die Radicchio-Hälften auf einer vorgewärmten Platte servieren.

Emilia-Romagna

ASPARAGI ALLA PARMIGIANI

Überbackener Spargel

Für 4 Personen
1 kg Spargel
Salz
100 g Butter
75 g geriebener Parmesan
frisch gemahlener schwarzer Pfeffer

Den Spargel schälen, die holzigen unteren Teile mit einem scharfen Messer abschneiden, anschließend waschen und in kleine Bündel zusammenbinden. Diese aufrecht in einen Topf mit kochendem Salzwasser stellen, (die Spargelspitzen sollen gerade noch über das Wasser herausstehen) und 15–20 Minuten kochen, bis sie beinahe gar sind. Abtropfen lassen und die Fäden entfernen.

Den Spargel in eine feuerfeste Form schichten, dabei jede Lage mit geschmolzener Butter übergießen und mit Parmesan, Salz und Pfeffer bestreuen. Im vorgeheizten Backofen bei mittlerer Hitze (200°) 15–20 Minuten überbacken. Sofort servieren.

Emilia-Romagna

MELANZANE ALLA PARMIGIANA

Auberginen mit Tomaten und Schinken

Für 4 Personen
4 Auberginen
Salz
25 g Butter
2 EL Olivenöl
1 Zwiebel
100 g Prosciutto oder ein ähnlicher roher Schinken
3 reife Tomaten
frisch gemahlener schwarzer Pfeffer

Fave stufate

Die gesäuberten Auberginen in reichlich kochendem Salzwasser 10 Minuten garen, dann abtropfen lassen, trockentupfen und der Länge nach halbieren.

Butter und Öl in einer Kasserolle erhitzen, die geschälte, in Scheiben geschnittene Zwiebel hinzufügen und 5 Minuten dünsten. Den gewürfelten Schinken und die enthäuteten, gewürfelten Tomaten in die Kasserolle geben und weitere 5 Minuten dünsten. Die Auberginenhälften ebenfalls in den Topf geben, mit Salz und Pfeffer würzen und zugedeckt 20–30 Minuten dünsten. Heiß servieren.

Emilia-Romagna

FAVE STUFATE

Limabohnen mit Mortadella

Für 4 Personen
25 g ausgelassener Schinkenspeck oder Schmalz
2 Zwiebeln
1 kg frisch ausgepalte dicke Bohnen
Salz und frisch gemahlener schwarzer Pfeffer
50 g Mortadella
¼ l Hühnerbrühe
100 g Butter
4–6 Scheiben altbackenes Brot

Speck oder Schmalz in einer Kasserolle erhitzen, die geschälten, in Scheiben geschnittenen Zwiebeln hinzufügen und 5 Minuten dünsten. Die Bohnen dazugeben und mit Salz und Pfeffer würzen. Die in feine Würfel geschnittene Mortadella und die Brühe unterrühren und alles bei geschlossenem Deckel 20 Minuten dünsten, bis die Bohnen weich sind.

Die Butter in einer großen Bratpfanne erhitzen, darin die Brotscheiben von beiden Seiten goldbraun rösten, dann abgetropft auf einer vorgewärmten Platte anrichten, die Bohnen darauf verteilen.

In den frühen Morgenstunden kann man in Venedig Gondeln, die mit farbenfrohem Obst und Gemüse beladen sind, über die Kanäle gleiten sehen; sie beliefern die an den Kanälen gelegenen Geschäfte und Restaurants. Die Bewohner der Stadt sind sehr stolz auf ihr hochwertiges Gemüse, besonders auf den jungen, zarten Spargel und die ersten Frühlingserbsen. Das vielleicht ungewöhnlichste Gemüse dieser Region ist Radicchio, eine bitter schmekkende, knackige Gemüseart, die meist roh in Salaten gegessen wird. Seine warme rote Farbe verleiht jedem Salat ein interessantes, attraktives Aussehen. Er kann aber auch gegrillt oder wie Kohl gefüllt und überbacken werden.

Marken

CAVOLFIORE FRITTO

Gebackener Blumenkohl

Für 4–6 Personen
100 g Mehl
Salz und frisch gemahlener schwarzer Pfeffer
1 Ei
gut ⅛ l trockener Weißwein
1 EL Anislikör (nach Belieben)
1 kg Blumenkohl
Pflanzenöl zum Fritieren

Das Mehl mit ¼ Teelöffel Salz und einer Prise Pfeffer in eine Schüssel sieben. In die Mitte eine Vertiefung drücken und das verquirlte Ei und die Hälfte des Weins hineingeben. Alles gut miteinander vermischen, dann den Anislikör (wer's mag) und soviel restlichen Wein unterrühren, bis ein dickflüssiger Teig entstanden ist. Diesen gut durchschlagen, dann zugedeckt eine Stunde lang ruhen lassen.

In der Zwischenzeit den Blumenkohl putzen, in Röschen teilen und in kochendem Salzwasser 1–2 Minuten blanchieren; dann abtropfen und abkühlen lassen.

Das Öl in einer Friteuse erhitzen. Die Blumenkohlröschen nacheinander in den Teig tauchen und – immer nur wenige auf einmal – im heißen Öl ausbacken, bis sie eine goldbraune Farbe angenommen haben. Zum Abtropfen auf Küchenpapier legen, anschließend auf einer vorgewärmten Platte anrichten und mit Salz bestreut sofort servieren.

Toskana

FAGIOLI ALL' UCCELLETTO

Limabohnen in Tomatensauce

Für 4–6 Personen
6 EL Olivenöl
2 Knoblauchzehen
2 Salbeiblätter
frisch gemahlener schwarzer Pfeffer
1 kg frisch ausgepalte dicke Bohnen
Salz
400 g Tomaten

Das Öl in einer Kasserolle erhitzen, die geschälten, fein gehackten Knoblauchzehen, Salbei und Pfeffer hinzufügen und 5 Minuten dünsten. Den Topf von der Kochstelle nehmen, die Bohnen und eine Prise Salz untermischen und 3–4 Minuten beiseite stellen.

Die enthäuteten, in Würfel geschnittenen Tomaten hinzufügen, zu den Bohnen geben und alles bei geschlossenem Deckel ca. 20 Minuten schmoren lassen; dabei gelegentlich umrühren. Die Salbeiblätter herausnehmen und das Gemüse sofort servieren.

Toskana

FAGIOLINI DI SANT' ANNA

Prinzeßbohnen in Knoblauchsoße

Für 4 Personen
1 große reife Tomate
600 g Prinzeßbohnen
3 EL Olivenöl
2 Knoblauchzehen
Salz und frisch gemahlener schwarzer Pfeffer

Die Tomate enthäuten und klein schneiden, die Bohnen putzen und halbieren. Das Öl in einer Kasserolle erhitzen, die zerdrückten Knoblauchzehen hinein geben, langsam braun anbraten, dann Tomate und Bohnen und soviel Wasser zugeben, daß die Bohnen knapp bedeckt sind; mit Salz und Pfeffer würzen und zum Kochen bringen. Die Temperatur herunter stellen und die Bohnen bei geschlossenem Deckel 20–25 Minuten dünsten. Gegen Ende der Garzeit den Deckel abnehmen und bei starker Hitze so lange kochen, bis die Flüssigkeit beinahe eingekocht ist. Heiß oder kalt servieren.

Carciofi alla giudea; Spinaci alla romana; Fagiolini di Sant'Anna

Den in Rom lebenden Juden verdanken die Römer das schmackhafte Gericht *Carciofi alla giudea*. Die meisten römischen Restaurants im jüdischen Viertel bieten dieses Gericht aus fritierten Artischocken, die wie Rosen aussehen, als besondere Spezialität an.

Latium

CARCIOFI ALLA GIUDEA

Fritierte Artischocken

Für 4 Personen
4 junge Artischocken
Salz und frisch gemahlener schwarzer Pfeffer
Pflanzenöl zum Fritieren

Die harten äußeren Blätter, die Strünke und die Spitzen der Artischocken abschneiden. Anschließend die Artischocken leicht flach drücken. Dazu hält man sie mit der Oberseite nach unten am Stiel fest und preßt sie auf eine Arbeitsplatte. Danach die Innenseiten der Artischocken mit Salz und Pfeffer bestreuen.

Nun soviel Öl in einer Bratpfanne erhitzen, daß der ganze Pfannenboden bedeckt ist. Die Hälfte der Artischocken – mit den Stielen nach unten – hineinsetzen und bei mäßiger Hitze 10 Minuten braten. Anschließend bei starker Hitze weitere 10 Minuten braten, dabei die Artischocken des öfteren wenden, bis sie von allen Seiten knusprig-goldbraun sind.

Die fertigen Artischocken auf Küchenpapier abtropfen lassen und warm stellen, während die restlichen ausgebacken werden. Danach sofort servieren.

Latium

SPINACI ALLA ROMANA

Spinat mit Rosinen und Pinienkernen

Für 4 Personen
1 kg Spinat
25 g Rosinen
2 EL Olivenöl
25 g Butter
1 Knoblauchzehe
25 g Pinienkerne
Salz und frisch gemahlener schwarzer Pfeffer

Den Spinat verlesen, waschen und tropfnaß, aber ohne zusätzliches Wasser, in einem Topf erhitzen und zusammenfallen lassen. Dann gut abtropfen lassen und anschließend alle Flüssigkeit herauspressen. Die Rosinen 15 Minuten in lauwarmem Wasser einweichen, anschließend gründlich trocknen.

Öl und Butter in einer schweren Pfanne erhitzen, die geschälte, in Scheiben geschnittene Knoblauchzehe hineingeben und langsam goldbraun braten. Anschließend wieder herausnehmen. Den Spinat zusammen mit Pinienkernen und Rosinen in die Pfanne geben und unter häufigem Umrühren 10 Minuten kochen. Zuletzt mit Salz und Pfeffer abschmecken und heiß servieren.

Artischocken gehören in ganz Italien zu den beliebtesten Gemüsesorten und sind in fast allen Regionen jederzeit erhältlich. Die italienischen Artischocken sind gewöhnlich sehr klein und zart; manche Sorten haben keinen Strunk, so daß die ganze Frucht gegessen werden kann.

Viele Gemüsearten, deren Ursprung man in Frankreich sucht, stammen in Wirklichkeit aus Italien. Petit pois zum Beispiel wurden im 17. Jahrhundert aus Genua an den Hof Ludwigs XIV. gebracht. Sie wurden sofort zur kulinarischen Sensation und als große Delikatesse betrachtet.

Latium

BROCCOLO STRASCINATO

Broccoli mit Knoblauch

Für 4–6 Personen
1 kg Broccoli
Salz
4 EL Olivenöl
2 Knoblauchzehen
frisch gemahlener schwarzer Pfeffer

Broccoli putzen und in kochendem Salzwasser in 15 Minuten fast weich kochen, dann abtropfen lassen, in Röschen zerpflücken und die Strünke würfeln.

Das Öl in einer schweren Pfanne erhitzen, den geschälten, in Scheiben geschnittenen Knoblauch langsam anbraten. Den Broccoli hinzufügen, mit Salz und Pfeffer würzen und bei mäßiger Hitze 10 Minuten schmoren; dabei die Pfanne des öfteren ein wenig hin- und herrütteln. Sofort servieren.

Latium

FUNGHI ARROSTO ALLA ROMANA

Gebackene Champignons

2 EL Olivenöl
400 g Champignons
Salz und frisch gemahlener schwarzer Pfeffer
1 EL gehackte Petersilie
1 Knoblauchzehe

Eine feuerfeste Form mit Öl einfetten und die geputzten, in Scheiben geschnittenen Pilze in einer Schicht darin verteilen. Mit Salz und Pfeffer, Petersilie und zerdrücktem Koblauch bestreuen und mit Öl beträufeln. Die Pilze im vorgeheizten Backofen bei 180° 20 Minuten backen und sofort servieren.

Latium

CARCIOFI COI PISELLI

Artischocken mit Erbsen

Für 4 Personen
4 junge Artischocken
4 EL Olivenöl
1 Zwiebel
375 g frisch ausgepalte Erbsen
75 g roher Schinken oder Speck
Salz und frisch gemahlener schwarzer Pfeffer
6–8 EL Hühnerbrühe

Die harten äußeren Blätter und die Strünke der Artischocken abschneiden. Anschließend der Länge nach in Scheiben schneiden.

Das Öl in einer großen, schweren Pfanne erhitzen, die geschälte, fein gehackte Zwiebel hinein geben und 5 Minuten dünsten. Die Artischockenscheiben hinzufügen und 15 Minuten dünsten. Dann die Erbsen, den in Würfel geschnittenen Speck oder Schinken hinzufügen, mit Salz und Pfeffer würzen. Die Brühe unterrühren und 15–20 Minuten lang bei schwacher Hitze kochen lassen, bis die Artischocken und Erbsen gar sind; dabei gelegentlich umrühren. Sofort servieren.

Oben: *Peperonata; Carciofi coi piselli*
Links: *Funghi arrosto alla romana*

Latium

PISELLI ALLA ROMANA COL PROSCIUTTO

Erbsen und Schinken auf römische Art

Für 4 Personen
150 g roher Schinken oder durchwachsener Speck
1 Zwiebel
65 g Butter
500 g frisch ausgepalte Erbsen
7 EL Hühnerbrühe
Salz und frisch gemahlener schwarzer Pfeffer

Den Schinken oder Speck in kleine Würfel schneiden, dabei die fetten und mageren Teile getrennt zerschneiden. Die Zwiebel schälen und würfeln. Die Hälfte der Butter in einer schweren Pfanne erhitzen, Zwiebel- und die fetten Schinken- bzw. Speckwürfel in die Pfanne geben und bei mäßiger Hitze 5 Minuten anbraten. Nun die Erbsen, 2 Eßlöffel Brühe und je 1 Prise Salz und Pfeffer hinzufügen und alles 10 Minuten mit geschlossenem Deckel dünsten lassen; dabei nach und nach die restliche Brühe angießen. Restliche Butter und die mageren Schinkenwürfel untermischen und weitere 5–10 Minuten köcheln. Sofort servieren.

Latium

PEPERONATA

Paprika mit Tomaten und Zwiebeln

Für 4 Personen
4 große fleischige grüne oder rote Paprikaschoten
6 EL Olivenöl
1 Zwiebel
1 Knoblauchzehe
Salz und frisch gemahlener schwarzer Pfeffer
ca. 400 g Tomaten
1 EL gehackte Petersilie

Die Paprikaschoten waschen, entkernen und in Streifen schneiden. Das Öl in einer schweren Pfanne erhitzen, die geschälte, in Scheiben geschnittene Zwiebel und Knoblauchzehe darin ca. 5 Minuten anbraten, dann die Paprikastreifen dazugeben, mit Salz und Pfeffer würzen und unter gelegentlichem Umrühren 5 Minuten schmoren.

Inzwischen die Tomaten enthäuten und in Würfel schneiden, dann zusammen mit der Petersilie unter das Paprikagemüse mischen und alles bei geschlossenem Deckel 20–25 Minuten kochen, bis die Masse dicklich geworden ist; dabei häufiger umrühren. Peperonata heiß oder kalt servieren.

Abruzzen & Molise

MELANZANE RIPIENE

Gefüllte Auberginen

Für 4 Personen
4 kleine Auberginen
250 g Tomaten
2 EL Olivenöl
1 Zwiebel
1 EL gehackte Petersilie
Salz und frisch gemahlener schwarzer Pfeffer
250 g Scamorza- oder Mozzarella-Käse
4 hartgekochte Eier
einige Petersilienstengel zum Garnieren

Die gewaschenen Auberginen der Länge nach halbieren und mit einem Löffel bis auf etwa 1 cm aushöhlen. Das Fruchtfleisch feinhacken. Die Tomaten enthäuten und würfeln.

Das Öl in einer Pfanne erhitzen und darin die geschälte, feingehackte Zwiebel 5 Minuten anschmoren. Das Auberginenfleisch und die Tomatenwürfel sowie die Petersilie dazugeben, alles mit Salz und Pfeffer würzen und gut vermischt 15 Minuten dünsten.

Inzwischen die ausgehöhlten Auberginenhälften in eine eingeölte, flache feuerfeste Form legen und im vorgeheizten Backofen bei 180° etwa 10 Minuten backen. Dann die Hälfte der Tomatenmischung in die Auberginen füllen, abwechselnd je eine Schicht Käse- und Eischeiben darauflegen und mit der restlichen Tomatenmischung bedecken. Die gefüllten Auberginen wieder in den Backofen geben und weitere 10 Minuten garen. Mit Petersilienzweigen garniert heiß oder erkaltet anrichten.

Melanzane ripiene; Carciofi ripiene; Insalata di rinforzo

Kampanien

MELANZANE A FUNGHETTI

Auberginen mit Tomaten und Knoblauchsauce

Für 4 Personen
2 große Auberginen
Salz
gut 1/8 l Olivenöl
2 Knoblauchzehen
ca. 400 g Tomaten
1 EL Kapern
frisch gemahlener schwarzer Pfeffer

Die Auberginen waschen und in 2,5 cm große Würfel schneiden. Diese auf ein Sieb geben, leicht mit Salz bestreuen und eine Stunde stehen lassen.

Anschließend unter fließend kaltem Wasser abspülen, abtropfen lassen und sorgfältig trocken tupfen. Das Öl in einer schweren Pfanne erhitzen, die geschälten, zerdrückten Knoblauchzehen hineingeben und langsam braun anbraten. Die Auberginenwürfel hinzufügen und 10 Minuten dünsten, dann die enthäuteten, klein gehackten Tomaten und die Kapern dazugeben. Alles mit Salz und Pfeffer abschmecken und bei geschlossenem Deckel 30–40 Minuten schmoren; dabei gelegentlich umrühren. Schmeckt heiß oder kalt.

Abruzzen & Molise

CARCIOFI RIPIENI

Gefüllte Artischocken

Für 4 Personen
4 junge Artischocken
125 g Thunfisch in Öl (Dose)
4 Anchovis aus der Dose
1 Knoblauchzehe
50 g Kapern
1 EL gehackte Petersilie
Salz und frisch gemahlener schwarzer Pfeffer
6 EL Olivenöl

Die harten äußeren Blätter und die Strünke der Artischocken entfernen.

Thunfisch und Anchovis abtropfen lassen und zerdrücken. Mit der zerdrückten Knoblauchzehe, den ebenfalls zerdrückten Kapern und der Petersilie vermischen, mit Salz und Pfeffer abschmecken und die Artischocken mit dieser Mischung füllen.

Anschließend die Artischocken sehr dicht nebeneinander in eine schwere Pfanne setzen, mit Öl beträufeln und soviel Wasser zugießen, daß die Artischocken bis zur Hälfte im Wasser sind. Die Pfanne mit einem Deckel verschließen und die Artischocken ca. 30 Minuten dünsten, bis sie gar sind. Sofort servieren.

Kampanien

INSALATA DI RINFORZO

Blumenkohl-Salat

Für 4–6 Personen
1 Blumenkohl
Salz
50 g grüne Oliven
50 g schwarze Oliven
50 g Gewürzgurken
50 g eingelegter Tomatenpaprika
6 Anchovis aus der Dose
1 EL Kapern
6 EL Olivenöl
1 EL Essig
frisch gemahlener schwarzer Pfeffer

Den Blumenkohl waschen, in Röschen zerpflücken und 5 Minuten in kochendem Salzwasser kochen; er sollte noch knackig sein. Abtropfen und abkühlen lassen.

Die Oliven halbieren und entkernen, die Gurken in Scheiben schneiden, Paprika hacken, die Anchovis gut abtropfen lassen. Alles zusammen mit den Kapern und Blumenkohlröschen in eine Schüssel geben, Öl und Essig hinzufügen, mit Salz und Pfeffer würzen und vorsichtig miteinander vermischen. Den Salat vor dem Servieren für mindestens 30 Minuten im Kühlschrank durchziehen lassen.

Funghi porcini al forno; Pomodori con pasta

Kampanien

PARMIGIANA DI MELANZANE

Auberginen-Auflauf mit Käse und Tomaten

Für 4–6 Personen
4 große Auberginen
Salz
reichlich Olivenöl
500 g Tomaten
1 kleine Zwiebel
1 EL gehacktes Basilikum
frisch gemahlener schwarzer Pfeffer
etwas Mehl
175 g Mozzarella-Käse
2 hartgekochte Eier
100 g geriebener Parmesan

Die Auberginen waschen und der Länge nach in Scheiben schneiden. Anschließend in ein Sieb geben, leicht mit Salz bestreuen und 1 Stunde stehen lassen.

3 Eßlöffel Öl in einer schweren Pfanne erhitzen und die enthäuteten, entkernten und in Würfel geschnittenen Tomaten sowie die Hälfte des Basilikums hinzufügen. Die Tomaten pfeffern und salzen und 30 Minuten köcheln lassen.

Die Auberginen unter fließendem kalten Wasser abspülen, abtropfen lassen und sorgfältig trocken tupfen, danach mit Mehl bestäuben. Soviel Öl in eine große Bratpfanne gießen, daß der Boden völlig bedeckt ist. Die Auberginenscheiben darin bei mäßiger Hitze nach und nach von beiden Seiten goldbraun braten, dann auf Küchenpapier zum Abtropfen legen. Käse und Eier in Scheiben schneiden. Die Tomatensauce durch ein Sieb streichen und eine dünne Schicht auf dem Boden einer eingeölten feuerfesten Form verteilen. Darauf kommt eine Schicht Auberginen, dann eine Schicht aus Käse- und Eischeiben, die mit Parmesan und ein wenig Basilikum bestreut wird.

So fortfahren, bis alle Zutaten und Gewürze verbraucht sind; mit einer Schicht Tomatensauce enden. Den Auflauf im vorgeheizten Backofen bei mäßiger Hitze (180°) 25–30 Minuten backen. Schmeckt heiß und kalt.

Dank der Vulkantätigkeit des bei Neapel liegenden Vesuvs besitzt die Region Kampanien einen außergewöhnlich fruchtbaren Boden. Obst und Gemüse gedeihen im Überfluß, und in manchen Jahren kann ein und dasselbe Stück Land bis zu dreimal abgeerntet werden.

Kalabrien

POMODORI CON PASTA

Gefüllte Tomaten mit Nudeln

Für 6 Personen
6 große, feste Fleischtomaten
100 g kleine Nudeln (z. B. Ditalini)
Salz
2 TL gehackte Petersilie
1 TL gehackte Minze
3 EL Olivenöl
frisch gemahlener schwarzer Pfeffer
einige Petersilienzweige zum Garnieren

Den oberen Teil der gewaschenen Tomaten abschneiden und beiseite legen. Das Fleisch mit einem Löffel herausnehmen, die Kerne entfernen und das Fleisch aufheben. Nun die Tomaten mit der Öffnung nach unten auf ein Sieb geben und abtropfen lassen.

In der Zwischenzeit die Nudeln in kochendem Salzwasser *al dente* kochen, anschließend abtropfen lassen, in eine Schüssel füllen, das Tomatenfleisch, Petersilie, Minze und die Hälfte des Öls hinzufügen und alles gut vermischen.

Die Innenseite der Tomaten mit Pfeffer und Salz bestreuen, danach die Nudelmischung hinein füllen und auf jede Tomate den abgeschnittenen Deckel legen. Die Tomaten aufrecht in eine eingeölte feuerfeste Form setzen und mit dem restlichen Öl beträufelt im vorgeheizten Backofen bei mäßiger Hitze (180°) ca. 20 Minuten backen. Mit Petersilie garniert heiß oder kalt servieren.

Apulien & Basilikata

FUNGHI PORCINI AL FORNO

Gefüllte Pilze aus dem Ofen

Für 4 Personen
2 Knoblauchzehen
1 EL gehackte Petersilie
50 g Semmelbrösel
4 EL Olivenöl
Salz und frisch gemahlener schwarzer Pfeffer
12 Steinpilze oder große Wiesenchampignons
1 EL gehackter Majoran

Die zerdrückten Knoblauchzehen zusammen mit Petersilie, Semmelbröseln und 3 Eßlöffeln Öl in eine Schüssel geben, mit Salz und Pfeffer würzen und alles gut miteinander vermischen.

Die Pilze putzen, Stiele entfernen und die Köpfe mit der Innenseite nach oben nebeneinander auf den Boden einer eingeölten feuerfesten Form geben. Die Pilze mit der Semmelbröselmischung füllen, mit dem restlichen Öl beträufeln und mit Majoran bestreut im vorgeheizten Backofen bei mäßiger Hitze (190°) 15–20 Minuten backen. Sofort servieren.

Sizilien

MELANZANE ALLA PALERMITANA

Fritierte Auberginen

Für 4 Personen
4 große Auberginen
Salz und frisch gemahlener schwarzer Pfeffer
Pflanzenöl zum Fritieren

Die gewaschenen Auberginen bis zum Stielansatz der Länge nach in Scheiben schneiden, diese wiederum in dünne Streifen, dann in ein Sieb legen, mit Salz bestreuen und 1 Stunde stehen lassen.

Anschließend die Auberginen unter fließend kaltem Wasser abspülen, abtropfen lassen und sorgfältig trocknen. Das Öl in einer Friteuse sehr heiß werden lassen und jede Aubergine darin getrennt goldbraun ausbacken. Auf Küchenpapier zum Abtropfen setzen und warm stellen, bis alle Auberginen gebraten sind. Vor dem Servieren mit Salz und Pfeffer bestreuen.

Je weiter man nach Süditalien kommt, desto üppiger wird die Vegetation. Unter der glühendheißen Sonne gedeihen Paprika, Auberginen, Tomaten und Zucchini im Überfluß, und die Zahl der Gemüsegerichte scheint endlos zu sein. Es heißt, in Apulien wächst das beste Gemüse Italiens; Feinschmecker schätzen jedoch das aus dieser Region stammende getrocknete Gemüse beinahe noch mehr. Für den Verzehr im Winter wird es in der heißen Sonne getrocknet, was auch der Grund für seine Güte sein soll.

Melanzane alla palermitana

Sizilien

ZUCCA ALL' AGRODOLCE

Kürbis süßsauer

Für 4 Personen
ca. 700 g gelbes Kürbisfleisch
Pflanzenöl
3–4 EL Weinessig
25 g Zucker
1 EL gehackte Minze
2 Knoblauchzehen
Salz und frisch gemahlener schwarzer Pfeffer

Das Kürbisfleisch schälen, entkernen und in dünne Scheiben schneiden. Das Öl etwa 5 mm hoch in eine große Bratpfanne gießen und erhitzen. Die Kürbisscheiben hinein geben und von beiden Seiten goldbraun braten. Anschließend den größten Teil des Öls abgießen, Essig, Zucker, Minze und die zerdrückten Knoblauchzehen zum Kürbis geben und mit Salz und Pfeffer würzen. Weitere 10 Minuten dünsten, dabei die Kürbisscheiben nach 5 Minuten wenden. Sofort servieren.

Sizilien

FUNGHI ALLA TRAPANESE

Champignons in Tomaten-Wein-Sauce

Für 4 Personen
500 g Champignons
Saft einer Zitrone
4 EL Olivenöl
1 Zwiebel
2 Knoblauchzehen
500 g Tomaten
Salz und frisch gemahlener schwarzer Pfeffer
7 EL trockener Weißwein
gehackte Petersilie zum Garnieren

Die Champignons putzen, in Scheiben schneiden und in eine Schüssel füllen. Mit Zitronensaft beträufelt marinieren lassen.

In der Zwischenzeit das Öl in einer schweren Pfanne erhitzen, die kleingehackte Zwiebel und die zerdrückten Knoblauchzehen hinein geben und 5 Minuten dünsten. Die enthäuteten, entkernten und in Würfel geschnittenen Tomaten in die Pfanne geben und 15 Minuten köcheln lassen. Dann die Pilze hinzufügen, mit Salz und Pfeffer würzen und nach weiteren 5 Minuten den Wein angießen und bei starker Hitze so lange kochen, bis er verdunstet ist.

Nun die Temperatur verringern und die Pilze noch etwa 10 Minuten schmoren lassen. Das fertige Gericht auf einer vorgewärmten Platte anrichten und mit Petersilie bestreut sofort auftragen.

Carote in insalata; Caponata

Sizilien

CAPONATA

Auberginen mit Tomaten und Oliven

Für 4 Personen
500 g Auberginen
Salz
500 g Zwiebeln
100 g Staudensellerie
150 g grüne Oliven
500 g Tomaten
4 EL Pflanzenöl
6 EL Olivenöl
frischgemahlener schwarzer Pfeffer
25 g Zucker
7 EL Weinessig
2 EL Kapern

Die Auberginen waschen und in Scheiben schneiden. Diese auf ein Sieb geben, leicht mit Salz bestreuen und 1 Stunde stehen lassen.

Inzwischen die geschälten Zwiebeln fein hacken, den Sellerie kurz blanchieren, dann in Würfel schneiden, die Oliven halbieren und entkernen und die Tomaten enthäuten und zu Püree zerstampfen.

Die Auberginen unter fließend kaltem Wasser abspülen, abtropfen lassen und sorgfältig trockentupfen. Nun das Pflanzenöl in einer Bratpfanne erhitzen, die Auberginenscheiben darin von beiden Seiten goldbraun braten und anschließend auf Küchenpapier entfetten.

Das Olivenöl in einem schweren Topf erhitzen und erst die Zwiebel 15 Minuten darin dünsten, anschließend Sellerie, Oliven und das Tomatenpüree dazugeben, alles leicht mit Salz und Pfeffer würzen und 5 Minuten köcheln lassen. Dann Zucker, Essig, Kapern und die Auberginenscheiben dazugeben und noch 10 Minuten weiterköcheln, bis der Essig verdunstet ist. Das fertige Gemüse in eine Schüssel füllen und gut gekühlt servieren.

Sizilien

CAROTE IN INSALATA

Karotten-Sellerie-Salat

Für 6 Personen
1 ganzer Staudensellerie
500 g junge Karotten
3–4 EL Olivenöl
Saft einer Zitrone
1 EL Zucker
Salz und frisch gemahlener schwarzer Pfeffer

Staudensellerie putzen und die einzelnen Stangen in Scheiben schneiden, die Möhren bürsten und quer in dünne Scheiben schneiden. Beides auf einer Platte verteilen. Öl, Zitronensaft, Zucker und je 1 Prise Salz und Pfeffer in ein Glas mit Schraubverschluß füllen und kräftig schütteln, bis sich alle Zutaten gut vermischt haben. Die Sauce über das Gemüse gießen und an einem kühlen Ort 1 Stunde ziehen lassen.

Sardinien

FAGIOLI CON LE VERZE

Weiße Bohnen mit Kohl

Für 6 Personen
400 g getrocknete weiße Bohnen
2 Fenchelknollen
1 Zwiebel
1 Weißkohl
4 EL Tomatenmark
Salz und frisch gemahlener schwarzer Pfeffer
2 EL Olivenöl
100 g durchwachsener Speck ohne Schwarte
2 Knoblauchzehen

Die Bohnen über Nacht in lauwarmem Wasser einweichen. Am nächsten Tag abtropfen lassen, in eine feuerfeste Kasserolle füllen, mit kaltem Wasser bedekken und aufkochen lassen. Anschließend bei schwacher Hitze unter gelegentlichem Umrühren 45 Minuten köcheln lassen.

In der Zwischenzeit den Fenchel putzen und in Würfel schneiden, die Zwiebel schälen und fein hakken, den Kohl hobeln. Alles unter die Bohnen rühren, mit Pfeffer und Salz würzen und weitere 45 Minuten köcheln lassen, bis die Bohnen weich sind.

Währenddessen das Öl in einer kleinen Pfanne erhitzen, den in Würfel geschnittenen Speck und die zerdrückten Knoblauchzehen hinzufügen und goldbraun braten, dann zu dem Gemüse geben und alles noch einmal 5 Minuten durchkochen. Heiß servieren.

Desserts & Gebäck

Rechts: Prus martin al vino; Pesche ripiene
Unten: Ciambelline valdostane

Die Italiener beenden eine Mahlzeit nur selten mit einem Nachtisch; stattdessen gibt es Käse und frisches Obst. Süßspeisen, Kuchen und Torten essen sie lieber zu anderen Gelegenheiten. Die einzige Ausnahme dürfte wohl das berühmte *gelati* bilden – in Form von Eiscreme, Wassereis und *granite.* Viele vertreten die Auffassung, daß die Sizilianer das beste Eis machen.

Auch beim Backen von Kuchen und Torten übertreffen die Italiener sich selbst. Italienische Backwaren sind mächtig und leicht zugleich, eine Kombination, die ohne ein gewisses Maß an Geschicklichkeit und Routine kaum zu erreichen ist. Aus diesem Grund auch kauft die italienische Hausfrau – außer zu besonderen festlichen Anlässen wie an hohen Feiertagen, zu Hochzeiten und Weihnachten – Kuchen meist bei ihrem Bäcker. Frische und kandierte Früchte, eingemachtes Obst, Nüsse, Honig und Ricotta-Käse sind als Füllung für Kuchen und Torten sehr beliebt. Die *Cassata Siciliana* (Rezept Seite 37), der berühmte Dessertkuchen, besteht aus mehreren Teigschichten und Schichten gefrorenen Ricottas.

Im ganzen Land werden an hohen Feiertagen bestimmte Hefekuchen gegessen, so der berühmte *panettone* zu Weihnachten und *colomba* zu Ostern. Auch Biskuitgebäck ist sehr beliebt, besonders *amaretti,* die Turiner Mandelmakronen.

Frittelle (Rezept Seite 179), *bignè,* beides Schmalzgebäck, und *Bomboloni* (Rezept Seite 180) werden an Feiertagen und zu Karneval an jeder Straßenecke verkauft.

Piemont & Aostatal

CIAMBELLINE VALDOSTANE

Biskuit-Ringe

Für 25–30 Stück
450 g feines Maismehl
50 g weißes Mehl
250 g Butter
225 g Zucker
3 Eier
abgeriebene Schale ½ Zitrone

Maismehl und Mehl in einer Schüssel mischen. Die in Würfel geschnittene Butter vorsichtig mit den Fingerspitzen untermengen. Zucker, die verquirlten Eier und Zitronenschale hinzufügen und alles gut durchkneten, bis ein geschmeidiger Teig entstanden ist.

In einen Spritzbeutel mit einer glatten Tülle von 1 cm Durchmesser füllen und kleine Ringe auf ein Backblech spritzen. Diese im vorgeheizten Backofen bei mäßiger Hitze (180°) etwa 20 Minuten backen, bis die Ringe schön goldgelb sind. Noch 5 Minuten auf dem Blech lassen, dann auf ein Kuchengitter setzen und abkühlen lassen.

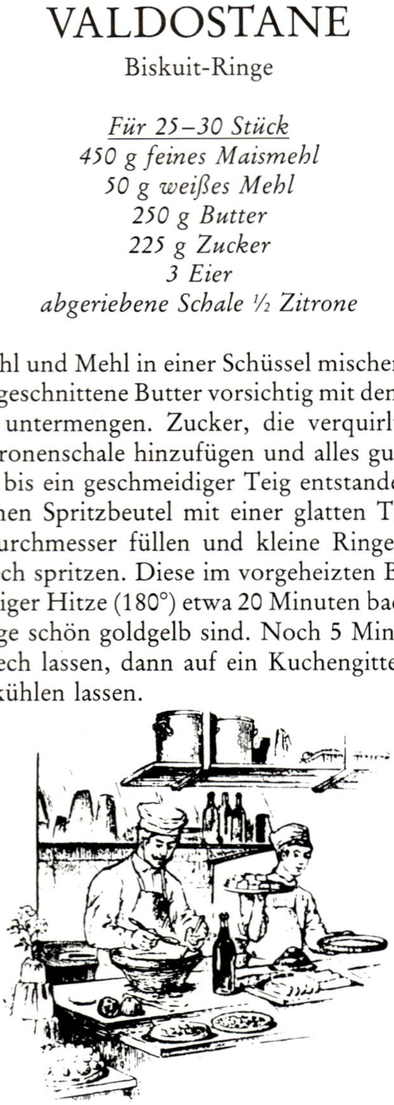

Piemont & Aostatal

PRUS MARTIN AL VINO

Birnen in Wein

Die Piemonteser bereiten dieses Dessert natürlich mit Barolo, der dort wächst. Aber auch ein ähnlich vollmundiger Wein eignet sich dafür.

Für 4–6 Personen
750 g feste Birnen
½ l trockener Rot- oder Weißwein
100 g Zucker
4 Nelken
1 Prise Zimt

Die geschälten Birnen in eine feuerfeste Form setzen und mit Wein übergießen. Anschließend mit Zucker, Nelken und Zimt bestreuen.

Die Birnen im vorgeheizten Backofen bei schwacher Hitze (160°) 45 Minuten garen; die Birnen sollen weich und die Flüssigkeit sirupartig angedickt sein. Das Dessert schmeckt heiß und kalt.

Piemont & Aostatal

PESCHE RIPIENE

Gefüllte Pfirsiche

Für 4 Personen
4 reife Pfirsiche
4 abgezogene Mandeln
8 Makronen
75 g Zucker
25 g Kakao
7 EL trockener Weißwein
40 g Butter

Die Pfirsiche waschen, halbieren und entsteinen. Ein wenig Fruchtfleisch aus der Mitte mit einem Löffel herauslösen und beiseite stellen. Die Mandeln fein hacken, die Makronen zerbröseln. Beides mit der Hälfte des Zuckers, Kakao, 1 Eßlöffel Wein und dem beiseite gestellten Fruchtfleisch vermischen. Die Pfirsichhälften mit der Mischung füllen und auf jede ein Stückchen Butter setzen.

Die Pfirsiche in eine gebutterte feuerfeste Form geben; mit dem restlichen Wein übergießen und dem restlichen Zucker bestreuen. Im vorgeheizten Backofen bei mäßiger Hitze (180°) 25–30 Minuten backen, bis die Pfirsiche weich sind. Heiß servieren.

Desserts und Pudding, wie wir sie kennen, bilden nur selten den Abschluß einer Mahlzeit in Italien, und es gibt nur selten Rezepte dafür. Die wenigen italienischen Desserts, die man unter »I Dolci« auf den Speisenkarten italienischer Restaurants findet, sind wohl nur eine Art Reverenz für Touristen, die auch im Ausland nicht auf ein Dessert verzichten können. Unter diesen Desserts findet man gewöhnlich eine Reihe von mächtigen, reich verzierten Kuchen und Torten; nur selten jedoch wird man einen Italiener eine dieser Nachspeisen bestellen sehen. Die meisten Italiener essen zum Nachtisch lieber Käse oder frisches Obst.

Piemont & Aostatal

AMARETTI

Makronen

Falls bittere Mandeln nicht erhältlich sind, kann man auch abgezogene süße Mandeln verwenden; dann allerdings muß die Zuckermenge um etwa zwei Eßlöffel verringert werden.

Für 35–40 Stück
225 g abgezogene Mandeln
50–80 g bittere Mandeln
350 g Puderzucker
25 g Mehl
4 Eiweiß
einige Tropfen flüssiges Vanille-Aroma
¼ TL abgeriebene Zitronenschale

Alle Mandeln im Mörser zerstoßen. Anschließend mit Zucker und Mehl (bis auf je 2 Eßlöffel) gut vermischen. Eiweiß mit einer Gabel leicht schaumig schlagen, Vanille-Aroma und Zitronenschale hinzufügen und nach und nach unter die Mandelmischung rühren, bis ein glatter Teig entstanden ist.

Mit einem Teelöffel kleine Häufchen abstechen und diese auf ein gefettetes, mit Mehl bestäubtes Backblech setzen; sie dürfen jedoch nicht zu dicht nebeneinander sein. Mit dem restlichen Zucker bestreuen und im vorgeheizten Backofen bei schwacher Hitze (180°) etwa 20 Minuten backen, bis die Amaretti schön goldgelb sind. Auf ein Kuchengitter zum Abkühlen geben und erst völlig erkaltet essen.

Piemont & Aostatal

CRUMIRI

Biskuit-Halbmonde

Für 30–35 Stück
250 g feines Maismehl
250 g Weizenkleie-Mehl
275 g weiche Butter
175 g Zucker
4 Eigelb
2 EL Honig
¼ TL abgeriebene Zitronenschale

Die beiden Mehlsorten miteinander vermischen. Auf ein Backbrett geben und in die Mitte eine Vertiefung drücken. Die Butter in kleine Stücke schneiden und zusammen mit allen anderen Zutaten vorsichtig mit den Fingerspitzen unter das Mehl kneten, bis ein fester, glatter Teig entstanden ist. Diesen zu einer Kugel formen und zugedeckt für 30 Minuten in den Kühlschrank stellen.

Anschließend den Teig in einen Spritzbeutel mit glatter Tülle von 1 cm Durchmesser füllen und 7,5 cm lange Teigstreifen auf ein mit Backpapier ausgelegtes Blech spritzen. Die Streifen vorsichtig zu Halbmonden formen und im vorgeheizten Backofen bei schwacher Hitze (160°) 15–20 Minuten goldbraun backen; auf einem Gitter abkühlen lassen.

Piemont & Aostatal

BACI DI DAMA

Orangen-Mandel-Plätzchen

Für 15–20 Stück
100 g abgezogene Mandeln
100 g Zucker
100 g Orangeat
100 g Mehl
6–8 EL Milch
50 g Schokolade

Die im Mörser zerstoßenen Mandeln zusammen mit dem Zucker in eine Schüssel geben. Das feingehackte Orangeat und das gesiebte Mehl (bis auf 1 Eßlöffel) zu der Mandelmischung geben. Alles gut miteinander vermischen, dann soviel Milch unterrühren, daß ein glatter, fester Teig entsteht. Diesen zu kleinen Bällchen formen und in größeren Abständen auf ein mit Backpapier ausgelegtes Backblech setzen. Die Plätzchen mit dem restlichen Mehl bestäuben und im vorgeheizten Backofen bei mäßiger Hitze (180°) 15 Minuten backen, bis die Plätzchen schön goldbraun sind. Dann auf ein Kuchengitter zum Abkühlen geben.

Nach dem Erkalten die Hälfte der Plätzchen mit der geschmolzenen Schokolade bestreichen, die restlichen Plätzchen darauf setzen. Vor dem Verzehr für 1 Stunde in den Kühlschrank stellen.

Piemont & Aostatal

BICCIOLANI

Gewürzstreifen

Für 30–40 Stück
575 g Mehl
200 g Zucker
1 EL Zimt
20 Korianderkörner
1 Prise Salz
1 Prise geriebene Muskatnuß
5 Nelken
350 g weiche Butter
5 Eigelb

Das Mehl auf ein Backbrett sieben und mit Zucker, Zimt, Koriander, Muskat und den gemahlenen Nelken vermischen. In die Mitte eine Vertiefung drücken und die in kleine Stücke geschnittene Butter und das Eigelb hinein geben. Alle Zutaten vorsichtig mit den Fingerspitzen vermengen und gut durchkneten, bis der Teig glatt und geschmeidig ist. Zugedeckt für 3 Stunden in den Kühlschrank stellen.

Dann den Teig in jeweils kleinen Mengen in einen Spritzbeutel mit großer, glatter Tülle füllen und lange Streifen auf ein mit Backpapier ausgelegtes Backblech spritzen.

Die Plätzchen im vorgeheizten Backofen bei schwacher Hitze (160°) in 15–20 Minuten goldbraun backen. Dann erst in etwa 3 cm lange Stücke schneiden und auf ein Kuchengitter zum Abkühlen legen.

Rechte Seite: *Baci di dama; Amaretti; Bicciolani; Crumiri*

Die Italiener sind für ihre süße Vorliebe bekannt, und so gehören Plätzchen schon seit Jahrhunderten zu ihren Lieblingssüßigkeiten. Schließlich waren es venezianische Kaufleute, die als erste den Zucker nach Europa brachten. Die Schaufenster italienischer Bäckereien sind voll von verschiedensten Plätzchen, wobei jede Region ihre eigenen Spezialitäten aufzuweisen hat. Sie werden zu den ungewöhnlichsten Zeiten gegessen und Gästen stets mit einem Glas Wein angeboten, egal zu welcher Tageszeit der Besuch stattfindet. *Amaretti* z. B. werden sogar vor den Mahlzeiten zum Apéritif gegessen.

Monte bianco

Sowohl zu Süßspeisen als auch in herzhaften Gerichten verwenden die Italiener gerne Eßkastanien. Nach der Ernte werden sie, in Körben abgefüllt, auf Märkten und in Lebensmittelgeschäften im ganzen Land verkauft. Die Vorliebe der Italiener für Kastanien ist so groß, daß sie sogar die Mühe auf sich nehmen, sie für den Winter zu trocknen. Wenn man keine frischen Kastanien erhält, können auch konservierte verwendet werden.

Lombardei

MONTE BIANCO

Kastanien-Püree mit Sahne

Dieses Dessert wird in vielen verschiedenen Abwandlungen zubereitet, von den kunstvollen Crèmes, wie sie in den Restaurants angeboten werden, bis hin zu diesem einfachen Rezept, das dem schneebedeckten Montblanc jedoch mehr als alle anderen zu gleichen scheint. Dieses Dessert schmeckt frisch am besten und sollte daher möglichst bald nach seiner Zubereitung verzehrt werden.

Für 4 Personen
500 g Eßkastanien
2 EL Milch
175 g Puderzucker
1 Prise Salz
gut 1/8 l Schlagsahne
2 EL Brandy bzw. Rum oder Strega-Likör

Die Kastanien am spitzen Ende mit einem Messer kreuzweise einschneiden. Anschließend in eine Pfanne geben, mit Wasser bedeckt aufkochen und 15 Minuten köcheln lassen. Die Kastanien abtropfen und soweit abkühlen lassen, daß man sie anfassen kann. Sie müssen jedoch noch ziemlich heiß sein, damit man die Schale und innere Haut entfernen kann.

Nun die Kastanien wieder in die Pfanne geben, mit kaltem Wasser bedeckt aufkochen lassen und 45 Minuten bzw. so lange köcheln lassen, bis sie weich sind. Dann abtropfen lassen und zusammen mit der Milch im Mixer pürieren oder mit einer Gabel zerquetschen. Anschließend Zucker und Salz unterrühren.

Das Püree hügelförmig in Dessertschalen anrichten. Die Sahne mit Brandy bzw. Rum oder Likör nicht zu steif schlagen und je einen Klacks als »Schneespitze« auf das Kastanienpüree geben.

Lombardei

TORTA SBRISULONA

Mandelkuchen

Für 6–8 Personen
300 g weißes Mehl
100 g Maismehl
100 g Butter
100 g Schmalz
200 g abgezogene Mandeln
200 g Zucker
2 Eigelb
fein abgeriebene Schale 1 Zitrone
einige Tropfen Vanille-Backöl

Beide Mehlsorten in eine Schüssel sieben. Die in kleine Würfel geschnittene Butter und das ebenfalls kleingewürfelte Schmalz untermengen, bis ein feinkrümeliger Teig entstanden ist. Die Mandeln klein schneiden und zusammen mit dem Zucker unter den Teig mengen. Dann mit Eigelb, Zitronenschale und Backöl zu einem festen, glatten Teig verarbeiten.

Den Teig in eine eingefettete flache Springform von 23 cm Durchmesser geben, glatt streichen und im vorgeheizten Backofen bei schwacher Hitze (160°) 45 Minuten lang backen.

Nach dem Backen noch 10 Minuten in der Form lassen. Dann herausnehmen und auf ein Kuchengitter zum Abkühlen geben. Vor dem Servieren in Stücke schneiden.

Ligurien

TORTA GENOVESE

Biskuitkuchen

Für 4 Personen
4 Eier
175 g Puderzucker
100 g Mehl
100 g Butter

Eier und 125 g Puderzucker im Wasserbad über leise köchelndem Wasser schlagen, bis die Masse schaumig ist und sich etwa verdoppelt hat. Aus dem Wasserbad nehmen und weiter schlagen, bis sie kalt ist.

Das zweimal gesiebte Mehl auf einmal hinzufügen und vorsichtig unterheben. Es muß gleichmäßig mit der Eimasse vermischt sein. Zuletzt die geschmolzene Butter unterrühren.

Nun die Masse in eine mit Back- oder Pergamentpapier ausgelegte runde Kuchenform füllen und den Biskuit im vorgeheizten Backofen bei mäßiger Hitze (180°) ungefähr 40 Minuten backen, bis der Kuchen goldgelb und fest ist. Auf einem Kuchengitter abkühlen lassen und vor dem Servieren mit dem restlichen Puderzucker bestäuben.

Fritole **und** ***frittelle*** **werden in Italien meist zu festlichen Anlässen gegessen. Sie sind gewöhnlich auch an Kiosken oder Buden zu haben. Am Karnevalsabend, dem Abend vor Beginn der Fastenzeit, gibt es eine besondere Art von Schmalzgebäck, die Karnevalskrapfen. Früher war Karneval in Italien immer ein rauschendes Fest, besonders auf der Insel Sizilien. Dort aß man an diesem Tag** ***cannoli;*** **das sind süße, mit Ricotta-Käse und kandierten Früchten gefüllte Kuchen, die auch heute noch gern gegessen werden. Der alte Brauch jedoch, sie zu Karneval zu essen, scheint allmählich auszusterben.**

Friaul-Julisch-Venetien

FRITOLE DI CARNEVALE

Karnevalskrapfen

Für 8 Personen
gut ¼ l trockener Weißwein
50 g Butter
400 g Mehl
2 TL Zimt
2 TL geriebene Muskatnuß
1 Prise Salz
abgeriebene Schale ½ Zitrone
7 EL Maraschino-Likör
1 EL Trockenhefe
Pflanzenöl zum Fritieren
50 g Puderzucker

Wein und Butter in einen schweren Topf geben und langsam erhitzen, bis die Butter geschmolzen ist. Von der Kochstelle nehmen und nach und nach das gesiebte Mehl unterrühren. So lange rühren, bis eine klümpchenfreie Masse entstanden ist, dann die Gewürze, Salz, Zitronenschale, Maraschino und die vorher in 2 Eßlöffeln warmem Wasser aufgelöste Hefe hinzufügen. Alles gut miteinander vermischen, dann zugedeckt 1 Stunde ruhen lassen.

Das Öl etwa ½ cm hoch in eine Friteuse füllen, jeweils 1 Eßlöffel Teig hineingeben und von beiden Seiten goldbraun backen. Die Krapfen auf Küchenpapier abtropfen lassen und warm stellen, bis alle gebakken sind. Mit Puderzucker bestäubt sofort servieren.

Südtirol – Trentino

FRITTELLE DI MELE

Apfelbeignets

Für 6–8 Personen
50 g Butter
50 g Puderzucker
gut ⅛ l Milch
50 g Mehl
3 Eier
1 TL Trockenhefe
8 Äpfel
Pflanzenöl zum Fritieren

Die geschmolzene Butter zusammen mit der Hälfte des Zuckers, Milch, Mehl, den verquirlten Eiern und der vorher in 2 Teelöffeln warmem Wasser aufgelösten Hefe in eine Schüssel geben. Alles gut durchschlagen, bis ein glatter Teig entstanden ist.

Die Äpfel schälen und mit einem Ausstecher das Kerngehäuse entfernen, anschließend in dünne Ringe schneiden und diese mit dem restlichen Puderzucker bestäuben.

Das Öl in einer Friteuse erhitzen. Die Apfelringe nacheinander in den Teig tauchen und anschließend in heißem Öl goldbraun ausbacken. Dann auf Küchenpapier abtropfen lassen und warm stellen, bis alle fertig sind. Sofort servieren.

Torta genovese;
Frittelle di mele

Nahezu jede Region in Italien hat ihre eigenen Rezepte für Festtagskuchen, obwohl diese Kuchen von den Zutaten und dem Geschmack her eigentlich mehr an süßes Brot erinnern. Sie werden das ganze Jahr über gegessen, in eine Tasse Kaffee – oder vielleicht auch in ein Glas Wein – getunkt, weil sie ziemlich trocken sind. An hohen Feiertagen oder zu anderen besonderen Anlässen jedoch werden sie in allen Bäckereien in großer Auswahl angeboten. So gibt es in Mailand zu Weihnachten *panettone* und zu Ostern *colomba*; *pandoro* ist eine in Verona beliebte Spezialität für den Neujahrstag.

Toskana

BUCCELLATO

Süßer Hefering

Für 4–6 Personen
400 g Mehl
200 g Puderzucker
2 Eier
100 g weiche Butter
2 TL Natrium
2 TL Trockenhefe
etwas warme Milch
1 Prise Salz
1 Ei für die Glasur

Das Mehl in eine Schüssel sieben, den Zucker untermischen und in die Mitte eine Vertiefung drücken. Die verquirlten Eier, die in Würfel geschnittene Butter, Natrium, die vorher in ca. 2 Eßlöffeln lauwarmer Milch aufgelöste Hefe und Salz hinzufügen. Alles gut miteinander vermengen, dabei soviel Milch hinzufügen, daß ein weicher Teig entsteht. Diesen gut durchkneten, bis er glatt und geschmeidig ist und sich vom Schüsselrand löst. Dann zu einer Kugel formen, in eine Schüssel legen und mit einem feuchten Tuch bedecken. Den Teig an einem warmen Ort 1 Stunde gehen lassen, bis er das Doppelte seines Umfangs erreicht hat.

Den Teig auf einem Backbrett nochmals durchkneten, dann mit den Händen zu einem Ring formen. Anschließend auf ein mit eingefettetem Pergamentpapier ausgelegtes Backblech legen und mit dem verquirlten Ei bestreichen. Den Hefering im vorgeheizten Backofen bei mittlerer Hitze (200°) ca. 40 Minuten lang backen. Vor dem Servieren auf einem Kuchengitter abkühlen lassen.

Toskana

PANFORTE DI SIENA

Gewürzkuchen

Dieser flache Kuchen aus nougatähnlichem Teig ist eine Spezialität aus Siena. Zitronat, Orangeat, geröstete Nüsse und viele Gewürze verleihen ihm seinen unvergleichlichen Geschmack.

Für 8 Personen
75 g Haselnüsse
75 g abgezogene Mandeln
175 g Zitronat und Orangeat
25 g Kakao
50 g Mehl
½ TL Zimt
½ TL Lebkuchengewürz
100 g Zucker
100 g Honig
Zum Garnieren:
2 EL Puderzucker
1 TL Zimt

Die Haselnüsse auf einem Backblech verteilen und für 5–10 Minuten in den auf 190° vorgeheizten Backofen schieben. Anschließend mit einem sauberen Tuch die Haut abreiben und grob hacken.

Zusammen mit den ebenfalls grob gehackten Mandeln, dem fein gehackten Zitronat und Orangeat, Mehl und den Gewürzen in eine Schüssel geben und alles gut vermischen.

Zucker und Honig in einen Topf geben und langsam erhitzen, bis sich beides aufgelöst hat. Dann kochen lassen, bis die Masse eine Temperatur von ca. 115° erreicht hat. Wer kein Koch-Thermometer besitzt, kann die Probe auch so machen: eine kleine Menge der Masse in eine Tasse mit kaltem Wasser tropfen lasen. Wenn sie karamelisiert, ist die richtige Temperatur erreicht. Sofort von der Kochstelle nehmen und unter die Nußmischung rühren.

Den Teig in eine flache, mit Backtrennpapier ausgelegte Springform von 20 cm Durchmesser füllen und glatt streichen. Der Teig soll nicht mehr als 1 cm hoch sein. Den Kuchen im vorgeheizten Backofen bei 150° ca. 30–35 Minuten lang backen, dann auf ein Kuchengitter geben, das Pergamentpapier abziehen und auskühlen lassen. Den Kuchen dick mit dem mit Zimt vermischten Puderzucker bestreuen und in schmale Stücke geschnitten servieren.

Toskana

BOMBOLONI

Krapfen

Für 15–20 Stück
450 g Mehl
100 g Puderzucker
abgeriebene Schale 1 Zitrone
1 Prise Salz
75 g weiche Butter
15 g frische Hefe
Pflanzenöl zum Fritieren
Puderzucker zum Bestäuben

Das Mehl in eine Schüssel sieben und mit Puderzukker, der abgeriebenen Zitronenschale und Salz vermischen. In die Mitte eine Vertiefung drücken, die in kleine Stücke geschnittene Butter und die vorher in 2 Eßlöffeln warmem Wasser aufgelöste Hefe hineingeben. Alles miteinander vermischen, dabei ein wenig lauwarmes Wasser hinzufügen, bis ein glatter Teig entstanden ist. Diesen gut durchkneten, bis er geschmeidig ist und sich vom Schüsselrand löst, dann zu einer Kugel formen und mit einem feuchten Tuch bedeckt an einem warmen Ort 1 Stunde gehen lassen, bis der Teig das Doppelte seines Umfangs erreicht hat.

Anschließend mit einem Nudelholz flachdrücken und auf 1 cm Dicke ausrollen. Mit einem Teigrädchen Kreise von 5 cm Durchmesser ausschneiden. Die Kreise auf ein Backblech legen und an einem warmen Ort noch einmal 1 Stunde gehen lassen.

Das Öl in einer Friteuse erhitzen und die Krapfen darin nacheinander goldbraun ausbacken, dann auf Küchenpapier abtropfen lassen und mit reichlich Puderzucker bestäuben. Sofort servieren.

Panforte di siena

Umbrien

PINOCCATE

Pinienkern-Pralinen

Für 20–25 Pralinen
150 g Orangeat
7 EL Maraschino-Likör
200 ml Wasser
450 g Zucker
150 g Pinienkerne

Orangeat feinhacken und in Maraschino einweichen.

Wasser und Zucker langsam in einem Topf bei schwacher Hitze solange erhitzen, bis sich der Zucker aufgelöst hat. Dann bei starker Hitze kochen lassen, bis die Flüssigkeit sirupartig angedickt ist. Zur Probe einen Teelöffel Sirup in eine Tasse mit kaltem Wasser gleiten und leicht abkühlen lassen. Nun den Sirup mit Daumen und Zeigefinger aus dem Wasser nehmen; wenn sich ein Faden bildet, ist er fertig.

Den Sirup von der Kochstelle nehmen und kräftig mit einem Holzlöffel schlagen, bis er weich und weiß wird. Das Orangeat abtropfen lassen und sofort mit dem Sirup und den Pinienkernen vermischen. Kleine Häufchen auf Alufolie setzen und trocknen lassen.

Latium

GELATO DI RICOTTA

Ricotta-Rum-Eisbombe

Für 4–6 Personen
5 Eigelb
100 g Zucker
5 EL Rum
500 g frischer Ricotta-Käse

Eine ca. 1,2 Liter fassende Tiefkühlform mit Alufolie auslegen (reichlich Folie überstehen lassen).

Eigelb und Zucker in eine Schüssel geben und schaumig schlagen. Den Rum einrühren, dann nach und nach den durch ein Sieb gepreßten Ricotta unterrühren.

Diese Masse in die vorbereitete Form füllen, die Oberfläche glätten und mit Alufolie abdecken. Die Form solange in die Tiefkühltruhe oder das Gefrierfach des Kühlschranks stellen, bis die Masse fest ist. Das Eis auf eine Platte stürzen, in Stücke schneiden und sofort servieren.

Rechte Seite: *Pan rozzo; Maritozzi; Calcioni all'ascolana*

Marken

CALCIONI ALL'ASCOLANA

Käseküchlein

Für 15–20 Küchlein
Für den Teig:
450 g Mehl
4 Eier
2 EL Olivenöl
1 Prise Salz
Für die Füllung:
250 g geriebener Pecorino-Käse
25 g Zucker
Saft und abgeriebene Schale ½ Zitrone
4 Eigelb

Mehl auf ein Backbrett sieben, in die Mitte eine Vertiefung drücken und 3 Eier, Öl und Salz hinein geben. Alles gut miteinander vermischen und so lange durchkneten, bis ein glatter Teig entstanden ist; dabei – falls nötig – 1–2 Eßlöffel lauwarmes Wasser hinzufügen. Den Teig zu einer Kugel formen und zugedeckt 30 Minuten in den Kühlschrank stellen.

In der Zwischenzeit die Füllung vorbereiten. Dafür den Käse, Zucker, Zitronensaft und -schale und die Eigelb in eine Schüssel geben und gut verrühren.

Den Teig auf einem Backbrett flach drücken und auf 5 mm Dicke ausrollen. Mit einem Teigrädchen Kreise von etwa 7,5 cm Durchmesser schneiden. In die Mitte eines jeden Kreises ein wenig von der Füllung geben, dann eine Hälfte des Teigs über die Füllung klappen und zu kleinen Halbmonden formen; dabei die Ränder fest zusammendrücken.

Nun jedes Küchlein mit dem verbliebenen, verquirlten Ei bestreichen, auf ein geöltes Backblech setzen und im vorgeheizten Backofen bei 180° ca. 30 Minuten backen, bis die Küchlein aufgegangen sind und eine schöne, goldgelbe Farbe haben. Heiß servieren.

Latium

MARITOZZI

Rosinenbrötchen

Für 12 Brötchen
350 g Mehl
25 g frische Hefe
2 Eier
3 EL Olivenöl
Salz
50 g Puderzucker
100 g Rosinen
50 g Pinienkerne
50 g Zitronat

Die Hälfte des Mehls in eine Schüssel sieben und die vorher in 2 Eßlöffeln warmem Wasser aufgelöste Hefe, 1 Ei, 1 Eßlöffel Öl und Salz unterrühren. Alles gut vermischen, anschließend den Teig kneten, bis er glatt und geschmeidig ist. In eine Schüssel legen, mit etwas Mehl bestäuben und mit einem feuchten Tuch bedeckt an einem warmen Ort 1 Stunde gehen lassen.

Anschließend den Teig auf ein Backbrett legen und das restliche Mehl, Öl, Zucker und eine Prise Salz sowie das andere Ei untermengen und fest kneten, bis der Teig glatt und geschmeidig ist; dabei – falls nötig – etwas lauwarmes Wasser hinzufügen. Die 15 Minuten lang in lauwarmem Wasser eingeweichten und abgetrockneten Rosinen sowie die Pinienkerne und das gehackte Zitronat in den Teig gut einarbeiten.

Den Teig in 12 Portionen teilen und daraus kleine, ovale Brötchen formen. Diese auf ein geöltes Backblech setzen, mit einem feuchten Tuch bedecken und an einem warmen Ort gehen lassen, bis sie auf das Doppelte ihres Umfangs aufgegangen sind.

Die Brötchen im vorgeheizten Backofen bei mäßiger Hitze (190°) 20 Minuten backen. Anschließend auf einem Kuchengitter auskühlen lassen.

Abruzzen & Molise

PAN ROZZO

Mandelkuchen

Für 6–8 Personen
50 g Mehl
50 g Kartoffelmehl
1 Prise Zimt
4 Eier
75 g Zucker
50 g gemahlene Mandeln
40 g Butter
2 EL Amaretti di sarrono oder ein ähnlicher Likör
75 g Schokolade
1 EL Wasser

Mehl, Kartoffelmehl und Zimt mischen und sieben. Die Eier trennen. Eigelb mit Zucker in einer Schüssel schaumig schlagen. Mehl, Mandeln, geschmolzene Butter und den Likör unterrühren. Eiweiß steif schlagen und vorsichtig unter die Masse heben.

Den Teig in eine mit Backtrennpapier ausgelegte Springform von 18 cm Durchmesser füllen, die Teigoberfläche glatt streichen und den Kuchen im vorgeheizten Backofen bei mäßiger Hitze (180°) etwa 1 Stunde lang backen. Anschließend auf ein Kuchengitter zum Abkühlen geben.

Schokolade mit 1 Eßlöffel Wasser im Wasserbad schmelzen und den Rand sowie die Oberfläche des Kuchens damit bestreichen. Den Kuchen erst servieren, wenn die Schokoladenglasur fest geworden ist.

Ricotta fritta; Nepitelle

Kalabrien

NEPITELLE

Feigen-Nuß-Gebäck

Für 6–8 Stück
Für den Teig:
400 g Mehl
150 g Puderzucker
165 g weiche Butter
2 Eier
1 Eigelb
1 Prise Salz
Für die Füllung:
300 g getrocknete Feigen
100 g Rosinen
150 g gemahlene Walnüsse
150 g abgezogene Mandeln
200 g Orangenmarmelade
fein abgeriebene Schale von 3 Orangen
½ TL Nelkenpulver
1 TL Zimt
Außerdem:
1 Eiweiß und 1 Ei zum Bestreichen

Für den Teig das Mehl in eine Schüssel sieben, den Zucker untermischen und eine Vertiefung in die Mitte drücken. Die in kleine Stücke geschnittene Butter, 2 Eier, 1 Eigelb und Salz hinein geben. Alles mit den Fingerspitzen vorsichtig miteinander vermengen, dann weiter kneten, bis der Teig glatt und geschmeidig ist. Zu einer Kugel formen und zugedeckt in den Kühlschrank stellen.

Für die Füllung die Feigen 10 Minuten lang in Wasser kochen, anschließend gut abtropfen lassen und klein hacken. Die Rosinen 15 Minuten in lauwarmem Wasser einweichen und abtropfen lassen. Anschließend alle Zutaten für die Füllung in eine Schüssel geben und sorgfältig miteinander vermischen.

Den Teig mit einem Nudelholz flachdrücken und 5 mm dick ausrollen. Mit einem Teigrädchen Kreise von 10 cm Durchmesser ausschneiden und in die Mitte jedes Kreises ein wenig von der Füllung geben. Nun den Teig über die Füllung klappen, so daß halbmondförmige Küchlein entstehen. Die Teigränder mit ein wenig geschlagenem Eiweiß bestreichen und fest zusammendrücken.

Die Küchlein an der Oberseite ein wenig einschneiden und auf ein geöltes Backblech setzen. Mit dem verquirlten Ei bestreichen und im vorgeheizten Backofen bei schwacher Hitze (160°) 25–30 Minuten bakken, bis die Küchlein aufgegangen und schön goldgelb sind. Sie schmecken heiß und kalt.

Kalabrien

VECCHIARELLE

Fritierte Honigstäbchen

Für 4–6 Personen
400 g Mehl
15 g frische Hefe
1 Prise Salz
Pflanzenöl zum Fritieren
175 g dünnflüssiger Honig

Das Mehl auf ein Backbrett sieben, in die Mitte eine Vertiefung drücken. Die vorher in 3 Eßlöffeln lauwarmem Wasser aufgelöste Hefe und das Salz hineingeben und alles vorsichtig miteinander vermengen. Nach und nach soviel lauwarmes Wasser unter das Mehl kneten, bis ein glatter Teig entstanden ist. Diesen zu einer Kugel formen, in eine Schüssel legen, mit ein wenig Mehl bestäuben und mit einem feuchten Tuch bedeckt an einem warmen Platz 1 Stunde gehen lassen, bis er sich verdoppelt hat.

Anschließend auf einem mit Mehl bestäubten Backbrett noch einmal gut durchkneten, dann kleine Stäbchen von etwa 1 cm Dicke und 6,5 cm Länge formen. Das Öl in einer Friteuse erhitzen und die Stäbchen darin nacheinander goldbraun ausbacken. Auf Küchenpapier abtropfen lassen und warm stellen, bis alle fertig sind. Den Honig in einem Topf langsam erhitzen, bis er sirupähnlich ist. Die fertigen Stäbchen hineintauchen und sofort servieren.

Als Katharina von Medici im Jahre 1533 vom Turiner Hof nach Frankreich reiste, um den Dauphin zu heiraten, nahm sie ihre eigenen Kuchenbäcker mit. Sie fürchtete, die französischen Bäcker würden nicht in der Lage sein, ihren hohen Ansprüchen zu genügen. Selbst heute noch backen italienische Hausfrauen ihre Kuchen und Torten selten selbst; um kein Risiko einzugehen, ziehen sie es vor, sie von ihrem Konditor backen zu lassen.

Apulien & Basilikata

RICOTTA FRITTA

Fritierter Frischkäse

Für 4–6 Personen
450 g frischer Ricotta-Käse
etwas Mehl
2 Eier
Pflanzenöl zum Fritieren
100 g Puderzucker

Den Käse in 4 cm lange und 1 cm dicke Scheiben schneiden. Vorsichtig in Mehl wenden, dann in die verquirlten Eier tauchen.

Das Öl in einer Friteuse erhitzen und die Käsescheiben – immer nur wenige auf einmal – darin goldbraun ausbacken. Auf Küchenpapier abtropfen lassen und warm halten, bis alle Scheiben fertig sind. Mit Puderzucker bestreut sofort servieren.

Sizilien

PANINI DOLCI

Mandelplätzchen

Für ca. 20 Stück
450 g Mehl
1 Prise Salz
1 Prise Nelkenpulver
1 Prise Zimt
50 g abgezogene Mandeln
200 g Puderzucker
1 TL Trockenhefe

Das Mehl mit den Gewürzen vermischen und in eine Schüssel sieben. In die Mitte eine Vertiefung drücken und die vorher fein gehackten, gerösteten Mandeln, Puderzucker und die in 3–4 Eßlöffeln warmem Wasser aufgelöste Hefe hineingeben. Alles vorsichtig miteinander vermengen, anschließend nach und nach soviel warmes Wasser unterrühren, bis ein geschmeidiger Teig entstanden ist. Diesen zu einer Kugel formen, in eine Schüssel legen und mit einem feuchten Tuch bedeckt an einem warmen Ort 1 Stunde gehen lassen, bis sich der Teig verdoppelt hat.

Anschließend zu einer Platte von 1 cm Dicke ausrollen. Mit Hilfe von Plätzchenförmchen verschieden geformte Plätzchen ausstechen, diese auf ein eingefettetes, mit Mehl bestäubtes Backblech setzen und im vorgeheizten Backofen bei mittlerer Hitze (190°) etwa 15 Minuten boldbraun backen.

Sizilien

ZABAIONE

Das berühmteste aller italienischen Desserts ist schnell und leicht zuzubereiten. Es sollte jedoch stets erst unmittelbar vor dem Verzehr hergestellt werden, weil es gerinnt, wenn es länger als ein paar Minuten stehen bleibt. Dieses herrlich leichte Dessert ist ein krönender Abschluß jeder Mahlzeit.

Für 3–4 Personen
4 Eigelb
4 EL Puderzucker
1 EL warmes Wasser
7 EL Marsala
einige Löffelbiskuits

Die Eigelb mit Zucker und dem warmen Wasser im heißen Wasserbad mit einem Quirl oder Schneebesen (nicht mit einem elektrischen Rührgerät) schlagen, bis die Masse schaumig ist und eine blaßgelbe Farbe hat.

Nach und nach den Marsala unterrühren und 5–10 Minuten weiterschlagen, bis die Schaummasse das Doppelte ihres Umfangs erreicht hat. Sie muß schaumig und leicht angedickt sein und darf nicht mehr vom Rührlöffel herunterlaufen.

Die Zabaione von der Kochstelle nehmen und in hohe Weingläser füllen. Mit Löffelbiskuits sofort servieren.

Sizilien

MANTECATO DI MELONE

Melonen-Eis

Ein typisches, auf Früchten basierendes Wassereis aus Sizilien. Auf die gleiche Weise kann man auch Pfirsicheis zubereiten, indem man die Melone durch vier große geschälte und entkernte Pfirsiche ersetzt.

Für 4 Personen
150 g Zucker
150 ml Wasser
750 g Melonenfleisch
Saft 1 Zitrone

Zucker und Wasser in einen kleinen Topf geben und langsam erhitzen, bis der Zucker sich aufgelöst hat. Dann 3–4 Minuten kochen; anschließend völlig erkalten lassen.

Das geschälte und entkernte Melonenfleisch würfeln und sofort im Mixer pürieren oder durch ein Haarsieb streichen. Dann den Zitronensaft unterrühren, damit sich das Püree nicht verfärbt. Den kalten Sirup einrühren, die Masse in eine flache Gefrierschale füllen und in die Gefriertruhe oder das Gefrierfach des Kühlschranks stellen, bis das Eis halbfest ist. Dann wieder in eine Schüssel geben und ein paar Minuten

Zabaione; Mantecato di melone

lang kräftig durchschlagen, wieder in die Gefrierschale füllen und zu festem Eis gefrieren lassen.

Das Eis vor dem Verzehr 30–40 Minuten lang in den Kühlschrank stellen, damit es ein wenig weicher wird. In Portionsschälchen oder Gläser gefüllt servieren.

Die Italiener waren die ersten Europäer, die die Herstellung von Wassereis und Sorbets beherrschten. Ob sie diese Fähigkeit jedoch im 9. Jahrhundert von den Arabern erlernten oder aber später zu Marco Polos Zeiten von den Chinesen, ist bis heute ungeklärt. Die wohl rustikalste Methode, Wassereis herzustellen, wurde früher einmal von den Römern praktiziert: Sie bereiteten es schlichtweg aus dem natürlichen Eis der Gletscher und zerdrückten es mit frischen Früchten.

Sardinien

PÀRDULAS

Käse-Sahne-Törtchen

Für 25–30 Törtchen
Für den Teig:
400 g Mehl
1 Prise Salz
100 g Schmalz
4–6 EL Wasser
Für die Füllung:
250 g Doppelrahm-Frischkäse
175 g Puderzucker
3 Eier
abgeriebene Schale 1 Zitrone
50 g Mehl
1 Prise Safran
1 Prise Zimt
1 Prise Salz

Für den Teig Mehl und Salz in eine Schüssel sieben, das in Stücke geschnittene Schmalz mit den Fingerspitzen unterarbeiten. Soviel Wasser unterrühren, daß ein fester Teig entsteht. Diesen leicht durchkneten, bis er glatt ist, und zugedeckt 30 Minuten kalt stellen.

In der Zwischenzeit die Füllung zubereiten. Dafür den Käse mit dem Zucker kräftig schlagen und nach und nach die vorher verquirlten Eier unterrühren. Zitronenschale hinzufügen, das Mehl mit den Gewürzen und Salz darübersieben und alles gut miteinander verrühren.

Den Teig mit einem Nudelholz flachdrücken, dünn ausrollen und mit einem Teigrädchen 10 cm große Kreise ausschneiden.

In die Mitte eines jeden Kreises ein wenig von der Füllung geben; die Teigränder hochziehen und mit den Fingerspitzen zusammendrehen, so daß pastetenähnliche Törtchen entstehen. Diese auf ein leicht mit Öl bestrichenes Backblech setzen und im vorgeheizten Backofen bei mäßiger Hitze (180°) etwa 30 Minuten backen, bis die Törtchen schön goldbraun sind. Auf einem Kuchengitter auskühlen lassen.

Register

Italienisches Rezeptverzeichnis

Herausgeber: Jeni Wright
Berater: Giovanni Parmigiani
Autoren: Susanna Agnelli, Riccardo Di Corato, Maria Casati,
Ilaria Rattazzi, Bruno Roncarati, Jeni Wright
Fotos: Robert Golden
Rezeptausführungen: Caroline Ellwood
Stylist: Antonia Gaunt

Aus dem Englischen übertragen von Dr. Renate Zeltner und Helga August
Einbandgestaltung: Klaus Renner
Redaktion: Heidrun Schaaf

Satz: Filmsatz Schröter GmbH, München
Druck und Bindung: Mandarin Publishers Ltd., Hongkong
Printed in Hongkong · ISBN 3-570-01092-9

ASTI
CINZANO
Mehr als
ein prickelnder
Flirt.
Der Große Asti.
CINZANO
Nº 139587
ASTI
CINZANO
Spumante
QUALITÄTSSCHAUMWEIN AUS ITALIEN
Westag